经济学自主知识体系

中国特色社会主义政治经济学教程

周文 /著

商务印书馆
创于1897 The Commercial Press

感　谢

中国社会科学院—上海市人民政府上海研究院出版资助

商务印书馆（上海）有限公司 出品
The Commercial Press (Shanghai) Co. Ltd.

作者简介

周文，重庆人，教育部长江学者特聘教授，复旦大学特聘教授、博士生导师，复旦大学马克思主义研究院副院长、马克思主义经济学中国化研究中心主任，复旦大学两大工程首席专家，国家社科重大项目及教育部重大攻关项目首席专家。主要学术兼职为中国政治经济学学会副会长、教育部新时代习近平中国特色社会主义思想研究中心特聘研究员。主要研究领域为中国经济发展、中国特色社会主义政治经济学，先后在《中国社会科学》《经济研究》《马克思主义研究》《求是》《人民日报》《光明日报》《经济日报》等发表学术论文400多篇。

近五年出版《当代中国马克思主义政治经济学研究》《中国特色

社会主义政治经济学研究》《中国特色社会主义政治经济学：理论、历史与现实》《国家何以兴衰：历史与世界视野中的中国道路》《中国道路：现代化与世界意义》《繁荣与富强：大国治理的政治经济学》《赶超：产业政策与强国之路》等10多部专著，其中多部著作进入丝路书香等国家外译工程以及被英国麦克米伦出版公司、土耳其卡努特国际出版公司、韩国国际出版社等翻译成英文、德文、西班牙文和韩语在70多个国家发行，学术成果和学术观点受到德国、韩国、俄罗斯、日本、美国学者的关注和引用。

前言

党的十八大以来，习近平总书记高度重视中国特色社会主义政治经济学的学习和研究，多次就坚持和发展中国特色社会主义政治经济学做出重要论述。2014 年 7 月 8 日，总书记在主持召开经济形势专家座谈会时强调，各级党委和政府要学好用好政治经济学。2015 年 11 月 23 日，总书记在主持中央政治局第二十八次集体学习时强调，要立足我国国情和我国发展实践，揭示新特点新规律，提炼和总结我国经济发展实践的规律性成果，把实践经验上升为系统化的经济学说，不断开拓当代中国马克思主义政治经济学新境界。

在 2020 年 8 月 24 日召开的经济社会领域专家座谈会上，习近平总书记强调，面对错综复杂的国内外经济形势，面对形形色色的经济现象，要认真学习领会马克思主义政治经济学基本原理和方法论。而且还特别强调，现在，各种经济学理论五花八门，但我们政治经济学的根本只能是马克思主义政治经济学，而不能是别的什么经济理论。习近平总书记的这些重要论述，阐明了马克思主义政治经济学的重大意义，为发展中国特色社会主义政治经济学指明了方向。

近年来，中国特色社会主义政治经济学的学习与研究正在成为一门被高度关注的重要学科，涌现出了一大批高质量研究成果。与此同时，各种版本的中国特色社会主义政治经济学教材也不断推出。从 2016 年开始，我在复旦大学推动设立中国特色社会主义政治经济学博士点和硕士点，迄今为止，招收和培养了几十名博士和硕士。同时，自己坚持讲授中国特色社会主义政治经济学这门课程。应该说，从开课和讲授的效果来看，反响较好。因为整个讲授既注重理论渊源的提炼，也注重现实的观照。

与此同时，近7年来，我们研究团队共同努力，产生了大量中国特色社会主义政治经济学研究成果，先后在《中国社会科学》《经济学动态》《中国工业经济》《马克思主义》《求是》《人民日报》《光明日报》《经济日报》等国内重要学术期刊和重要媒体上发表130多篇“C刊”和理论文章，同时先后出版《当代中国马克思主义政治经济学研究》《中国特色社会主义政治经济学研究》《中国特色社会主义政治经济学与经济学中国时代》《经济学中国时代》《国家何以兴衰：历史与世界视野中的中国道路》《中国道路：现代化与世界意义》《中国特色社会主义政治经济学：理论、历史与现实》《繁荣与富强：大国治理的政治经济学》《通向真理之路：寻求当代中国马克思主义政治经济学新境界》《赶超：产业政策与强国之路》等10部专著，多种著作进入中华学术外译项目、丝路书香工程，英国麦克米伦出版公司、土耳其卡努特国际出版公司、韩国国际出版社等翻译成英文、德文、乌克兰文、土耳其语、韩语和西班牙文在70多个国家发行。学术成果和学术观点受到德国、韩国、俄罗斯、日本、美国学者的关注和引用。

现在呈现在读者面前的《经济学自主知识体系：中国特色社会主义政治经济学教程》，既是我们研究团队近年来研究成果的结晶，也是我在复旦大学的博士生课堂讲授内容的汇集和提炼。

目前，针对博士生和硕士生的中国特色社会主义政治经济学教材较少，成熟体系和认可的更少。现在，国家正在推广中国经济学教材系列。而中国特色社会主义政治经济学则已列为中国经济学教材的第一部教材，其重要性不言而喻。因此，重视和支持中国特色社会主义政治经济学教材撰写和出版，更是成为国家及相关部门的当务之急。

中国特色社会主义政治经济学理论体系还在不断发展探索和完善中。本教程的创新和特色之处在于：一是强调体系构建。体系涉及研究对象、所有制、分配问题、市场政府关系、现代化经济体系、对外开放、新发展格局。二是注重重大理论传承。对传统政治经济学的所有制、分配理论，既遵循马克思理论，又突出实践创新。三是将习近平经济思想作为重要内容，对习近平经济思想做出学理化阐释。本书的主要内容与体系分为七个专题：(1)中国特色社会主义政治经济学研究对象；(2)中国特色社会主义所有制问题研究；(3)中国特色社会主义分配问题研究；(4)政府与市场关系问题研究；(5)中国特色社会主义对外开放问题研究；(6)现代化经济体系研究；(7)新发展格局的理论与实践问题。每个专题又与整体的体系相互支撑，形成完整的理论体系。全书30多万字。

本书属于中国特色社会主义政治经济学的最新理论体系与内容，已获得复旦大学研究生教材支持。本书特点：

一是注重理论历史的梳理和当下重大理论与现实问题的有机密切结合，有历史与知识信息量，注重理论来源与理论现实结合，同时又将理论问题与理论未来结合。

二是本书通过“抛问题”、专题研究等形式将理论学习与理论研究、理论内化与理论传播发展相统一。围绕专题进行深入讲解，然后在最后一部分就目前学界存在争议的重大问题“抛”问题再思考、再提炼，与此同时对问题进行理论剖析和回答，具有理论前沿性和创新性。每章开始先将国内学界争议分歧进行梳理分析，最后落脚到中国特色社会主义政治经济学的学科视角来对这些问题做出思考和理论回应。

本书的另一个特点是教材与专著属性融合，兼具理论性与通俗性，适用于研究生及理论工作者。

从适用性来看，本书不但满足复旦大学博士生和硕士生教学需要，更适合作为全国高校马克思主义理论和经济学专业博士生和硕士生的通用教材。

感谢我的博士生和硕士生们，没有他们的整理和完善，不可能推出这部著作。具体分工如下：第一章，中国特色社会主义政治经济学研究对象，代红豆；第二章，中国特色社会主义所有制问题，司婧雯、施炫伶；第三章，中国特色社会主义按劳分配问题，刘少阳、唐教成；第四章，政府与市场关系问题，何雨晴、陈原烨；第五章，中国特色社会主义对外开放问题，李亚男；第六章，建设现代化经济体系的理论与实践问题，方茜；第七章，新发展格局的理论与实践问题，刘少阳。

最后也感谢商务印书馆和中国社会科学院—上海市人民政府上海研究院。没有他们的支持，也不可能完成这部专著。

周　文

2023年4月1日

目 录

第一讲　中国特色社会主义政治经济学研究对象 / 1

一、马克思主义政治经济学研究对象：争论、成效与深化 / 4

二、马克思主义政治经济学研究对象的理论解读 / 9

三、中国特色社会主义政治经济学研究对象的界定与意义 / 21

四、中国特色社会主义政治经济学的鲜明特征 / 34

五、发展中国特色社会主义政治经济学亟待解决的重要问题 / 37

第二讲　中国特色社会主义所有制问题 / 45

一、马克思关于"生产资料所有制"论述及所有制认识深化 / 47

二、所有制理论和中国特色社会主义基本经济制度 / 57

三、新中国成立以来我国所有制理论发展演进历程 / 62

四、我国所有制结构的演变过程与现实思考 / 80

五、中国特色社会主义所有制理论的建构与深化 / 88

第三讲　中国特色社会主义按劳分配问题 / 97
一、马克思按劳分配理论 / 100
二、按劳分配理论中的几种错误观点 / 110
三、马克思按劳分配理论在我国的发展创新 / 127
四、在高质量发展中扎实推进共同富裕 / 142

第四讲　政府与市场关系问题 / 163
一、马克思对政府与市场关系的论述 / 165
二、政府与市场关系的理论演进 / 176
三、不同经济体制下的政府与市场关系 / 185
四、我国对政府与市场关系的实践探索和改革深化 / 205
五、全面准确理解政府与市场的关系 / 219

第五讲　中国特色社会主义对外开放问题 / 231
一、马克思关于世界市场与经济全球化的论述 / 234
二、全球化与我国对外开放发展的演进历程 / 241
三、顺应经济全球化大趋势，发展更高层次的开放型经济 / 254
四、经济全球化与“一带一路”倡议 / 271

第六讲　建设现代化经济体系的理论与实践问题 / 297
一、马克思的现代化思想 / 300
二、建设现代化经济体系的时代内涵 / 306
三、现代化经济体系是生产力、生产关系良性互动的经济体系 / 318
四、现代化经济体系是国家治理体系现代化的重要组成部分 / 322
五、建设现代化经济体系是中国特色社会主义政治经济学理论的创新发展 / 324

第七讲　新发展格局的理论与实践问题 / 331
一、马克思资本循环理论 / 334
二、准确把握和理解新发展格局的核心要义和丰富内涵 / 347
三、新发展格局创造性发展了马克思主义政治经济学 / 352
四、构建新发展格局需要注意的问题 / 358
五、构建新发展格局的政治经济学理论启示 / 365

第一讲

中国特色社会主义政治经济学研究对象

中国特色社会主义政治经济学作为马克思主义政治经济学中国化时代化的产物，本质上是一门研究“富国裕民”的学问。因此，中国特色社会主义政治经济学要立足中国实践，不仅努力揭示当代中国“富起来”的伟大成功经验，形成系统化、规律化的经济学学说，更要成为当代中国“强起来”的理论指引。为推动中国特色社会主义政治经济学的理论体系完善与发展，有必要首先厘清中国特色社会主义政治经济学研究对象问题。基于此，在对研究对象问题进行梳理后，首先，提出中国特色社会主义政治经济学研究对象是中国特色社会主义生产方式及其发展规律，这不仅充分体现理论的传承性，还能更好地服务于未来发展的需要；其次，进一步指明与传统马克思主义政治经济学相比而言，中国特色社会主义政治经济学具有鲜明特征；最后就如何更好推动中国特色社会主义政治经济学发展提出几个重要问题，从而为不断开拓中国特色社会主义政治经济学新境界做贡献。

一、马克思主义政治经济学研究对象：争论、成效与深化

研究对象问题是马克思主义政治经济学学科建设及理论体系构建的首要基本问题，也是长期争论不休的重大热点问题。究其原因，主要源于马克思的这段具有争议性的论述："我要在本书研究的，是资本主义生产方式以及和它相适应的生产关系和交换关系。"[1] 这里的生产方式含义如何理解，政治经济学研究对象是否有国别特色，在理论界争论不休。马克思进一步指出："这种生产方式的典型地点是英国"[2]，"摆在面前的对象，首先是物质生产"，"政治经济学不是工艺学"[3] 等。列宁强调政治经济学研究生产上的社会关系及社会制度。[4] 可以看出，马克思主义经典作家关于政治经济学研究对象问题的表述有所不同。时至今日，学术界对这个问题的理解仍然还存在较大争议。其争论的实质主要在两方面：一方面，学术界对生产方式、生产关系、生产力内涵的理解和界定不同；另一方面，分析问题的方法和对文本的考据不同。那么，如何理解生产方式范畴的多重解读，深刻把握生产力与生产关系的矛盾运动，要不要把生产力纳入研究对象之中，同样存在不同的见解。

第一，研究对象的核心范畴——生产方式含义的多重解读。改革开放以来，学界深入研究了生产方式的含义，试图厘清和明晰研究对象问题。有人认为马克思所讲的生产方式是"具有劳动的方式

1　马克思：《资本论》第 1 卷，人民出版社 2004 年版，第 8 页。

2　马克思、恩格斯：《马克思恩格斯文集》第 5 卷，人民出版社 2009 年版，第 8 页。

3　马克思、恩格斯：《马克思恩格斯文集》第 8 卷，人民出版社 2009 年版，第 5 页。

4　列宁：《列宁全集》第 2 卷，人民出版社 1959 年版，第 42 页。

和生产的社会形式两重含义”[1]“反映生产自然形态的生产的社会形式”[2]“生产要素的技术组合方式和社会形式”[3]。其中，有学者认为政治经济学的研究对象不能仅仅规定为生产关系，还包括由生产方式性质决定的资源配置方式，不存在超历史的资源配置的合理性。[4]更有学者指出资本主义生产方式不是生产力或生产力含义上的劳动方式，主要指在“自由工人”与劳动资料分离的条件下，资本与雇佣劳动相结合的方式。[5]更多学者认为客观存在的特殊的生产方式是研究对象，政治经济学研究对象是发展变化的，具有客观实在性和历史暂时性。[6]也有学者认为生产方式和生产关系分别是政治经济学的首要研究对象和重要研究对象。[7]以及在“生产力—生产方式—生产关系”唯物史观生产框架下，其研究对象是“生产方式的系统性变迁”，生产方式具有劳动方式和生产的社会形式两层含义，即联系生产方式联系生产关系。[8]

第二，要不要研究生产力。理论界对研究对象问题的认识分歧较大，特别是对生产力内涵的认识还存在诸多误区。从经济学史的角度

1 马家驹：《生产方式和政治经济学研究对象》，《中国社会科学》1981 年第 6 期。

2 郭树清：《生产的自然形态和生产的社会形式的辩证统一——马克思的生产方式概念》，《中国社会科学》1985 年第 5 期。

3 袁绪诚：《从〈资本论〉研究对象的提法看生产方式的含义》，《中国社会科学》1985 年第 5 期。

4 吴易风：《论政治经济学或经济学的研究对象》，《中国社会科学》1997 年第 2 期。

5 卫兴华、聂大海：《马克思主义政治经济学的研究对象与生产力的关系》，《经济纵横》2017 年第 1 期。

6 孙立冰：《论中国特色社会主义政治经济学的研究对象》，《社会科学战线》2019 年第 7 期。

7 于金富：《生产方式是政治经济学的首要研究对象》，《经济学家》2009 年第 4 期。

8 周绍东：《中国特色社会主义政治经济学以发展为主线》，社会科学文献出版社 2018 年版，第 2—3 页。

看，政治经济学是一门旨在探索富国裕民及经济发展规律的建设性经济学。有学者认为应该在建设性经济学的框架下着重研究中国特色生产力发展的新规律及新机制。[1] 马克思主义经典作家曾设想的社会主义应该是建立在高度发达的物质基础上，我国社会主义是在生产力比较落后的经济基础上建立起来，应继续研究抽象层面的生产关系。[2] 具体说来，生产力的内涵包括技术层面和社会层面两个层次，技术层面即工艺学层次不是政治经济学研究对象，应该从社会层面进行研究，如分工协作、统筹兼顾、全面协调可持续发展、怎样通过改革旧体制推动生产力发展。[3]

此外，所有与发展生产力诸要素作用和生产力社会层面相关的方面和环节都应成为中国特色社会主义政治经济学的研究对象。[4] 因此不能只研究生产关系或生产力，应结合社会生产方式，更重视生产力社会层面的研究。[5] 进一步地，应联系生产力和上层建筑来研究中国特色社会主义生产关系。[6] 有学者强调，如果还只是联系生产力来研究生产关系，生产力的研究也仅仅限于"被联系"的地位，政治经济学的研究范围就会越来越窄，对中国经济的解释能力及科学指导地位也会不断下降，由此把生产力的内涵拓展为解放生产力、发展生产力和保护

1 乔榛：《中国特色社会主义政治经济学的理论体系构想》，《学习与探索》2017 年第 2 期。

2 朱鹏华：《中国特色社会主义政治经济学研究对象探析》，《马克思主义与现实》2019 年第 1 期。

3 卫兴华、聂大海：《马克思主义政治经济学的研究对象与生产力的关系》，《经济纵横》2017 年第 1 期。

4 卫兴华：《创新政治经济学研究对象》，《人民日报》2016 年 12 月 21 日。

5 陈伯庚：《也谈中国特色社会主义政治经济学研究对象》，《毛泽东邓小平理论研究》2017 年第 10 期。

6 张宇：《中国特色社会主义政治经济学》，中国人民大学出版社 2016 年版，第 40 页。

生产力的系统性经济学说。[1]其实，马克思主义政治经济学以生产作为研究的起点，联系生产力研究生产关系，马克思“两个绝不会”理论已说明生产关系对生产力的依赖性，生产力发展水平及其生产组织形式对生产关系的选择起决定性作用。应该说，马克思主义政治经济学研究对象强调和注重生产力的研究，不是生产力经济学简单回归，而是针对当前基本国情的现实需要而对政治经济学研究对象的拓展。

第三，研究经济制度和经济过程。《资本论》研究资本主义生产方式依赖于具体的生产过程，中国特色社会主义政治经济学也应聚焦于中国特色社会主义生产过程研究。如果中国特色社会主义政治经济学不能对直接生产过程进行分析，各种发展理念和发展目标就很难融入到具体经济运行研究之中，因而有学者提出应塑造新型社会主义生产关系。[2]有学者区分了生产方式及广义和狭义生产关系范畴，认为《资本论》研究“资本主义的社会生产关系以及和它相适应的直接生产过程的关系（狭义生产关系）和交换过程的关系”。根据《资本论》的启示，中国特色社会主义政治经济学应该研究初级阶段经济制度、运行机制、调控体系等，进而探寻经济发展规律。[3]因此，有学者认为中国特色社会主义政治经济学是研究中国经济制度发展和运行特殊规律的学说。[4]

1　洪银兴：《以创新的理论构建中国特色社会主义政治经济学的理论体系》，《经济研究》2016 年第 4 期。

2　丁堡骏：《关于中国特色社会主义政治经济学的几个问题》，《陕西师范大学学报》（哲学社会科学版）2018 年第 4 期。

3　吴宣恭：《学好〈资本论〉推进当代中国政治经济学建设》，《经济纵横》2016 年第 3 期。

4　杨承训：《中国特色社会主义政治经济学的理论溯源和生成背景》，《毛泽东邓小平理论研究》2016 年第 2 期。

最后，研究社会主义初级阶段的经济关系。鉴于中国社会主义初级阶段经济关系的“事实”，有学者认为中国特色社会主义政治经济学应突出经济制度、体制及运行的整体研究。[1]有学者提出构建和发展中国特色社会主义政治经济学应该阐释回答好构建和发展什么样的，怎么构建和发展，谁来构建和发展中国特色社会主义政治经济学。[2]也有学者认为，中国特色社会主义政治经济学研究对象应该突出“中国特色”，因为中国特色社会主义是超越社会主义初级阶段规律向中国特色社会主义更高阶段升级，中国特色社会主义政治经济学应该为深化改革和发展经济提供理论指导。[3]还有的学者从继承发展的基本逻辑出发，认为利益关系应成为其根本研究对象。[4]但是，这种继承发展的逻辑方式是有缺陷的，不能简单地把《资本论》的研究对象等同于政治经济学研究对象，《资本论》只是马克思“六册结构计划”庞大理论体系的一个部分，应该从马克思经济学理论体系的整体性层次来思考研究对象问题。[5]有学者强调把“强起来”的中国特色社会主义政治经济学直接作为研究对象，主要研究生产力、生产关系和上层建筑等内容。[6]

---

1 顾海良：《坚持和发展新时代中国特色社会主义政治经济学》，《高校马克思主义理论研究》2018 年第 4 期。

2 逄锦聚：《构建和发展中国特色社会主义政治经济学的三个重大问题》，《经济研究》2018 年第 11 期。

3 余斌：《〈资本论〉的研究对象与中国特色社会主义政治经济学的研究对象》，《政治经济学评论》2017 年第 3 期。

4 马艳、王琳：《杨晗中国特色社会主义政治经济学体系创新与新时代逻辑》，《华南师范大学学报》（社会科学版）2018 年第 6 期。

5 王立胜：《论新时代中国特色社会主义政治经济学》，《马克思主义与现实》2018 年第 2 期。

6 蒋永穆、卢洋：《新时代“强起来”的中国特色社会主义政治经济学体系构建》，《社会科学战线》2018 年第 4 期。

综上所述，对于中国特色社会主义政治经济学研究对象问题，从总体上看仍停留在生产力与生产关系辩证统一的争论上，更多涉及如何认识“中国特色社会主义经济”。基于新时代新的历史方位，作为面向社会主义现代建设的理论经济学，既不能一般化地研究生产力与生产关系，也不能简单化移置西方主流经济学，只研究资源配置问题。中国特色社会主义政治经济学是“强起来”的政治经济学，要在系统提炼中国经济建设伟大实践经验基础上，以坚持和完善社会主义基本经济制度为根本任务，回答好新时代如何“强起来”的问题。

二、马克思主义政治经济学研究对象的理论解读

中国特色社会主义政治经济学研究对象不等同于传统马克思主义政治经济学研究对象，而是对马克思主义政治经济学的传承和发展创新，是当代中国马克思主义政治经济学。而马克思主义政治经济学研究对象不仅仅是一个抽象的结论，必须从马克思的生产方式理论及其政治经济学研究中完整、准确和全面地理解和把握。

（一）马克思主义政治经济学研究对象

迄今为止，马克思主义政治经济学研究对象仍是一个尚存争议的重大理论问题。事实上，关于这一议题的探讨，自新中国成立以来就争议不断，但主要围绕“生产关系”“生产方式”以及“生产力”这三个核心概念展开。大多数人赞同将“生产关系”作为研究对象，也有人主张将研究生产力放在首位（熊映梧，生产力经济学创始人之一）[1]，还

1 熊映梧：《政治经济学与生产力》，《江汉论坛》1982 年第 2 期。

有人主张要研究生产方式（马家驹、蔺子荣）[1]。

学界普遍认为，马克思主义政治经济学研究对象是“生产关系”，是研究生产关系及其发展规律的科学。蒋学模先生就在其《政治经济学教材》开篇中指出：“政治经济学之所以这样重要，是因为它是一门研究生产关系及其发展规律的科学。”[2] 可以说，老一辈经济学家基本赞同这一观点，其背后具备充分的学理依据与深入的学术思考：一方面，就文本依据来看，对马克思主义政治经济学研究对象的分析把握不应停留于单个文本的字句解读，而应回到其政治经济学经典巨著《资本论》中做整体把握。遗憾的是，马克思凭借他个人真正完成的只有《资本论》第一卷，但根据他的研究方法与体系，他采用科学抽象法并呈现“抽象上升为具体”的整体研究序列，第一卷是他对资本主义生产方式进行的最抽象分析，也最接近问题实质，可以从某种意义上作为他的政治经济学研究结论。而事实上，第一卷最后要回归的就是关于生产资料所有制的生产关系问题，并且最后由恩格斯编写的第三卷实则也回归到了这一问题。另一方面，就理论分析来谈，政治经济学既研究关乎社会经济运行规律的深层次问题，又在本质上属于“历史的科学”。由此，既要借由生产方式理论分析社会生产的运行及其发展，又要结合特定社会历史的主要矛盾和实际需要。而马克思主要是通过劳动价值论，建立起科学的剩余价值理论，进而揭示资本主义社会产生、发展和灭亡的历史过程。因此，“马克思主义政治经济学主要是革命的政治经济学”，故“生产关系”的研

1 马家驹、蔺子荣：《生产方式和政治经济学的研究对象》，《中国社会科学》1981 年第 6 期。

2 蒋学模：《政治经济学教材》，上海人民出版社 2005 年版，第 1 页。

究必然放在首位。也可以说，生产方式理论与马克思所处时代的历史实际相结合决定了马克思主义政治经济学的研究对象就是“生产关系”。

生产方式理论是马克思确立政治经济学研究对象的关键依据。对政治经济学研究对象来说，“生产关系”揭示了问题的抽象本质，但“生产方式”比“生产关系”更为丰富、更为具体，也因此“生产方式”较“生产关系”更具解释张力。马克思主义政治经济学以“生产关系”为研究对象与以“生产方式”为核心范畴并不冲突，而是相辅相成，不是单纯孤立地研究“生产关系”，而是在“生产方式”的基础之上研究“生产关系”。因此，马克思主义政治经济学研究对象就是“生产关系”，但必须以其生产方式理论为依托。马克思主义政治经济学的研究对象是“生产关系”，这是由马克思主义整体学说和所处历史时代所客观决定的，但对于已有经典理论的学习和借鉴，重要的不是“是什么”，而是“为什么”，马克思主义政治经济学研究对象显然不能依据其对象本身来确立，而应从其生产方式理论中得到确立。但遗憾的是，学者们的争议，往往忽略了这点而醉心于已有结论，必然存在一定局限性。

（二）生产方式理论

强调生产方式理论而非仅仅停留在“生产方式”范畴，意在将它作为整体理论体系加以探讨，但仍要从其作为范畴开始着手。关于“生产方式”（英文 the mode of production，德文 der Produktionsweise）范畴的含义，也是一个长期争论不断的重要问题。国内曾有很长一段时间受到斯大林定义的局限性的影响，他在 1938 年写的《论辩证唯物主义和历史唯物主义》中提出：“生产方式既包括社会生产力，也包括人们的生产关系，而体现着两者在物质资料生产过程中的统一。”[1] 他将“生产方式”界定为生产力和生产关系的统一。不可否认，其虽对明晰概念的含义做了尝试，但却属形而上的界定，一度造成对这一范畴的忽视和对历史唯物主义的误解。1980 年，马家驹、蔺子荣率先对这一界定提出质疑，与斯大林相反，他们认为“生产方式”并不是“作为生产力和生产关系的统一把这两者包括在自身之内，而是介于这两者之间从而把它们联系起来的一个范畴”[2]。

自此以后，关于“生产方式”究竟是生产关系和生产力的统一还是两者中介的争论持续不断，但这其实是表象问题，更深层次问题则应涉及对历史唯物主义的辩证理解。1985 年《中国社会科学》专门组稿三篇对“生产方式”的概念含义及其理解加以深入探讨。进一步地，吴易风则在前人基础上率先提出“生产力—生产方式—生产关系”原理，主张基于此原理而非“生产力—生产关系”原理来理解历史唯物主义和马克思关于政治经济学研究对象的界定。[3] 整体来看，围绕“生产方式”内涵这一议题形成的代表性观点有：生产力与生产关系的统一；生产力与生产关系的中介；生产中劳动者与生产资料的结合方式，核心问题是所有制形式；劳动的方式；生产的社会形式等。但是总体上看，仍无统一定论和达成共识。研究该议题确实面临客观困难：马克思自身在不同时期、不同场合多次使用这一概念；而且后来研究者也多从局部取义，没能把握马克思使用这一范畴的本质内涵，更没能从马克思主义整体视域把握这一术语的精妙内涵。

---

1 斯大林：《斯大林选集》下卷，人民出版社 1979 年版，第 442 页。

2 马家驹、蔺子荣：《生产方式和政治经济学的研究对象》，《中国社会科学》1981 年第 6 期。

3 吴易风：《论政治经济学或经济学的研究对象》，《中国社会科学》1997 年第 2 期。

据已有文本可考，马克思在标志着唯物史观创立的《德意志意识形态》中开始明确使用“生产方式”概念，“人们之所以有历史，是因为他们必须生产自己的生活，而且必须用一定的方式来进行”，“生产方式”是“人们用以生产自己的生活资料的方式”。[1]而马克思开始习惯使用“生产力—生产方式—生产关系”原理阐释历史唯物主义的可依据文本，则最早出现在1846年致帕维尔·瓦西里耶维奇·安年科夫的信中：“人们借以进行生产、消费和交换的经济形式是暂时的和历史性的形式。随着新的生产力的获得，人们便改变自己的生产方式，而随着生产方式的改变，他们便改变所有不过是这一特定生产方式的必然关系的经济关系。”[2]

马克思在《〈政治经济学批判〉序言》中对“生产方式”的重要性和社会历史性做了交代：“物质生活的生产方式制约着整个社会生活、政治生活和精神生活的过程……大体说来，亚细亚的、古希腊罗马的、封建的和现代资产阶级的生产方式可以看作是经济社会形态演进的几个时代。”[3]此为唯物史观的经典阐述但绝非成熟，探讨生产方式理论与政治经济学研究对象的确立，还是应回到政治经济学经典巨著《资本论》中加以考释。

一个突出的特征是，强调“生产方式”的社会历史性，这从“奴隶社会的生产方式”“封建主义的生产方式”“资本主义生产方式”等概念在《资本论》中的多次使用便可得知，“生产方式”总是根植于特定历史时期的特定社会，这也是历史唯物主义运用于现实社会考察的显著

1 马克思、恩格斯:《马克思恩格斯选集》第1卷，人民出版社2012年版，第160、147页。
2 马克思、恩格斯:《马克思恩格斯选集》第4卷，人民出版社2012年版，第410页。
3 马克思、恩格斯:《马克思恩格斯选集》第2卷，人民出版社2012年版，第2—3页。

表现。事实上，马克思在《资本论》不同篇章结合具体需要，认为“生产方式”具备不同具体含义，但都共同服务于基于历史唯物主义世界观对现实“资本主义生产方式”进行完整考察。如在第一卷“相对剩余价值的生产”篇中，马克思提到“他的劳动生产条件，也就是他的生产方式，从而劳动过程本身，必须发生革命”[1]，“生产方式”在此等同于“劳动生产条件”，着眼于劳动过程本身，包含劳动过程的技术条件和社会条件，强调通过变革生产方式以提高劳动生产力。

而在第一卷“资本主义积累的历史趋势”节中，马克思谈道：“这种生产方式是以土地和其他生产资料的分散为前提的……这种生产方式必然要被消灭，而且已经在消灭。”[2]可以说，在考察资本积累的历史趋势时，“生产方式”指建立在劳动者与其生产资料一定的结合关系基础上的社会生产，他还进一步概括了这一历史趋势的发展：“以各个独立劳动者与其劳动条件相结合为基础的私有制—资本主义私有制（以剥削他人的但形式上是自由的劳动为基础的私有制）—重建个人所有制。”[3]此外，“社会生产有机体形式”也是常见含义之一，马克思在论述人与生产过程，以及在社会生产中人与人、人与自然、人与物的相互关系时多次阐述这一含义。

学界已基本达成共识，马克思主义理论的关键精妙即在于历史唯物主义与政治经济学现实考察的融通，置于整体视域探求经济社会发展的本质及其规律。但现世的理论借鉴更应探求其究竟如何实现融通。毋庸置疑，现实关怀和问题意识是理论研究的根本遵循。因此

1 马克思：《资本论》第1卷，人民出版社2004年版，第366页。

2 马克思：《资本论》第1卷，人民出版社2004年版，第872—874页。

3 马克思：《资本论》第1卷，人民出版社2004年版，第872—874页。

“生产方式”作为同时出现在马克思主义三大组成板块的重要范畴，显然应当引起足够重视。纵观马克思主义理论，“生产方式”是一个整体性与有机性兼具的范畴，是理解生产力与生产关系辩证统一原理的关键，是实现对资本主义经济社会完整考察的关键，是历史唯物主义哲学精髓在现实政治经济学考察中的重要化身。唯其如此，历史唯物主义因现实的生产方式考察而得以“落地”，政治经济学因生产方式的整体把握而得以探清资本主义产生、发展和必然灭亡的历史规律。正是因为“生产方式”的存在，唯物史观和剩余价值理论两大伟大发现得以真正成立，得以相互贯通并构成科学的马克思主义理论。也因此，对“生产方式”范畴及其相关理论的理解，应置于马克思主义的整体学科视域来加以探讨。

事实上，历史唯物主义归根结底是解释人类社会历史发展的哲学世界观，由各种错综复杂的内部矛盾有机构成，本就极其复杂。同时又一直面临一个悖论：强调生产力的重要作用，就容易陷入生产力一元决定论陷阱；但忽视生产力的重要作用，便无法真正探究社会历史发展实际。于是马克思找到了“生产方式”这一“武器”，一个可以不再过分局限于单纯探讨生产力与生产关系的关系问题，而更加科学合理地解释人类社会历史发展复杂实际的介质。

至此，马克思基于“生产方式”整体视域研究“生产力”和“生产关系”。一般原则上“生产力决定生产关系、生产关系对生产力发展起反作用”，但社会历史发展是复杂的，生产关系也可能先于生产力而发生变革，同时在某些特殊情况下生产关系也可能起决定性作用，但这与上述一般原则并不冲突，而真正关键的是置于“生产方式”整体视域把握生产力与生产关系的有机统一，科学理解人类社会发展。进入现实的政治经济学考察，“生产方式”与具体的经济理论有机联系，共同构成对“资本主义生产方式”的整体考察。

（三）生产方式理论对马克思主义政治经济学研究对象的重要作用

生产方式理论是马克思确立政治经济学研究对象的重要依据。习近平总书记在“纪念马克思诞辰 200 周年”大会上的讲话专门总结概括了新时代学习和实践马克思主义的九个方面，其中一个要求就是“要学习和实践马克思主义关于生产力和生产关系的思想”[1]。而马克思主义关于生产力和生产关系的思想必然不能剥离生产方式理论。在历史唯物主义哲学领域，借助生产方式理论能更加科学合理地揭示人类社会发展的复杂规律性，同时在政治经济学领域，生产方式理论与具体的经济理论有机联系，共同构成对“资本主义生产方式”的整体考察。由此也完全可以说，生产方式理论是马克思确立政治经济学研究对象的重要依据，从而使政治经济学研究对象获得学理支撑。

生产方式理论使得马克思主义政治经济学研究对象兼具客观现实性与社会历史性。马克思主义政治经济学与西方经济学在研究对象问题上存在显著差异。就西方经济学而言，比较能引起共识的研究对象是稀缺资源的合理配置，这也是西方主流经济学教科书上的重要理论。不可否认西方经济学在研究具体经济运行层面确有贡献，但实际上它还是存在马克思在《〈政治经济学批判〉导言》中指出的资产阶级经济学面临的问题，即混淆“生产一般”同“资本主义生产特殊”，在将资本主义生产关系视为永恒规律的前提下，撇开特定社会形式及生

1　习近平：《在纪念马克思诞辰 200 周年大会上的讲话》，人民出版社 2018 年版，第 17 页。

产研究资源配置问题，因而往往脱离社会现实。而马克思主义政治经济学则不同，它基于特定社会生产方式之上研究生产关系及其发展规律，从而兼具客观现实性和社会历史性。

学科建构层面，生产方式理论使得马克思主义政治经济学研究对象、研究目的、研究方法和理论体系等实现有机统一。对此，有必要对马克思主义政治经济学的研究对象、研究目的、研究方法和理论体系进行简要梳理：第一，研究对象。“我要在本书研究的，是资本主义生产方式及其和它相适应的生产关系和交换关系。”[1] 第二，研究目的。“本书的最终目的就是揭示现代社会的经济运动规律。”[2] 第三，研究方法。马克思在《〈政治经济学批判〉导言》中专门用一节探讨了“政治经济学的方法”。结合该节内容将研究方法概括为，基于历史唯物主义，综合运用科学抽象法与逻辑和历史相一致的方法，综合考察具体经济现象和社会整体经济活动，于运动发展中探求经济关系本质。第四，理论体系。正如马克思强调，“我考察资产阶级经济制度是按照以下的顺序：资本、土地所有制、雇佣劳动；国家、对外贸易、世界市场”[3]。上述每一个都是重大议题且尚存争议，因此唯其从整体把握，才利于问题探讨。事实上，对象服务于目的的实现，理论体系也由方法呈现为一个抽象上升为具体的整体序列。马克思主义政治经济学的关键精妙之一就在于这些学科建构层面的重大理论命题有机统一，而在这其中，生产方式理论与每一命题都密切联系，促使它们共同构成对“资本主义生产方式”的完整考察。

1　马克思：《资本论》第 1 卷，人民出版社 2004 年版，第 8 页。

2　马克思：《资本论》第 1 卷，人民出版社 2004 年版，第 10 页。

3　马克思、恩格斯：《马克思恩格斯选集》第 2 卷，人民出版社 2012 年版，第 1 页。

理论研究层面，生产方式理论连接研究对象与政治经济学具体理论，共同构成对“资本主义生产方式”的完整考察。近年来，对马克思主义政治经济学存在一个很大的责难和误解即在于：认为它只是抽象地研究生产关系，不研究资源配置问题，从而不具备现实意义，更不能解决现实问题。但事实上，持有这一观点的人，他们还需要进一步理解马克思主义政治经济学。有学者专门就这一问题进行过探讨，指出政治经济学与西方经济学就研究对象这一问题的真正分歧，不在于要不要研究资源配置，而在于资源配置在经济研究中的合理地位以及怎样研究资源配置，西方经济学只是孤立地研究稀缺资源的优化配置问题，马克思主义政治经济学则结合特定生产方式具体考察资源配置。[1] 进一步地，正是基于特定生产方式之上，劳动价值论、剩余价值理论与资本积累理论等政治经济学经典理论才能具备特定内涵与现实意义，并共同构成对“资本主义生产方式”的完整考察。

马克思主义政治经济学研究对象以现实资本主义生产方式的发展为根基，在研究进程中实现现实分割与理论逻辑相统一。这不是纯粹的头脑抽象，而是由资本主义生产方式的现实发展所决定，并最终呈现为一个抽象上升为具体的整体序列，实现对资本主义生产方式的科学解剖。在此，必须特别提及《资本论》第二卷第三篇第一章“导言”中的第一节“研究的对象”，其实该节具有特殊重要性，但学界却有所忽视。在该篇中，马克思对资本主义生产方式由单个进入社会，由静止进入运动，开始全面考察社会总资本的再生产和流通。在此，马克

1　吴易风：《论政治经济学或经济学的研究对象》，《中国社会科学》1997 年第 2 期。

思专门对第一卷和第二卷前两篇的研究对象做了总结，关键的是他不仅阐释了前面各篇的研究对象是什么，更在对比中说明了各篇对应着特定的研究对象，以及它们之间的联系发展，并共同构成对资本主义生产方式的解剖。《资本论》各卷各篇考察的差别不在于研究的对象，而在于研究资本主义生产方式时抽象法的各个不同阶段。比如，第二卷前两篇是研究资本主义生产方式，第三篇则是研究这个方式在社会资本运动中所出现的形式。进一步地，《资本论》三卷虽侧重不同，但互相补充构成一个整体。第一卷对生产过程的考察揭示被现象掩盖的问题实质；第二卷则揭示了掩盖实质的运动形式，使对实质的分析从抽象的理论进入具体的事实而得以丰富；而在第三卷便上升到最具体也是最接近人类肉眼可感知的资本主义社会，但这时资本主义的神秘面纱已然揭开，让我们既看到了身着五彩华服的资本主义社会，同时也看到其亮丽外衣下难掩的罪恶本质。

（四）简短结论：政治经济学研究对象的科学性问题

“科学”这一提法最早源于自然科学领域，后来才逐渐引入到社会科学领域加以探讨，一般指“正确反映世界本质与规律的理论”。事实上，科学的基本任务是解释事物和指导实践，而政治经济学则研究一定社会经济结构，指导社会经济变革与经济发展。从这个角度看，政治经济学是可以成为科学，但前提是必须满足：一方面，阶级性与科学性的问题，亦即研究立场要克服阶级性；另一方面，研究内容要能够揭示经济社会发展的本质与规律。此亦为对政治经济学研究对象科学性的要求。马克思曾在《资本论》第一版序言中提到：“政治经济学所研究的材料的特殊性质，把人们心中最激烈、最卑鄙、最恶劣的感情，把代表私人利益的复仇女神召唤到战场上来反对自由的科学研究。”[1]直接关系到人们生活物质利益问题的政治经济学研究必然极易受到阶级性问题的干扰而难以实现科学性，故政治经济学研究要能够抛开阶级局限和意识形态偏见，服务于特定社会的经济发展。后一个问题，则要求既要具备社会历史性，与当时当地社会的整体经济发展密切联系，同时经济理论的研究对象不是空中楼阁，要具备现实性和具体性，与现实的经济发展和具体的经济理论密切联系。

由前所述，马克思主义政治经济学在生产方式的整体视域下探究经济社会发展，由此既克服了阶级局限性的问题，又揭示了经济社会发展的本质与规律。而反观西方经济学研究对象的所谓“边际革命”科学性问题，如杰文斯在《政治经济学理论》中提出了边际效用论，并开始运用数学工具来处理经济问题，便开始将生产关系排除出西方经济学的研究领域，这主要是因为生产关系很难量化。19 世纪 70 年代后，新古典经济学开始将经济学的研究主题局限在资源配置问题上。资本主义世界经济大危机时期，英国经济学家罗宾斯在《经济科学的性质和意义》中明确提出经济学的研究对象或研究目的：“经济科学研究的是人类行为在配置稀缺手段时表现的形式……经济学是把人类行为当作目的与具有各种不同用途的稀缺手段之间的一种关系来研究的科学。”[2]

尽管尚存争议，但目前西方经济学经典教科书大多沿用这一定义，如萨缪尔森《经济学》：“经济学研究社会如何使用稀缺资源来生产有价

1 马克思：《资本论》第 1 卷，人民出版社 2004 年版，第 10 页。

2 莱昂内尔·罗宾斯：《经济科学的性质和意义》，朱泱译，商务印书馆 2000 年版，第 19—20 页。

值的商品，并把它们在不同人之间进行分配。”[1]曼昆《经济学原理》：“经济学研究社会如何管理自己的稀缺资源。”[2]基于社会现实根源，西方经济学在早期并非空穴来风地将关乎社会经济发展的本质性问题排除在研究对象之外，但后来却发展为研究定式，日益趋向孤立研究和过度追逐量化和数学化。这背后实则反映了西方经济学本质上是西方国家统治阶级关于资本主义市场经济的理论，它永远在假定资本主义社会永恒的前提下进行研究，这也就从根本上决定了它只能局限于具体的经济运行问题即资源配置，但脱离社会的历史发展是不可能真正解决好资源配置问题的，正是这一问题使其永远不能成为科学的经济理论。

马克思生产方式理论既是政治经济学现实考察的重要理论，又蕴含最深刻的历史唯物主义哲学思想，使得在考察特定社会经济发展时，能够在一定程度上克服阶级局限性，探知经济社会发展的本质和规律。因此，马克思主义政治经济学得以区别于西方经济学研究对象而更具科学性。现在中国特色社会主义政治经济学正进入学科建构的关键时期，而无论是从理论体系构建还是学科建设的角度出发，研究对象都是首要基本问题。

三、中国特色社会主义政治经济学研究对象的界定与意义

确立中国特色社会主义政治经济学研究对象应结合中国实际对马

1 保罗·萨缪尔森、威廉·诺德豪斯：《经济学》上册，萧琛等译，商务印书馆 2012 年版，第 5 页。

2 N. 格里高利·曼昆：《经济学原理：微观经济学分册》，梁小民等译，北京大学出版社 2009 年版，第 3 页。

克思主义政治经济学实现完整而非断章取义式的借鉴。从马克思生产方式理论及其政治经济学研究对象出发，基于中国特色社会主义政治经济学是对马克思主义政治经济学的继承与发展等多个层面考察，中国特色社会主义政治经济学应以“中国特色社会主义生产方式”为研究对象，在生产方式的理论框架下进一步推动中国特色社会主义政治经济学研究。

（一）中国特色社会主义生产方式：基于五个层面的综合考量

基于上述分析，中国特色社会主义政治经济学研究对象是“中国特色社会主义生产方式”。

以“中国特色社会主义生产方式”为研究对象，是对马克思主义政治经济学研究对象的继承与发展。政治经济学本质上是历史的科学，其研究对象也应伴随历史的发展做出与时俱进的调整。首先，应明确中国特色社会主义政治经济学与马克思主义政治经济学的关系。马克思主义政治经济学与中国具体实际相结合孕育出中国特色社会主义政治经济学。马克思主义政治经济学主要是“革命”的政治经济学，中国特色社会主义政治经济学则主要是“建设”的政治经济学。[1] 事实上，马克思本人也无法预测中国特色社会主义经济形态的产生和中国特色社会主义生产方式的具体发展，“以实行社会主义市场经济为主要标志的中国特色社会主义，同马克思、恩格斯所设想的以产品计划经济为主要特征的经典社会主义模式也有了许多重要的差别”[2]。因此，

---

1 卫兴华、聂大海：《马克思主义政治经济学的研究对象与生产力的关系》，《经济纵横》2017 年第 1 期。

2 刘灿、李萍、吴垠：《马克思主义经济学发展创新的时代任务和基本路径》，《经济学家》2011 年第 5 期。

应继承马克思主义政治经济学确立研究对象的完整理论，但并不要求完全照搬其仅作为结论的研究对象内容。以“中国特色社会主义生产方式”为研究对象是在坚持马克思主义政治经济学研究对象观的基础上，结合中国社会历史实际加以丰富发展，服务于中国特色社会主义经济发展和中国式现代化建设，更好推进实现中华民族伟大复兴。因此，置于生产方式的整体视域研究生产力和生产关系的发展，既是时代发展的需要，也是时代发展的观照。

以“中国特色社会主义生产方式”为研究对象，能够有效应对西方经济学研究对象问题所提出的挑战。一般而言，西方经济学的研究对象是稀缺资源的合理配置，马克思主义政治经济学则在“生产方式”基础上研究“生产关系”。显然，两者相互对立。在社会主义市场经济蓬勃发展的当代中国，西方经济学就研究对象问题对传统政治经济学时有诘难，集中表现在两个方面：一是没有研究具体层面的经济运行问题；二是无法量化，缺乏具体和实际操作性。但事实上，“西方经济学不过是用一般的、抽象的资源配置学说掩盖了资本主义社会特有的以阶级对抗为特征的资源配置”[1]，它天然地将资本主义社会视为颠扑不破的永恒真理，故大多脱离特定生产方式及生产关系，仅从经济运行层面探讨资源配置问题，显然这只能触及表象而无法真正深入本质。而以“中国特色社会主义生产方式”为研究对象的中国特色社会主义政治经济学则不同，一方面，它是对马克思主义政治经济学研究对象观的继承，探求的仍是符合经济理论研究本质的问题，并能真正揭示社会经济的历史发展；另一方面，生产关系范畴的确难以包容资源配置问题，以“中国特

1　孙立冰：《论中国特色社会主义政治经济学的研究对象》，《社会科学战线》2019 年第 7 期。

色社会主义生产方式”而非“生产关系”为研究对象，有助于明确资源配置在中国特色社会主义政治经济学理论研究中的合理地位，回应西方经济学挑战，更好地服务于现实中国的发展。问题的真正关键不在于是否要研究资源配置，而在于怎样研究资源配置。中国特色社会主义政治经济学将资源配置问题置于特定生产方式中加以系统考察，比西方经济学仅仅孤立地探讨资源配置问题更科学。

从中国特色社会主义政治经济学研究对象这一议题的研究现状与尚存争议来看，以“中国特色社会主义生产方式”为研究对象，能够有效回应争议、避免无意义的词义争端。“整体看来，当前学界围绕该议题主要呈现三种研究取向：一是坚持传统的马克思主义政治经济学研究对象，主张中国特色社会主义政治经济学的研究对象仍旧还是生产关系，因为生产关系是社会经济发展的本质和核心；二是强调立足现实中国实践的情况和需要，结合马克思关于人类社会发展规律的理论，在研究生产关系的基础上丰富和发展传统的政治经济学研究对象，其中又可划分为主张也要研究生产力、也要研究上层建筑以及生产力和上层建筑都要研究这三种代表性观点；三是试图避开生产力、生产关系、生产方式的传统政治经济学研究对象的界定，对中国特色社会主义政治经济学研究对象做新的阐释。”[1] 不同研究取向的背后实则是不同理论观点的争鸣与交锋，例如如何完整准确地理解马克思主义政治经济学研究对象，如何理解和研究作为政治经济学研究对象的生产关系，研究对象是否包含生产力等，争议不断，尚无统一定论。而事实上，一门学科确立研究对象的真正要义在于划定研究范围，明

1 周文、代红豆：《中国特色社会主义政治经济学研究对象：争论与成效》，《人文杂志》2020年第2期。

晰研究指向以及构建研究体系，且目前处于中国特色社会主义政治经济学学科建构的重要历史机遇期，不可过分拘泥于纯字词争端。以“中国特色社会主义生产方式”为研究对象，主张根据马克思确立其政治经济学研究对象的理论依据与完整过程，而非简单的字句照搬，在中国特色社会主义生产方式的整体视域中系统考察生产力与生产关系问题，有利于减少争议、凝聚共识，助力中国特色社会主义政治经济学学科建构与理论发展。

以“中国特色社会主义生产方式”为研究对象，符合中国特色社会主义政治经济学的学科本质与理论发展需要。关于中国特色社会主义政治经济学的学科本质问题，首先必须明确政治经济学的基本任务是“对一定的社会经济结构进行剖析，揭示其内在矛盾与运动规律，以指导人们变革或完善某种社会经济结构的社会实践”[1]，中国特色社会主义政治经济学必须坚持对社会经济运行的本质问题进行分析，这是对其政治经济学身份的“坚守”。同时，它不是别的什么政治经济学，而是“中国特色社会主义的政治经济学”，必须扎根于现实的中国大地，研究中国特色社会主义经济，从而获得独立且完整的存在。[2]以“中国特色社会主义生产方式”为研究对象：一方面，深入生产方式的整体视域探求生产力与生产关系的发展问题，直接关涉社会经济发展本质问题；另一方面，强调立足中国特色社会主义历史实践。同时历史地看，每一次由人类社会发展大变革所引起的经济学理论的革新发展，都是以现实的社会发展为基准、对以往所有的经济学理论进行融合后的超越式创新再发

1　于金富：《生产方式理论：经典范式与现代创新》，中国社会科学出版社2012年版，第2页。

2　张宇：《中国特色社会主义政治经济学的科学内涵》，《经济研究》2017年第5期。

展。假定这样的关键性历史时刻又再次到来，中国特色社会主义政治经济学如想把握好这一伟大历史机遇，在学科定位上就应视野开阔，在研究对象界定上更不应局限和拘泥于传统的认识，它应揭示抽象的本质性规定，但必须是寓于丰富的“具体”之中的“抽象”。

以“中国特色社会主义生产方式”为研究对象，符合中国发展的现实诉求。“中国特色社会主义政治经济学的理论与实践绝不是传统的马克思主义政治经济学基本原理的简单运用，更不是将马克思政治经济学框架内容原封不动简单化设置为‘教义’，而是在马克思主义政治经济学方法论指导下，‘一切从实际出发’，立足中国国情，以中国问题为导向，回答中国问题，从而揭示中国特色社会主义市场经济条件下的经济规律。”[1]改革开放以来，中国特色社会主义市场经济发展面临的关键问题即是社会主义公有制与市场经济有机结合的问题，而这一问题的解决既不能依靠单一研究生产关系，也不能只研究市场经济的运行问题，最终还是应当探讨“中国特色社会主义生产方式”的问题。只顾抽象探讨生产关系绝不是马克思主义政治经济学，更不是当前中国发展实际需要的政治经济学说。因此真正重要的，是回到马克思对资本主义生产方式所做的经典政治经济学考察，服务于中国特色社会主义经济实践发展需要，在生产力与生产关系的有机结合中系统考察当代中国特色社会主义生产方式。

综上，中国特色社会主义政治经济学的研究对象就是“中国特色社会主义生产方式”。这不是对研究对象的泛化，而是强调马克思主义政治经济学与中国具体实际相结合，是马克思主义政治经济学中国

1 周文、宁殿霞：《中国特色社会主义政治经济学：渊源、发展契机与构建路径》，《经济研究》2018 年第 12 期。

化时代化，从而避免学界纯粹的概念之争。

（二）中国特色社会主义生产方式的理论与实践内涵

归根结底，作为中国特色社会主义政治经济学研究对象的“中国特色社会主义生产方式”，是马克思“生产方式”与中国特色社会主义具体实践相结合的理论结晶，是当代中国马克思主义政治经济学的理论范畴。对其丰富内涵的理解，首先，应从历史唯物主义的高度加以把握；其次，应结合中国特色社会主义政治经济学理论研究和中国特色社会主义经济实践具体地加以阐释。

基于历史唯物主义，“中国特色社会主义生产方式”本质上属于社会主义生产方式，与资本主义生产方式有着根本区别，是一种属于中国特色社会主义的独特生产方式。由前所述，“生产方式”是历史唯物主义哲学精髓在现实政治经济学考察中的重要化身。将“中国特色社会主义生产方式”作为研究对象便暗含：在该学科理论研究及其相关实践中必须坚持历史唯物主义哲学世界观与方法论。历史唯物主义归根结底是马克思关于人类社会发展的伟大发现，即超越以往唯物论和唯心主义的历史局限，认为人类社会发展也是唯“物”的，实现唯物论与辩证法在自然界和人类社会的双重贯彻。马克思基于历史唯物主义认为生产方式既由一定社会生产力客观地决定，又由特定社会发展历史地决定，因此生产方式兼具客观现实性与社会历史性。首先，中国特色社会主义生产方式从根本上区别于资本主义生产方式。马克思在《资本论》第三卷末总结了资本主义生产方式的两大基本特征：“生产的产品是商品”和“剩余价值的生产是生产的直接目的和决定动机”。[1]

1　马克思：《资本论》第 3 卷，人民出版社 2004 年版，第 995—997 页。

显然中国特色社会主义生产方式从一开始的目标定向就与之不同，其发展商品经济与市场经济是为了更好更快地实现共同富裕，而绝不是少数人攫取大量劳动者的剩余价值。其次，中国特色社会主义生产方式应当体现和坚持马克思主义经典作家关于社会主义生产方式的本质特征和基本发展趋势。可以将马克思关于社会主义生产方式的理论简要概括为：第一，建立在社会生产力高度发达的基础上，是对资本主义生产方式的全面扬弃。第二，在生产关系层面，重建个人所有制与联合劳动。作为对“资本的生产过程”所做抽象分析的结论，马克思在“资本主义积累的历史趋势”一节中论述了生产关系发展的否定之否定过程：以各个独立劳动者与其劳动条件相结合为基础的私有制（它只同生产和社会的狭隘的自然产生的界限相容）—资本主义私有制（以剥削他人的但形式上是自由的劳动为基础的私有制）—重建个人所有制。[1]在此，“个人所有制”是对前面所有生产关系的扬弃，与“生产资料的集中和劳动的社会化”相适应，劳动者个人充分占有所需生产资料，实现自由的联合劳动。第三，在分配关系层面，体现和贯彻“各尽所能，按需分配”的分配原则。这些为中国特色社会主义生产方式的历史发展提供了目标指引与前进方向。第四，中国特色社会主义生产方式是一种属于中国特色社会主义的独特生产方式，要实事求是根据其民族特殊性与历史继承性具体地加以把握。

理论层面，作为研究对象的“中国特色社会主义生产方式”应当引领起新时代中国特色社会主义政治经济学理论研究。在学科建构上，与研究目的、研究方法、理论体系等重大命题有机统一；在具体

1　马克思：《资本论》第1卷，人民出版社2004年版，第872—874页。

理论研究上，要与政治经济学相关的重大理论相互贯通。以现实中国特色社会主义生产方式的发展为根基，贯通中国特色社会主义政治经济学理论研究整体。马克思主义政治经济学的关键精妙之一即在于其政治经济学研究是一个理论整体，研究目的、研究对象、研究方法、理论体系等重大命题密切关联，共同支撑起马克思主义政治经济学的现实考察。中国特色社会主义政治经济学应当以此为鉴，以中国特色社会主义生产方式的现实发展为根基，构建一个从抽象上升为具体的整体序列，从而推动中国特色社会主义政治经济学发展和创新。作为研究对象的中国特色社会主义生产方式与中国特色社会主义政治经济学具体的理论研究密切关联，只有寓于中国特色社会主义生产方式之中的政治经济学具体理论才能具备特定内涵与现实意义，中国特色社会主义生产方式也只有以政治经济学具体理论为依托才真正成为其研究对象。一个现实的理论诘难即是：劳动价值论、剩余价值理论、资本积累理论等一系列马克思主义政治经济学的经典理论是否还适用于当代中国？反对者认为这些皆为适用于资本主义社会的理论，一旦适用于中国就等同于承认中国是资本主义社会；赞同者则着眼于坚持马克思主义政治经济学，但他们无法回应反对者的质疑。而事实上，将这些理论纳入中国特色社会主义生产方式分析框架，赋予这些理论以特定时空背景，一切问题便迎刃而解。此外，我国社会主义市场经济在改革开放实践中取得巨大成功，充分发挥了“社会主义基本制度”和“市场经济”两大优势。由此形成的中国特色社会主义市场经济理论，是基于“中国特色社会主义生产方式”的现实考察，对马克思主义政治经济学理论的极大丰富和发展。

实践层面，作为研究对象的“中国特色社会主义生产方式”应当与中国特色社会主义经济实践相契合并能够引导未来经济社会的发展。首先，中国特色社会主义生产方式要精准把握我国处于并将长期处于社会主义初级阶段这一基本国情。我国是一个发展中大国，仍处于社会主义初级阶段，正在经历广泛而深刻的社会变革。马克思晚年提出过跨越“卡夫丁峡谷”设想，主要是结合俄国问题时谈到，“和控制着世界市场的西方生产同时存在，就使俄国可以不通过资本主义制度的卡夫丁峡谷，而把资本主义制度所创造的一切积极的成果用到公社中来”，即经济落后国家可以“不通过资本主义制度的卡夫丁峡谷”直接过渡到社会主义。[1] 进入中国特色社会主义，“社会主义初级阶段理论是建设中国特色社会主义的首要问题，它是马克思主义与中国实际高度和科学结合的一个伟大创造”[2]。党的十九大报告中也突出强调虽然我国社会主要矛盾发生了转化，但社会主义初级阶段的基本国情没有变，必须牢牢把握这一基本国情。其次，中国特色社会主义生产方式要与中国特色社会主义经济实践相契合。顾钰民在总结马克思主义经济理论中国化的三大成果时指出：“中国共产党从中国的国情出发，把马克思主义基本原理同中国具体实际相结合，从社会主义的经济形式、社会主义初级阶段的基本经济制度、社会主义个人收入分配制度这三个层面创立了中国化马克思主义经济理论的三大成果，即社会主义市场经济理论、社会主义初级阶段基本经济制度理论和个人收

1 马克思、恩格斯：《马克思恩格斯全集》第25卷，人民出版社2001年版，第461页。

2 辛向阳：《社会主义初级阶段理论：马克思主义中国化的典范》，《马克思主义研究》2006年第6期。

入分配理论。”[1] 中国特色社会主义生产方式要与我国社会主义市场经济实践相契合，要与当前的生产关系和交换关系相适应。最后，中国特色社会主义生产方式要能够迎接挑战，抓住新型全球化和新技术革命带来的新机遇。当前的全球局势与新技术革命带来的翻天覆地变化不得不引起我们对世界大势的再审视。在西方主导的资本主义社会，资本逻辑统治着全球，如今又再次兴起探讨，即资本逻辑能否最终被技术统治所取代？至今尚无定论，但可以明确的是处于世界大势中的中国特色社会主义对于这一变化已引起足够重视。对应到当代中国经济发展上，高质量发展应是“物质资料生产方式顺应时代潮流的伟大转变，是生产力的发展与生产关系的变革的统一”，而现代化经济体系则是“生产力与生产关系良性互动的经济体系”。总之，在变局之中把握不变，在中国特色社会主义生产方式的整体视域中系统把握生产力与生产关系的有机统一。

（三）丰富和发展中国特色社会主义政治经济学

中国特色社会主义政治经济学的直接研究对象是中国特色社会主义经济。而在研究中国特色社会主义经济的过程中，要从生产力和生产关系的辩证统一中研究生产关系的发展规律。必须指出，马克思主义政治经济学是在资本主义条件下揭示资本主义制度的本质及其内在矛盾，从而阐释资本主义制度的未来发展趋势。而在社会主义条件下，中国特色社会主义政治经济学应该着重研究中国特色社会主义生产关系及其规律，既要从抽象层面研究经济规律，也要研究具体的经济运行机制。我们坚持马克思主义政治经济学基本原理和方法论，并

1　顾钰民：《马克思主义经济理论中国化的三大成果》，《福建论坛》（人文社会科学版）2009年第10期。

不排斥国外经济理论的合理成分。西方经济学关于金融、价格、货币、市场、竞争、贸易、汇率、产业、企业、增长、管理等方面的知识，有反映社会化大生产和市场经济一般规律的一面，要注意借鉴。同时，对国外特别是西方经济学，我们要坚持去粗取精、去伪存真，坚持以我为主、为我所用，对其中反映资本主义制度属性、价值观念的内容，对其中具有西方意识形态色彩的内容，不能照抄照搬。经济学虽然是研究经济问题，但不可能脱离社会政治，纯而又纯。马克思主义政治经济学强调运用抽象法及逻辑和历史相一致的方法研究经济问题，发现经济现象背后的本质和规律。西方经济学强调数量分析方法，即运用数理模型分析经济变量之间的关系，从而进一步地定量分析经济变量之间的数量关系。在中国特色社会主义实践中，我们面临的经济问题更复杂，在研究具体经济问题时，如果把两种研究方法结合起来，既有定性判断，也有定量分析，既强调逻辑和历史的把握，又注重数理上的论证，势必能更好地解释经济现象、解决经济问题，从而更好地指导社会主义实践。

解决当代中国经济发展问题是中国特色社会主义政治经济学的生长点。经济学是经世致用之学，只有解决实际问题的经济学才有生命力，才会为人民群众所接受。中国特色社会主义政治经济学不是“象牙塔”中的学问，而是在马克思主义政治经济学的指导下，在解决我国实际经济问题中不断创新发展的。中国特色社会主义政治经济学要有生命力，就必须与时俱进。实践是理论的源泉。我们用几十年的时间走完了发达国家几百年走过的发展历程，我国经济发展进程波澜壮阔、成就举世瞩目，蕴藏着理论创造的巨大动力、活力、潜力。当前，世界经济和我国经济都面临许多新的重大课题，需要做出科学的理论回答。我们要立足我国国情和发展实践，深入研究世界经济和我国经济面临的新情况新问题，揭示新特点新规律，提炼和总结我国经济发展实践的规律性成果，把实践经验上升为系统化的经济学说，不断开拓当代中国马克思主义政治经济学新境界，为马克思主义政治经济学创新发展贡献中国智慧。

改革开放以来，我们及时总结新的生动实践，不断推进理论创新，在发展理念、所有制、分配体制、政府职能、市场机制、宏观调控、产业结构、企业治理结构、民生保障、社会治理等重大问题上提出了许多重要论断。比如，关于社会主义本质的理论，关于社会主义初级阶段基本经济制度的理论，关于创新、协调、绿色、开放、共享发展的理论，关于发展社会主义市场经济、使市场在资源配置中起决定性作用和更好发挥政府作用的理论，关于我国经济发展进入新常态、深化供给侧结构性改革、推动经济高质量发展的理论，关于推动新型工业化、信息化、城镇化、农业现代化同步发展和区域协调发展的理论，关于农民承包的土地具有所有权、承包权、经营权属性的理论，关于用好国内国际两个市场、两种资源的理论，关于加快形成以国内大循环为主体、国内国际双循环相互促进的新发展格局的理论，关于促进社会公平正义、逐步实现全体人民共同富裕的理论，关于统筹发展和安全的理论，等等。这些理论成果，不仅有力指导了我国经济发展实践，而且开拓了马克思主义政治经济学新境界。党的十八大以来，以习近平同志为核心的党中央深刻总结并充分运用我国经济发展的成功经验，从新的实际出发，提出了一系列新理念新思想新战略，形成了习近平经济思想，指导我国经济发展取得历史性成就、发生历史性变革。习近平经济思想坚持马克思主义政治经济学基本原理和方法，集中体现了我们党对经济发展规律特别是社会主义经济建设规律的科学认识，为丰富和发展马克思主义政治经济学做出了重要原创性贡献，丰富发展了中国特色社会主义政治经济学。

四、中国特色社会主义政治经济学的鲜明特征

中国特色社会主义最本质的特征是坚持中国共产党领导。中国特色社会主义建设就是在党的领导下，立足中国实际，不断变革生产方式的过程，是生产力的进步与生产关系变革相统一的发展。以中国特色社会主义生产方式及其发展规律作为研究对象，中国特色社会主义政治经济学呈现出以下鲜明特征。

（一）始终体现和反映我国社会主义经济建设和改革发展的伟大实践

中国特色社会主义政治经济学不是“象牙塔”中的学问，而是我们党把马克思主义政治经济学基本原理同我国经济发展新实践结合起来的产物，始终体现和反映我国社会主义经济建设和改革发展的伟大实践。例如，在经历社会主义曲折探索后，我党第二代领导人邓小平同志在总结国内外社会主义实践经验和教训的基础上，开辟了我国改革开放的全新发展道路。在改革开放的过程中，邓小平对于社会主义的理解不断深化和升华，提出了诸如关于社会主义初级阶段基本经济制度及其本质理论、社会主义市场经济理论等一系列具有创新性的关于建设中国特色社会主义的政治经济学理论观点。特别是在经历改革开放30余年的高速增长后，以习近平同志为核心的党中央成功驾驭了

我国经济发展大局，在实践中形成了习近平经济思想，包括我国经济发展进入新常态的理论，关于推动新型工业化、信息化、城镇化、农业现代化相互协调的理论，关于市场在资源配置中起决定性作用、更好发挥政府作用的理论，关于新发展理念的理论等一系列新成果。这些理论始终坚持问题导向，坚持生产力与生产关系变革相统一的原则，把实践经验抽象提炼为“系统化的经济学说”，为我国经济发展提供基本理论指导，为发展马克思主义政治经济学做出中国的原创性理论贡献，进而开辟马克思主义政治经济学新境界。

（二）坚持把以人民为中心作为中国特色社会主义政治经济学的根本立场

中国特色社会主义政治经济学不是简单地研究资源配置问题，而是植根于马克思主义政治经济学研究生产方式。中国特色社会主义生产方式的研究更能突出资源配置的优化是为谁服务的问题。习近平总书记指出：“要坚持以人民为中心的发展思想，这是马克思主义政治经济学的根本立场。”当代中国特色社会主义政治经济学坚持了马克思主义政治经济学是为人民服务的经济学这一基本性质。具体来说，我们党领导改革开放和社会主义现代化事业是亿万人民共同参与的伟大事业，也是为中国人民谋幸福、为中华民族谋复兴的伟大事业。这个改革和事业的发展就是以不断推动中国特色社会主义生产方式的变革来实现的，这一变革从一开始就是以实现共同富裕为目标，这一变革始终着眼于从最广大人民根本利益出发，以增进人民福祉为出发点和落脚点。当前正迈向社会主义现代化建设新征程，高质量发展就是生产方式顺应时代潮流的伟大转变，是生产力的发展与生产关系的变革的统一，是为了最大程度地满足广大人民的美好生活需要的转变。

（三）以坚持和完善社会主义基本经济制度探索作为中国特色社会主义政治经济学根本任务

新中国成立70多年来的发展历程充分证明，以社会主义基本经济制度的探索作为逻辑起点是科学的，符合我国社会主义经济发展和制度变迁的实际。这一生产关系的改革促进了生产方式的发展，对社会主义经济建设和改革开放发挥了重要指导作用。具体来说，新中国成立初期我们没收官僚资本，对资本主义工商业进行社会主义改造，引导农民走上社会主义道路，确立了社会主义公有制的主导地位，为随后全面开展社会主义经济建设、形成独立的比较完整的工业体系和国民经济体系提供了制度保障。改革开放以来，我们探索并形成了公有制为主体、多种所有制经济共同发展，以此为基础形成和完善的社会主义所有制；从单一社会所有制，发展到把生产资料所有制、收入分配方式、经济运行关系都纳入基本经济制度范畴的制度体系，社会主义基本经济制度更加成熟、更加定型。这一新变化丰富和发展了社会主义基本经济制度的内涵，是与党领导下的社会主义伟大经济建设实践认识的深化密不可分的，这也是历史赋予中国特色社会主义政治经济学的新时代使命。

（四）中国特色社会主义政治经济学彰显着民族性与世界性

从理论特性上讲，中国特色社会主义政治经济学不是西方经济学，也不是一般意义的社会主义政治经济学。它坚持以马克思主义理论为指导，但绝不照搬马克思主义的社会主义经济理论。它有着民族特殊性，即它研究的是中国特色社会主义这一整体的生产方式，而不仅是带有中国特色的社会主义生产方式。如果仅仅把它理解为具有“中国特色”的社会主义政治经济学，那么它无非是一般意义上的社会主义政治经济学的线性发展和进一步延伸，在生产方式上始终研究公有制和计划经济部分，这就不是具有原创性的新的政治经济学理论体系。但正如习近平总书记指出的：“强调民族性并不是要排斥其他国家的学术研究成果，而是要在比较、对照、批判、吸收、升华的基础上，使民族性更加符合当代中国和当今世界的发展要求，越是民族的越是世界的。解决好民族性问题，就有更强能力去解决世界性问题；把中国实践总结好，就有更强能力为解决世界性问题提供思路和办法。这是由特殊性到普遍性的发展规律。”[1] 对中国特色社会主义生产方式的研究及其发展规律的经验总结对世界发展也具有普遍意义的科学价值，包含着人类共同的价值追求，能够为解决世界上其他国家经济发展问题提供借鉴[2]，为世界经济的发展提供中国方案，贡献中国智慧。唯其如此，中国特色社会主义政治经济学才能实现民族性与世界性的统一。

五、发展中国特色社会主义政治经济学亟待解决的重要问题

如何构建中国特色社会主义政治经济学的理论体系，更好地服务于社会主义现代化建设和中华民族复兴，是当前和今后中国特色社会主义政治经济学发展的重要和迫切的时代课题。

1　习近平：《坚定文化自信，建设社会主义文化强国》，《求是》2019 年第 12 期。

2　逄锦聚：《中国特色社会主义政治经济学的民族性与世界性》，《经济研究》2016 年第 10 期。

（一）中国特色社会主义政治经济学要为中国走向世界提供理论支撑

中国不仅从对外开放和经济全球化中受益，同时又通过积极参与经济全球化为世界发展做出了巨大的贡献。[1]但过去的全球化是资本主义主导的全球化，而资本主义国家以资本扩张为动力推动的全球化，加剧了世界的贫富差距。发达国家依靠技术和资本优势建立起的不平等的国际经济秩序、国际分工和交换体系，将发展中国家锁定在低端，使其难以凭借自身力量在现有世界政治经济体系下得到应有的发展，最后陷入所谓的“中等收入陷阱”。西方主导经济全球化 500 多年的历史已证明“西方标榜的共同利益不过是一个修饰性的比喻而已”[2]。近年来，发达国家在资本逻辑的驱动下，不断去工业化、金融化的发展带来了更大的危机，与之形成鲜明对比的是中国经济举世瞩目的成就。然而，西方不反思自己在后危机时代一蹶不振的原因，反而错误地认为当前资本主义世界的经济危机是经济全球化的后果，是中国的崛起导致了他们的衰败，然后不断热炒“修昔底德陷阱”，给世界造成一种中国也会国强必霸的假象，并将中国推动“一带一路”、人类命运共同体的建设污名为“新殖民主义”。与此同时，以美国为首的发达国家开始高举贸易保护主义大旗，不断加剧中美经贸摩擦，给世界经济发展效率带来巨大损失。

总之，当前由西方主导的国际经济秩序出现了严重的问题，世

1　周文、冯文韬：《中国奇迹与国家建构——中国改革开放 40 年经验总结》，《社会科学战线》2018 年第 5 期。

2　卡尔 · 曼德姆：《意识形态与乌托邦》，黎鸣、李书崇译，商务印书馆 2019 年版，第 16 页。

界贫富差距加大，贸易保护主义重新抬头。但中国的经济发展不能与世界经济相互隔离，中国高质量发展也将给世界带来更多的机遇。面对当今世界发展的新格局和新形势，中国有必要担起大国责任，构建新的国际经济秩序。习近平总书记强调“要在和平发展中与世界各国命运休戚与共，构建以合作共赢为核心的新型国际关系，弘扬共商共建共享的全球治理理念”。然而，过去我们是被动地融入全球化之中，政策的推动容易被西方话语体系污名化，当前中国必须完善理论体系，推动中国特色社会主义政治经济学走向世界，促进中国与世界的融合，为中国倡导新型全球化关系，推动人类命运共同体的构建提供理论支撑。

（二）丰富和发展中国特色社会主义政治经济学的标志性概念和范畴

中国特色社会主义政治经济学还存在一个问题，即缺少对基本概念的逻辑抽象，其基本概念范畴大多是文件政策性语言或对时事的表述用语。但作为一个基础学科，如果没有标志性概念和范畴，或不对一些关键性概念进行重新定义，就难以形成一个有内在逻辑的范畴体系，这将导致中国特色社会主义政治经济学缺乏主体性和自信力，更容易陷入西方话语体系的陷阱。例如，改革开放 40 多年来，中国经济发展取得举世瞩目的成就。可以说中国特色社会主义市场经济做到了政府与市场的有机融合，这是中国经济增长的重要制度保障。然而西方不仅不承认中国市场经济的地位，还将中国道路的成功解释为国家资本主义。美国认为市场经济就是没有政府干预的经济，那当前美国以国家之名打压中国民营企业的行为又算什么呢？这实际就是一个理论霸权问题，只能说明在美国眼里，对它有利的才是市场经济。

改革开放特别是20世纪90年代中期以来，我们很多理论来自西方，这造成当前学界存在对市场经济的认识深受西方经济理论和话语逻辑影响的问题，这些学者倾向以资本主义市场经济的标准裁定中国特色社会主义市场经济，即认为市场经济只能建立在私有制基础上，建立真正的市场经济必须以彻底私有化改革为前提。[1]还有诸如西方的产权理论、现代企业制度理论等一些带有西方意识形态的理论实际上都是资产阶级的“糖衣炮弹”，会对中国的发展和改革带来灾难性的后果。

总之，当今在经济学领域内，许多概念范畴还存在争议，为避免落入西方话语体系陷阱，有必要在吸收借鉴西方经济学反映市场经济一般规律的概念和范畴的基础上，对一些关键的概念范畴做一个新的解释，赋予这些概念范畴更加科学严谨的内涵。还要在马克思主义政治经济学的指导下，立足中国实践，提炼中国经验，创造一系列新的概念范畴，来对中国改革开放的成功经验做一个理论总结，从而构建出具有中国特色、中国风格、中国气派的理论体系。

（三）开辟中国特色社会主义政治经济学的新境界

发展中国特色社会主义政治经济学要有历史视野和世界视野。世界著名马克思主义学者沃勒斯坦曾指出：“对历史的关注并不是那群被称为历史学家的人的专利，而是所有社会科学家的义务。”[2]如果没有历史的视野，就不会知道美国资本主义发展在历史上也经历了具有强

1 周文、刘少阳：《再论社会主义市场经济》，《社会科学战线》2020年第9期。

2 华勒斯坦等：《开放社会科学：重建社会科学报告书》，刘锋译，生活·读书·新知三联书店1997年版，第106页。

政府干预的凯恩斯主义模式时期；若没有世界视野，就不会知道世界上还存在日本“赶超式”的资本主义、德国“莱茵式”的资本主义、印度“计划式”的资本主义，这些资本主义模式都强调发挥政府宏观调控的作用。如果拥有这样的历史视野和世界视野，就会明白美国对中国因存在政府干预而否认我们市场经济地位的做法，不过是美国为发动贸易战的强加之“罪”而已。

从学科建设的角度来说，如果没有历史的视野和世界的视野，我们的知识就是碎片化的，这样将不利于我们立足历史发展的实际形成系统化的理论。一方面，如果没有历史的视野，就会像西方主流经济学一样，不论是古典主义经济学、凯恩斯主义经济学或是新古典主义经济学，都仅对美国某个阶段的发展有效。而资本主义周期性爆发的经济危机早已证明马克思的历史判断是正确的。所以，一个新学科理论的提出应该建立在对一定历史发展经验总结的基础上，并进一步抽象出普遍规律，如果没有历史的视野则很难做到这一点。另一方面，近年来中国已日益走近世界舞台中央，中国经济发展不仅惠及14亿多中国人民，也为世界人民福祉的增添做出了重大贡献，中国经济已成为世界经济发展的主要稳定器，这要求我们要具备世界视野，以在风云变幻的世界经济大潮中把握世界发展的趋势。总之，中国特色社会主义政治经济学的研究者们要吸取西方主流经济学脱离历史、脱离实际的经验教训，要在一个历史视野和世界视野下，建立一个与中国历史实践和世界发展环境相一致的政治经济学。

（四）推动教材改革以发展中国特色社会主义政治经济学

发展中国特色社会主义政治经济学理论还存在一个问题，即当前一系列政治经济学的教材过于陈旧、老套、落后。比如，传统教材诸多概念还继续沿用斯大林当年对这些概念的定义；在教材内容上介绍的更多的是传统社会主义模式，这就出现当今教材中的理论不能解释现实的问题。改革开放40多年来，“随着改革开放不断深入，我们形成了当代中国马克思主义政治经济学的许多重要理论成果”，“这些理论成果，马克思主义经典作家没有讲过，改革开放前我们也没有这方面的实践和认识，是适应当代中国国情和时代特点的政治经济学，不仅有力指导了我国经济发展实践，而且开拓了马克思主义政治经济学新境界”。[1] 所以，当前中国要在经济建设和发展的新实践中，揭示新特点新规律，勇于讲出“老祖宗”没有讲过的新话，提炼和总结我国经济发展实践的规律性成果。[2] 因此，在教材改革中，我们要系统梳理这些最新的理论成果并将其编入中国教材中，以更好地完善政治经济学理论体系和话语体系建设，让广大当代中国马克思主义研究者们能讲好中国故事，教好中国课程，为不断开拓中国特色社会主义政治经济学新境界做贡献。

（五）处理好中国特色社会主义政治经济学与马克思主义理论传承、发展和创新

中国特色社会主义政治经济学应是同一和互用的，因此中国特色社会主义政治经济学是当代马克思主义理论的重要组成部分，更是马克思主义理论的传承、发展和丰富，现在关键的问题是怎么去传承、发展和创新。马克思主义理论由马克思主义政治经济学、马克思主义哲学和科学社会主义三大组成部分构成。我们今天看到的马克思主义政治经济学和马克思主义哲学是老一辈学者付出的努力，他们花了大

1　习近平：《不断开拓当代中国马克思主义政治经济学新境界》，《求是》2020年第16期。

2　顾海良：《创新当代中国马克思主义政治经济学》，《人民日报》2016年1月19日。

量的心血把马克思政治经济学和哲学根据中国具体实际做了系统的梳理，形成了今天大家耳熟能详的马克思主义政治经济学和马克思主义哲学。而科学社会主义这个学科现在大家已经感受不到了，就是因为这个学科没有形成理论体系。

但是，马克思主义政治经济学和马克思主义哲学的理论和体系，现在仍然停留在40年前的水平，发展不足、创新不够已成制约和束缚中国理论的重要因素。因此，现在我们需要对中国特色社会主义政治经济学做出的努力就在于既要传承马克思的理论，也要把它和具体实践有机融合，不断创新和发展，不断推进中国特色社会主义政治经济学的建设。现在来反思，马克思主义政治经济学为什么边缘化，这里有重视不够、外部环境问题。但是很重要的因素，我们自身是不是也有问题？比如，研究人员水平参差不齐，水平不高；政治经济学这么多年理论创新发展不够，不能保持马克思主义鲜活生命力。没有活力，也就自我边缘化。

第二讲 中国特色社会主义所有制问题

本部分主要围绕马克思对“生产资料所有制”问题的认识和相关阐述以及中国所有制相关的现实问题展开，主要探讨“生产资料所有制”理论和实践的问题、如何看待目前国内学界对所有制问题的争议以及所有制对中国特色社会主义基本经济制度的作用和影响，并做出中国特色社会主义政治经济学的理论回答，其目的在于全面认识和正确理解中国现阶段的所有制问题，从而更好地推进中国特色社会主义所有制的理论创新和实践发展。

一、马克思关于“生产资料所有制”论述及所有制认识深化

（一）马克思关于“所有制”问题的理论阐述

马克思所有制理论在对现实的认识中不断升华形成，经历了一个从萌芽到成熟的过程，是一个不断认识、不断深化的过程。

马克思在《1844年经济学哲学手稿》中主要从四个角度对“异化”

进行考察，分析了因生产力的发展而产生的分工和私有制起源问题。其一，因为“物的异化”，劳动者的劳动与他的劳动产品的关系就像同一个异己的对象的关系一样。劳动者对对象的占有异化到“生产的对象越多，能够占有的对象就越少，越多的受到自己产品的统治”的程度。其二，“异化”表现为“自我异化”，劳动活动本身的异化，劳动者的活动属于别人，它是劳动者自身的丧失。其三，是异化劳动造就了一种人同自己“类本质”的异化关系。劳动是人的类本质，而异化劳动把类从人那里异化出去，把对人来说的类的生活变成了仅维持个人生活的手段，成为异己的存在。其四，前三种的异化造成了人与人之间关系的异化。从而，马克思从根本上揭示了这些异化是分工、私有制产生的重要根源。

《德意志意识形态》标志着马克思唯物史观的形成，马克思从其唯物史观出发，论述了生产力和生产关系的矛盾运动，提出了所有制的概念，阐述了所有制的实现形式。马克思指出：“分工包含着所有这些矛盾，而且又是以家庭中自然形成的分工和以社会分裂为单个的、互相对立的家庭这一点为基础的。与这种分工同时出现的还有分配，而且是劳动及其产品的不平等的分配（无论在数量上或质量上）；因而产生了所有制。”[1]

马克思在《哲学的贫困》中批判了蒲鲁东关于所有制和生产关系的错误观点，指出“在每个历史时代中所有权以各种不同的方式、在完全不同的社会关系下发展着”[2]，强调了所有制和生产关系、社会关系之间的相互联系。因此，生产资料所有制的形式就是一种生产关系。

---

1 马克思、恩格斯：《马克思恩格斯选集》第 1 卷，人民出版社 2012 年版，第 163 页。

2 马克思：《哲学的贫困》，人民出版社 1961 年版，第 119 页。

生产力发展到一定程度，就必然推动生产关系不断地调整和不断地完善。如果生产关系僵化，就会制约阻碍生产力的发展，就会催生改革的理论和实践发展。所以，邓小平强调："社会主义的本质，是解放和发展生产力。"[1]因此，当生产关系不适应生产力发展的时候，就必须要进行改变。改革是社会主义制度的自我完善，调整、改善生产关系，更有利于适应和促进生产力的发展。

马克思在《共产党宣言》中强调，"共产党人可以把自己的理论概括为一句话：消灭私有制"[2]，"代替它的是共同使用全部生产工具和按共同的协议来分配产品，即所谓财产共有。废除私有制甚至是工业发展所必然引起的改造整个社会制度的最简明扼要的说法"[3]。恩格斯认为："迄今所发生的一切革命，都是为了保护一种所有制以反对另一种所有制的革命。"[4]因为一切阶级在争取统治权之后总是力图使全社会服从于那保障它们的占有方式的条件。所以，马克思号召无产阶级把所有制问题作为运动的基本问题，"无产者只有消灭自己的现存的占有方式，从而消灭全部现存的占有方式，才能取得社会生产力。无产者没有什么自己的东西必须加以保护，他们必须摧毁至今保护和保障私有财产的一切"[5]。"代替那存在着各种阶级以及阶级对立的资产阶级旧社会的，将是一个以各个人自由发展为一切人自由发展的条件的联合体。"[6]马克思认为，未来的所有制形式是社会所有制，这种所有制是

1　邓小平：《邓小平文选》第 3 卷，人民出版社 1993 年版，第 373 页。

2　马克思、恩格斯：《共产党宣言》，人民出版社 2018 年版，第 42 页。

3　马克思、恩格斯：《马克思恩格斯选集》第 1 卷，人民出版社 1972 年版，第 218 页。

4　马克思、恩格斯：《马克思恩格斯选集》第 4 卷，人民出版社 1972 年版，第 110—111 页。

5　马克思、恩格斯：《马克思恩格斯选集》第 1 卷，人民出版社 1972 年版，第 262 页。

6　马克思、恩格斯：《马克思恩格斯全集》第 4 卷，人民出版社 1958 年版，第 491 页。

建立在资本主义私有制基础上并通过自由人的联合体实现的。随着生产力的进步和提高，达到高度发展阶段，物质产品极大丰富，只有这时才相应地改变所有制关系，消灭私有制，实现共产主义公有制。

（二）马克思关于“所有制”的概念界定

马克思关于“所有制”概念没有做过系统的、完整的阐述。马克思所讲的所有制、所有权、财产权大体上概念接近。但是，马克思都是从不同的角度对所有制理论进行阐述和考察。马克思所有制的概念，主要包括生产资料所有制、劳动所有制和产品与消费资料所有制。在《资本论》第一卷中，马克思指出，“各种社会经济形态的区别，不在于生产什么，而在于怎样生产，用什么劳动资料生产”[1]。也就是说，所有制的形式是由生产力决定的。马克思和恩格斯在《德意志意识形态》一书中，对不同形态的所有制进行了区分。在《资本论》第一卷中，在谈到商品所有者之间是把彼此当作私有者对待时，马克思提到这种具有契约形式的法权关系就是一种反映着经济关系的意志关系，这种法权关系或意志关系的内容是由经济关系本身决定的。因此，经济上的占有是法律上的所有权的基础。要阐明某种法律上的所有权形式，就是要研究其背后的所有制关系。

马克思在《资本论》中剖析了资本主义的生产方式和积累方式，指出资本主义私有制是以那种以自己劳动为基础的私有制的消灭为前提的。也就是说，是以劳动者被剥夺为前提的。在未来社会所有制的设想方面，马克思认为，资本主义生产由于自然过程的必然性，造成了对自身的否定。“这种否定不是重新建立私有制，而是在资本主义时

1　马克思：《资本论》第1卷，人民出版社2004年版，第210页。

代的成就的基础上，也就是说，在协作和对土地及靠劳动本身生产的生产资料的共同占有的基础上，重新建立个人所有制。”[1]重新建立个人所有制之后，“代替那存在着各种阶级和阶级对立的资产阶级旧社会的，将是一个以各个人自由发展为一切人自由发展的条件的联合体”[2]，“共产主义的特征并不是要废除一般的所有制，而是要废除资产阶级的所有制”[3]。在这里，马克思承认和肯定了资本主义的贡献和成就，承认只有在大工业的条件下才有可能消灭私有制，承认在生产力高度发展的基础上才有可能消灭私有制，而不是全盘否定资本主义及其私有制。因此，对待资本主义的正确态度，应该是积极借鉴、吸收其有益成分，才能更好地推动社会主义建设与发展。

“所有制”是政治经济学的基本范畴和重要范畴。“所有制”是指人们在社会生产中所发生的财产关系，这种财产关系包括人与物的关系和人与人的关系两个方面。从一方面看，所有制就是人们对生产资料的关系，即人和物的关系。马克思说：“财产最初无非意味着这样一种关系：人把他的生产的自然条件看作是属于他的、看作是自己的、看作是与他自身的存在一起产生的前提”[4]，“财产仅仅是有意识地把生产条件看作是自己所有这样一种关系”[5]。从另一方面看，所有制又体现为人与人之间的社会关系，任何生产都是社会的生产，总是体现为人与人的社会关系。因此，所有制实际上是个人借用一定的形式实现

1　马克思：《资本论》第 1 卷，人民出版社 2004 年版，第 874 页。
2　马克思、恩格斯：《马克思恩格斯全集》第 4 卷，人民出版社 1958 年版，第 491 页。
3　马克思、恩格斯：《马克思恩格斯选集》第 1 卷，人民出版社 1972 年版，第 265 页。
4　马克思、恩格斯：《马克思恩格斯全集》第 46 卷上册，人民出版社 1979 年版，第 491 页。
5　马克思、恩格斯：《马克思恩格斯全集》第 46 卷上册，人民出版社 1979 年版，第 493 页。

对自然的占有，通过这种占有关系表现出来的人与人之间的物质利益关系。

而"所有权"是法律范畴，所有制关系在法律上表现为所有权。"在每个历史时代中所有权以各种不同的方式、在完全不同的社会关系下面发展起来的……要想把所有权作为一种独立的关系、一种特殊的范畴、一种抽象的和永恒的观念来下定义，这只能是形而上学或法学的幻想。"[1] 所有权这一范畴，不是独立的、抽象的、永恒的，而是变化的、发展的。若将所有权作为孤立的关系，一种抽象的和永恒的观念，则是犯了形而上学的错误。

在论及所有制问题时，一些人习惯用产权替代所有制。所有制与产权都涉及物的财产关系，但两者存在本质差异。产权的作用主要在市场，对可以界别产权的资源发挥激励和协调的作用。清晰的产权有助于激励产权主体促进资源从低配置率的地方向高配置率的地方流动，有利于维护市场秩序，协调不同利益主体的关系。现在有一种误区，认为建立社会主义市场经济体制就必须进行产权改革，确保产权清晰。因为"清晰的产权是市场经济存在的前提和基础，产权制度的安排就是市场经济制度的安排"[2]。事实上，这种把产权改革等同于所有制改革的认识误区会形成误导。西方主流经济学的产权理论归根结底实质就是主张市场化和私有化。

20 世纪 90 年代以科斯为代表的新制度经济学学派提出的"科斯定理"，认为在某些条件下经济的外部性或者说非效率可以通过当事人的谈判而得到纠正，从而达到社会效益最大化。根据科斯定理，只

1 马克思、恩格斯：《马克思恩格斯选集》第 1 卷，人民出版社 1995 年版，第 177—178 页。

2 王雷：《马克思所有制理论与西方产权理论的比较》，《河南科技学院学报》2017 年第 3 期。

要财产权是明确的，并且交易成本为零，那么无论在开始时将财产权赋予谁，市场均衡的最终结果都是有效率的，从而实现资源配置的帕累托最优。初始的、清晰的、明确的产权只有在完全的私有化社会中方可实现，基于此，社会成本和社会收益才相等。否则，会出现私人成本和社会成本不对等的矛盾。但是，产权理论的局限性体现为三点。其一，产权的重点在交换、在市场层面，涉及的是资源配置问题。这与所有制围绕“所有”谈分配，涉及生产、交换、分配和消费四个环节不同。其二，产权理论重点在归属界定上，产权理论模糊了所有制上的公有制属性，最终导向“所有制中性”，甚至走向私有化，因为只有私有化才是最清晰的产权。其三，产权的作用发挥有限。从分配来看，产权的作用体现在初次分配领域，但所有制既涉及初次分配又涉及再分配。因此，把产权等同于所有制的理论是对所有制问题的误读。产权理论难以深入分析我国所有制的实践与改革。

此外，对于未来社会所有制形式的设想，由于思想立场不同学界争议较大。马克思在《资本论》中提出的设想是：首先，“有一个自由人联合体，他们用公共的生产资料进行劳动，并且自觉地把他们许多个人劳动力当作一个社会劳动力来使用。……这个联合体的总产品是社会的产品。这些产品的一部分重新用作生产资料。这一部分依旧是社会的。而另一部分则作为生活资料由联合体成员消费。因此，这一部分要在他们之间进行分配”[1]。其次，未来社会中“社会化的人，联合起来的生产者，将合理地调节他们和自然之间的物质变换，把它置于他们的共同控制之下，而不让它作为盲目的力量来统治自己；靠消耗

1　马克思：《资本论》第1卷，人民出版社1975年版，第95页。

最小的力量，在最无愧于和最适合于他们的人类本性的条件下来进行这种物质变换”[1]。再者，这个关于未来所有制的预言“需要有一定的社会物质基础或一系列物质生存条件，而这些条件本身又是长期的、痛苦的历史发展的自然产物”[2]。也就是说，是在“资本主义生产极度发展”的条件下才能实现的。

在新时代条件下，如何正确认识和全面理解马克思的“消灭私有制”以及消灭社会不公平现象，需要我们做出现实的反思和思考。皮凯蒂在《21世纪资本论》中指出了现代财富不平等的根源是资本的收益率长期高于经济增长率，社会分化的力量主要在于资本的收益率大于经济增长率。因此，资本导致的不平等总比劳动导致的不平等更为严重，资本所有权的分配也总比劳动收入分配更为集中。现在，越来越大的贫富差距成了现实中国的一个非常需要关注的问题。怎样处理好效率与公平的协调统一，怎样在保证中国经济稳健发展的同时扎实推进高质量发展，确保经济发展质的有效提升和量的合理增长，应该做到：

（1）加快国有经济布局优化和结构调整，推动国有资本和国有企业做强做优做大，提升企业核心竞争力。

（2）坚持两个毫不动摇，正确处理公有制经济与非公有制经济的关系，确保公有制经济与非公有制经济相互促进、相得益彰、共同发展。

（3）不断推进提升国有企业的效率，完善中国特色现代企业制度，深化国资国企改革。

---

1 马克思：《资本论》第3卷，人民出版社1975年版，第926—927页。

2 马克思：《资本论》第1卷，人民出版社1975年版，第102页。

（4）不断优化民营企业发展环境，依法保护民营企业产权和企业家权益，促进民营经济发展壮大。

（5）支持中小微企业发展。深化简政放权、放管结合、优化服务改革。

（6）做到“两个坚决防止”，“坚决防止两极分化”，“坚决防止领导干部成为利益集团和权势团体的代言人、代理人”[1]，让所有人看到正向激励的作用，用正向激励深度确保真正的公平。

总结马克思主义所有制理论，概括起来有以下几点结论：

第一，所有制是社会生产关系产生和形成的基础和条件，它在本质上反映一个国家中人与人之间的经济利益关系，是国家经济制度的主要表现形式。因此，一个国家生产力的解放、经济的发展、制度的创新、机制的转换等，都必然要引起所有制的变革。

第二，马克思主义经典作家都认为未来社会将由共产主义公有制代替资本主义私有制。但是，由于所有制形式归根到底是由生产力水平和社会产品剩余的多少等因素决定的。消灭私有制，是一个漫长的过程。在这之间必须要有一个较长的过渡时期，不能只凭主观想象和革命热情，不能搞“穷过渡”，需要脚踏实地、实事求是，逐渐实现共产党人“消灭私有制”的根本目标。

第三，社会主义社会“是衰亡着的资本主义与生长着的共产主义彼此斗争的时期”[2]。我国是一个发展中大国，仍处于社会主义初级阶

1　习近平：《高举中国特色社会主义伟大旗帜　为全面建设社会主义现代化国家而团结奋斗——在中国共产党第二十次全国代表大会上的报告》，《求是》2022 年第 21 期。

2　列宁：《列宁全集》第 37 卷，人民出版社 1986 年版，第 263 页。

段。[1]党的十九大报告强调“中国特色社会主义进入新时代”，“意味着科学社会主义在二十一世纪的中国焕发出强大的生机活力，在世界上高高举起了中国特色社会主义伟大旗帜”，正好回应了福山“历史终结论”的相关论述。对于未来社会所有制的具体建构和实现路径，马克思没有完整的、成熟的、详细的答案，这就需要国家自身发展状况进行大胆探索。改革开放40多年来，正是所有制理论的创新发展和实践探索，推动了中国特色社会主义经济发展取得伟大成功，从而不断开创中国特色社会主义的新境界，开创21世纪的马克思主义。

第四，马克思高度重视生产资料所有制对生产关系的决定性作用。马克思在《资本论》中多次谈到生产资料所有制是社会生产必不可少的前提条件，是生产关系的基础，如《资本论》第三卷“土地所有权的独占，原是一个历史的前提。它是资本主义生产方式的基础，也是其他各种以民众榨取为基础的前期的生产方法的基础”[2]，指出“生产资料的分配和占有关系”是在生产关系本身范围内同职业生产者相对立，分配方式与其生产方式本身及其代表的社会性质决定生产的全部性质和全部运动。马克思在论述“生产关系、交换关系、分配关系”时，重点突出了生产资料所有制的决定性作用。

新中国成立初期，我们曾对所有制问题的理解和认识存在一些误区，在实践上走过了很多弯路。有的学者只将所有制当成法权关系或法律用语，质疑所有制作为经济关系的性质和作用；有的专家片面理解马克思的个别词句，认为所有制是生产关系的总和，否定所有制是

1 习近平：《高举中国特色社会主义伟大旗帜 为全面建设社会主义现代化国家而团结奋斗——在中国共产党第二十次全国代表大会上的报告》，《求是》2022年第21期。

2 马克思：《资本论》第3卷，郭大力、王亚南译，上海三联书店2009年版，第455页。

生产关系的组成部分和基础；有的将所有制说成是生产的结果，否定所有制是生产不可缺少的前提；也有些学者否定所有制的客观性和重要作用，挑起所有制是“目的或手段”之争；有学者甚至将重视所有制作用的论述诋毁为“所有制崇拜”。需要在实践中修正认识、加深理解。

马克思强调，“政治经济学不是工艺学”，不能离开生产力谈生产关系，也不能脱离生产关系谈生产力。政治经济学是“治国理政”之学，是一门关于富国裕民的重要学科，正如习近平总书记指出：“党的十一届三中全会以来，我们党把马克思主义政治经济学基本原理同改革开放新的实践结合起来，不断丰富和发展马克思主义政治经济学”，“形成当代中国马克思主义政治经济学的许多重要理论成果”。[1] 而学好、用好政治经济学，应当把握好相应的时代背景、学科背景，主动回答时代之问、世界之问、中国之问，顺势而为，应势而动。

二、所有制理论和中国特色社会主义基本经济制度

对于“中国特色社会主义基本经济制度”这个问题的认识经历了一个比较漫长、曲折的过程，直到今天才回归正轨。正如习近平总书记所强调的“两个毫不动摇”，即“必须坚持和完善我国现阶段的基本经济制度，毫不动摇地巩固和发展公有制经济，毫不动摇地鼓励、支持、引导非公有制经济的发展，使市场在资源配置中起决定性作用，

1 习近平：《不断开拓当代中国马克思主义政治经济学新境界》，《求是》2020 年第 16 期。

更好发挥政府作用，推动新型工业化、信息化、城镇化、农业现代化同步发展，主动参与和推动经济全球化进程，发展更高层次的开放型经济，不断壮大我国经济实力和综合国力”[1]。

在我国，公有制经济，是指国有经济、集体经济以及混合所有制经济中的国有成分和集体成分。国有经济就是社会主义公有制经济，它由全民所有制经济、集体所有制经济等形式组成，是国民经济的领导力量。简而言之，公有制经济是社会主义市场经济占主体地位的部分，其中的国有经济是起主导性作用。国有经济是社会主义公有制经济的主要实现形式，正确认识公有制经济和国有经济的区别与联系，对于深入研究、分析社会主义基本经济制度意义重大。

（一）“国退民进”还是“国进民退”的争论

20 世纪 80 年代以来，随着我国非公有制经济写入宪法、国有企业改革不断深化，关于“国退民进”还是“国进民退”的争论便此起彼伏。“国退民进”论认为，国有企业规模过大、发展过快、干预过多，导致市场价格扭曲、竞争不公，因此主张国有企业应当退出竞争或盈利性领域，专门从事私有企业不愿或无法经营的公共产品，避免“与民争利”而允许原来限制进入市场的民营企业更加充分进行市场交易；“国进民退”论认为民营经济已经完成历史使命而应退场。[2]与此同时，在实践中也出现了大量收买国有企业的发展趋势，引发了学术界对于“国有资产是否存在贱卖”的争议。

对此，部分学者提出了“冰棍理论”的观点来反驳“国有资产存在

1 习近平：《决胜全面建成小康社会　夺取新时代中国特色社会主义伟大胜利——在中国共产党第十九次全国代表大会上的报告》，人民出版社 2017 年版，第 21—22 页。

2 周文、包炜杰：《再论中国特色社会主义市场经济体制》，《经济学家》2019 年第 3 期。

贱卖”的说法。当时，一批中国学者对此理论极为推崇，曾在许多不同场合力挺。该理论比较经典的阐述如下：“许多国有资产是冰棍，不用也会自然消失的，只有运作起来才会产生效益。管理层收购国企，实现了产权和管理权合一的效果。即使是‘零价格’甚至负价格转让，国家也不一定吃亏，因为很多国企都有很多的负债和职工负担，这就好比你带着女儿改嫁和你单身一个人改嫁时的谈判能力肯定是不一样的。”[1]因此，有学者表示，中国的国有资产并不存在贱卖的问题。该理论在一定程度上受到了人们的质疑。这个时期关于国有资产的保值增值的评判标准上存在着很多的争议，也产生了关于国有企业的不同认识。

改革开放40多年的理论创新与实践探索，我们实现了对公有制经济和国有企业认识的正确回归，更加充分和全面认识到：第一，公有制经济以及国有经济的实现形式是两个不同的概念，不可混为一谈；第二，公有制的实现形式不是唯一的，可以存在着多种形式，包括国有经济、集体经济和混合所有制等多种经济形态；第三，国有经济只是公有制经济的一种特殊的表现形式。“公有化的程度越高，所有制就越先进”的观点是有失偏颇的，“一大二公”的做法是错误的。事实上，公有化的程度并不是体现、衡量生产力先进性的标准，还需要统筹包括经济、政治、文化、社会等在内的各方面综合考察。

（二）所有制改革与社会主义基本经济制度

理论界关于“国有企业的所有制改革”的探讨，存在几种代表性

1　张维迎：《致力于在改革中挑战和颠覆人们观念（2）》，中国新闻网，2010年7月22日，https://www.chinanews.com/cj/2010/07-22/2419491.shtml。

的观点：国企高管高薪制、以厉以宁为代表的股份制[1]、以董辅礽为代表的“八宝饭”理论（控股所有制）[2]、以吴敬琏为代表的“完全市场化理论”[3]等。

生产资料所有制问题，为什么说它重要？因为生产资料所有制问题与社会主义基本经济制度紧密相关，“所有制改革”涉及怎样去判断社会主义市场经济的根本问题。什么是社会主义经济？过去评判社会主义经济标准和尺度有三大支柱：计划经济、公有制和按劳分配。这三点直接影响甚至直接决定经济制度属性。随着中国改革开放不断深入，对社会主义基本经济制度的认识也不断深化，计划经济逐渐被社会主义市场经济取代。从计划经济到有计划的商品经济再到社会主义市场经济的转变，打破了传统意义上评判社会主义经济的“三大标准”。

由此，社会主义经济的判定就由“三大支柱”转为了“两大维度”：一是生产资料所有制的问题；二是按劳分配。随着改革程度的逐渐深化、改革力度的逐渐加强，中国对于公有制问题的认识和掌握也越来越全面，越来越主动。首先，纠正了关于“公有制”和“公有制的实现形式”两个问题的片面认识。公有制的实现形式可以多样化，也必须要多样化。同一所有制可以有不同的实现形式，同一实现形式也可以为不同的所有制服务。过去的理解则是：在所有制问题上，国有制的经济越单一化，工业化的程度越高，则社会主义的先进性就越强。由

1 厉以宁：《中国股份制改革的历史逻辑》，《智慧中国》2018 年第 9 期，第 35—38 页。

2 董辅礽：《再论我国社会主义所有制形式问题》，《经济研究》1985 年第 4 期，第 3—11 页。

3 吴敬琏：《调整所有制结构发展市场经济（上）》，《中国国情国力》1997 年第 11 期，第 6—8 页。

此形成了传统经济体制上的“一大二公三纯”。其结果是，影响和制约了社会生产力的发展，造成了我国在所有制问题上的“穷过渡”的错误做法。因此，有必要对我国的所有制问题进行全面的清理、校正。

在新时代背景下，过去的、传统的“三大标准”已经不足以解释当今社会主义经济制度、所有制结构、分配制度等现实性和发展性的问题。因为计划经济已经被社会主义市场经济所取代，单一的社会主义所有制已经转化为公有制为主体、多种所有制经济共同发展的所有制格局，在分配方式上注重按劳分配的同时也强调了按生产要素参与分配的原则。因此，时代变化要求用新的、发展的眼光来认识和理解社会主义经济的概念和范畴，坚持和不断完善社会主义基本经济制度。

1992年初，邓小平在“南方谈话”中提出：“社会主义的本质，是解放生产力，发展生产力，消灭剥削，消除两极分化，最终达到共同富裕。”[1]同时，他也强调，贫穷不是社会主义，发展太慢也不是社会主义，平均主义不是社会主义，两极分化也不是社会主义。发展生产，增加人民收入，最终是为了实现共同富裕。可见，邓小平同志没有给出定义“社会主义”的统一标准、统一模式。对于社会主义的再认识和准确定位，理论界应该做出新的学理化、系统化、时代化的判断和突破。与此同时，老一辈马克思主义经济学家在所有制和社会主义基本经济制度的理论探索和创新发展上做出过很多贡献，我们可以从他们的治学风格和经典文章中吸取养料。扎根中国土壤，不忘本来，吸收外来，以面向未来的精神，在传承中推进创新和突破。

1　邓小平：《邓小平文选》第3卷，人民出版社1993年版，第373页。

三、新中国成立以来我国所有制理论发展演进历程

所有制问题不仅是政治经济学的一个重大理论，而且也是中国特色社会主义道路的重大实践问题。在《共产党宣言》中，马克思和恩格斯在阐明无产阶级的政治主张和“两个必然”的历史规律基础上强调：“共产党人到处都支持一切反对现存的社会制度和政治制度的革命运动。在所有这些运动中，他们都强调所有制问题是运动的基本问题，不管这个问题的发展程度怎样。”[1]新中国成立以来，马克思主义的中国化时代化不断深化，而生产资料所有制问题的不断演进发展最能体现马克思主义中国化时代化的历程。尤其是1978年以来，我国所有制领域围绕着所有制结构和公有制实现形式两个方面不断深化改革，在继承马克思主义关于所有制问题基本原理的基础上，根据我国生产力发展的客观实际，逐渐形成了“公有制为主体、多种所有制经济共同发展”和“坚持和完善社会主义基本经济制度，毫不动摇巩固和发展公有制经济，毫不动摇鼓励、支持、引导非公有制经济发展”。

目前，我国学界已就所有制的经典理论和实践过程的若干问题展开了深入而广泛的研究。因此，我们尝试回顾相关研究进展并就其中几个关键议题进行讨论，以期共同推动这一议题的时代发展。

新中国成立70多年来，我国所有制理论研究呈现出清晰的演进图谱。从纵向来看，马克思主义所有制理论研究呈现渐进式、阶段性特征，研究重点大体上经历了“基本制度”（1949—1978年）—“经营机制”（1978—1992年）—“企业制度”（1992—1997年）—“所有制结

1　马克思、恩格斯：《马克思恩格斯选集》第1卷，人民出版社2012年版，第435页。

构”（1997—2002 年）—“实现形式”（2002—2012 年）—“实现形式 2.0”（2012 至今）的演进过程；从横向来看，围绕所有制问题的争论性领域和关键性议题初步形成了“一体三翼”的研究格局，即“基础理论”“性质结构”“实现形式”和“生产效率”四个方面。[1]

回顾新中国成立以来学界关于马克思主义所有制理论研究的整体情况，可谓是“百家争鸣”。从研究队伍来看，既涌现出了一大批立场坚定、基础扎实的马克思主义理论研究专家，又有一大批观点鲜明、影响广泛的代表人物，他们的观点和论证拓展了所有制问题的研究范围和研究深度，深刻影响了我国社会主义基本经济制度的确立和完善；从研究特点来看，所有制问题研究呈现渐进式、阶段性的特点，表现在随着社会主义建设和历届党代会的不断推进而出现的新的具体议题，并通过实践要求不断反思所有制基础理论本身，从而在研究图谱上呈现出一条清晰的演进发展线索。

（一）所有制问题研究基本概况

就“所有制”问题研究而言，“所有制”相关的概念和范畴主要涉及“所有制形式”“所有制结构”“社会主义公有制”“非公有制经济”“资本主义私有制”“国有企业”“国有经济”“民营经济”“混合所有制”“基本经济制度”“公有制实现形式”“产权制度”等。上述关联词基本上反映了当代所有制问题研究的大体轮廓，且相关研究成果大多发表在《中国社会科学》《经济研究》《经济学动态》《当代经济研究》《马克思主义研究》《马克思主义与现实》《教学与研究》等知名刊物。

所有制问题研究在理论与实践的互动中不断深化。在理论上，对

1　包炜杰、周文：《新中国 70 年来我国所有制理论发展演进与进一步研究的几个问题》，《人文杂志》2019 年第 9 期，第 18—27 页。

于传统社会主义公有制问题的批判性反思揭开了马克思主义所有制理论中国化研究的新篇章。1978年董辅礽率先提出所有制改革问题，并于《经济研究》1979年第1期发表了《关于我国社会主义所有制形式问题》，此文反思传统所有制理论中全民所有制只能有“国家所有制”一种形式，分析了“国家所有制”中“以政代企”和集体所有制中“以政代社”问题，并建议经济体制改革中应实现“政企分开”“政社分离”，由此揭开了学界关于所有制问题大讨论的序幕。[1] 在实践中，伴随着20世纪80年代初农村家庭联产承包责任制的成功探索，人们意识到经营形式改革可能是经济改革的突破口，于是城市也相应地进行了国有企业的经营形式改革，“放权让利”和“两权分离”成为80年代国企改革的两条基本思路。[2]

当年以主张企业承包而闻名的杨培新被称为“杨承包”，以主张股份制改革而闻名的厉以宁被称为“厉股份”，在这些“热词”的背后是关于经济体制改革主线的讨论，即究竟是以价格改革为主线还是以所有制或企业改革为主线，前者通过放开价格盘活市场，突破了原有的计划经济一统天下的局面，后者则通过所有制改革调整生产关系，激活生产主体的积极性，从而更大限度地解放和发展生产力。[3]在上述探索基础上，1992年党的十四大提出经济体制改革的目标是“建立社会主义市场经济体制”。与之相对应，“建立现代企业制度”“基本经济制度”“混合所有制改革”等一系列所有制领域改革也取得了重大突破。

在这一过程中，学界出现了关于马克思主义所有制理论研究的

1　董辅礽：《关于我国社会主义所有制形式问题》，《经济研究》1979年第1期。

2　顾钰民：《社会主义市场经济论》，复旦大学出版社2004年版，第57—72页。

3　张卓元：《中国经济改革的两条主线》，《中国社会科学》2018年第11期。

三种取向：一是反思马克思主义所有制经典理论并尝试做出新阐释，如《论“社会所有制”》（于光远，1994）、《论“重建个人所有制”逐步实现“共同富裕”——兼评谢韬、辛子陵对“重建个人所有制”的试解》（王成稼，2007）、《再析马克思“重建个人所有制”的涵义——兼评王成稼研究员的有关诠释与观点》（卫兴华，2008）、《鉴别两种社会主义的一块试金石》（胡德平，2017）等；二是重新澄清和阐明马克思主义所有制理论的基本观点和立场原则，如《马克思主义所有制理论是政治经济学分析的基础》（吴宣恭，2013）、《共产党人可以把自己的理论概括为一句话：消灭私有制》（周新城，2018）等；三是结合我国所有制领域改革对马克思主义所有制理论做出中国化、时代化理解，如《关于社会主义初级阶段基本经济制度若干问题的思考》（刘国光，2011）、《马克思主义所有制理论的时代发展》（顾钰民，2012）、《大力发展公有资本为主体的混合所有制经济》（程恩富等，2015）等。此处限于篇幅，未能一一列举，其研究指涉的均是我国所有制改革问题。从中可见，所有制问题意义之重大、涉及面之广、关注度之高，单是吴小平《中国私营经济已完成协助公有经济发展的任务，应逐渐离场》（2018）一文就足以引爆网络，更遑论学术探索与争鸣之繁盛。

（二）所有制改革的理论与实践演进

新中国成立以来，我国相继经历了基本完成社会主义改造的7年（1949—1956年）、开始全面建设社会主义的10年（1956—1966年）、“文化大革命”的10年（1966—1976年）、改革开放的40年（1978—2018年），现已进入中国特色社会主义新时代。从方法论来看，中国对于社会主义道路的探索遵循着“摸着石头过河”的渐进主义原则。

与之相对应，伴随着农村、城市的“基层探索”和历次党的全国代表大会的“顶层设计”演进，对马克思主义所有制理论的研究也呈现出渐进式、阶段性的特征。在这里，我们梳理了历次党代会报告以及中央其他相关重要决议文件文本，尝试与同时期该领域CNKI高被引论文和其他重要文献做比对，在此基础上将马克思主义所有制理论研究分为以下六个阶段：

第一阶段（1949—1978年），研究重点集中在社会主义基本经济制度方面。改革开放前30年的时间里，我国根据马克思主义经典作家关于社会主义公有制的相关论述和苏联模式的建设经验，“建立和发展了社会主义经济，基本上完成了对生产资料私有制的社会主义改造，基本上实现了生产资料公有制和按劳分配”[1]。但是，“1957年后，‘左’的思想开始抬头，逐渐占了上风”[2]。这点表现在超越生产力水平和经济发展的客观规律，盲目追求“一大二公”的所有制形式，大搞“穷过渡”和所有制形式的“升级竞赛”，完全排斥非公有制经济的存在。[3]客观来看，以单一公有制为基础的基本经济制度在一定程度上能够集中资源，可以较好地在较短时期内完成初步工业化，这对于新中国成立初期社会主义制度确立、国家经济安全和人民当家作主发挥了至关重要的作用。但由于缺乏有效的约束和激励机制，单一公有制以及与之相适应的计划经济体制严重束缚了社会生产力的发展。当时学界的讨论主要围绕社会主义全民所有制问题、人民公社的所有制性质问题、

1 《中国共产党中央委员会关于建国以来党的若干历史问题的决议》，人民出版社1981年版，第8页。

2 邓小平：《邓小平文选》第3卷，人民出版社1993年版，第115页。

3 葛扬：《中国特色社会主义基本经济制度》，经济科学出版社2018年版，第75—76页。

社会主义制度下商品生产、价值规律问题等。

第二阶段（1978—1992年），研究重点集中在经营机制方面。中国经济体制改革率先在农村推开并取得突破，在不触及农村集体所有制的前提下，1978年安徽凤阳小岗村开始了“包产到户”的大胆探索，为后来的城市企业改革提供了有益经验。1984年党的十二届三中全会通过的《中共中央关于经济体制改革的决定》提出“增强企业活力是经济体制改革的中心环节”，“要使企业真正成为相对独立的经济实体，成为自主经营、自负盈亏的社会主义商品生产者和经营者”。[1] 由此表明当时的改革思路在于使国有企业的生产经营活动面向市场，而非只受单一的指令性计划的指导，从而成为真正的市场主体。1987年党的十三大提出经济体制改革的主要任务是“围绕转变企业经营机制这个中心环节”，具体包括按照所有权、经营权分离的原则，实行承包、租赁等多种形式的经营责任制，搞活全民所有制企业。[2] 这一时期的研究围绕“承包制”“租赁制”“股份制”等具体企业经营机制展开，例如，《所有制改革和股份企业的管理》（厉以宁，1986）、《试论社会主义股份制》（刘诗白，1986）、《略论股份经济》（吴树青，1986）、《普遍实行股份化能否真正搞活企业》（丁任重，1986）、《对股份制性质的理论分析》（王珏等，1990）等。

第三阶段（1992—1997年），研究重点集中在企业制度方面。党的十四大提出经济体制改革的目标是“建立和完善社会主义市场经

1　中共中央文献研究室编：《改革开放三十年重要文献选编（上）》，中央文献出版社2008年版，第347—348页。

2　中共中央文献研究室编：《改革开放三十年重要文献选编（上）》，中央文献出版社2008年版，第484—485页。

济体制”，并肯定了股份制的作用。[1]1993 年党的十四届三中全会通过的《中共中央关于建立社会主义市场经济体制若干问题的决定》进一步提出“建立适应市场经济要求，产权清晰、权责明确、政企分开、管理科学的现代企业制度”，“国有企业实行公司制，是建立现代企业制度的有益探索”。[2] 在此背景下，“现代企业制度”“股份制”“产权制度”“公司制”成了所有制理论研究和重点关注的关键词。其中，代表性研究有：《现代公司和企业改革》（吴敬琏，1994）、《关于现代企业制度的几点思考》（刘国光，1994）、《论当前国有企业产权关系的改革》（樊纲，1995）、《国有产权制度改革的模式和途径》（郭克莎，1995）、《国有企业公司制改造中产权界定的若干问题》（荣兆梓，1995）等。

第四阶段（1997—2002 年），研究重点集中在所有制结构方面。1997 年党的十五大正式提出“公有制为主体、多种所有制经济共同发展，是我国社会主义初级阶段的一项基本经济制度”，再次肯定了非公有制经济的地位和作用，并对“公有制经济的含义”“集体所有制经济”“公有制实现形式”“非公有制经济”做了界定。[3] 这是我国所有制领域改革取得的历史性突破，尤其对非公有制经济的认识发生了重大变化：从 1982 年党的十二大基于生产力的客观情况肯定了“作为公有制经济的必要的、有益的补充”的“合作经济”和“个体经

1 中共中央文献研究室编：《改革开放三十年重要文献选编（上）》，中央文献出版社 2008 年版，第 655 页。

2 中共中央文献研究室编：《改革开放三十年重要文献选编（上）》，中央文献出版社 2008 年版，第 733—735 页。

3 中共中央文献研究室编：《改革开放三十年重要文献选编（下）》，中央文献出版社 2008 年版，第 900—901 页。

济”[1]，发展到了党的十五大提出“非公有制经济是我国社会主义市场经济的重要组成部分”[2]。可以说，非公有制经济实现了从社会主义基本经济制度外进入到制度内的转变。[3]这一阶段的研究集中讨论、分析和阐述了“社会主义初级阶段基本经济制度”，例如，《我国的所有制结构与经济体制改革》（高尚全，1998）、《马克思主义所有制理论的重大发展》（纪玉祥，1998）、《所有制结构的重大调整和公有制实现形式的大胆探索——近二十年中国所有制改革的回顾和展望》（张卓元，1999）、《非公有制经济是不是社会主义经济的重要组成部分》（周叔莲，2000）等。

第五阶段（2002—2012年），研究重点集中在不同所有制经济的关系问题以及实现形式方面。针对社会上关于公有制经济与非公有制经济关系问题的一系列争论，2002年党的十六大在重申基本经济制度的基础上提出“两个毫不动摇”，即“必须毫不动摇地巩固和发展公有制经济”“必须毫不动摇地鼓励、支持和引导非公有制经济发展”，并在深化国有企业改革方面提出“除极少数必须由国家独资经营的企业外，积极推行股份制，发展混合所有制经济”。[4]2007年党的十七大报告重申“两个毫不动摇”，并强调“以现代产权制度为基础，发展混合

1　中共中央文献研究室编：《改革开放三十年重要文献选编（上）》，中央文献出版社2008年版，第270页。

2　中共中央文献研究室编：《改革开放三十年重要文献选编（下）》，中央文献出版社2008年版，第901页。

3　顾钰民：《社会主义市场经济论》，复旦大学出版社2004年版，第51页。

4　中共中央文献研究室编：《改革开放三十年重要文献选编（下）》，中央文献出版社2008年版，第1252—1253页。

所有制经济”[1]。在这一阶段的研究中，一方面，不同所有制经济关系问题的争论通过马克思主义经典作家关于“消灭私有制”和“重建个人所有制”的论断来展开，成为所有制问题研究的一大特点（实际上相关争论从20世纪80年代就已开始，到这一阶段达到高潮）；另一方面，关于“发展混合所有制经济”的研究也不断受到广泛关注。相关研究有《〈共产党宣言〉中关于“消灭私有制”的译法是正确的》（顾锦屏，2003）、《关于股份制与重建个人所有制问题的研究》（卫兴华，2008）、《“重建个人所有制”是共产主义高级阶段的所有制关系——兼评把它与社会主义公有制和股份制等同的观点》（胡钧，2009）、《混合所有制的制度经济学分析》（顾钰民，2006）等。

第六阶段（2012年至今），研究重点集中在所有制的实现形式方面。2013年党的十八届三中全会通过的《中共中央关于全面深化改革若干重大问题的决定》阐述“坚持和完善基本经济制度”的四条基本路径，即“完善产权保护制度”“积极发展混合所有制经济”“推动国有企业完善现代企业制度”“支持非公有制经济健康发展”。[2]2015年出台的《关于深化国有企业改革的指导意见》，进一步明确国有企业改革的目标和方向，2016年7月4日习近平总书记在全国国有企业改革座谈会上强调，“国有企业是壮大国家综合实力、保障人民共同利益的重要力量，必须理直气壮做强做优做大，坚决防止国有资产流失”。[3]2017

1 中共中央文献研究室编：《改革开放三十年重要文献选编（下）》，中央文献出版社2008年版，第1725页。

2 《中共中央关于全面深化改革若干重大问题的决定》，《人民日报》2013年11月16日。

3 《理直气壮做强做优做大国有企业，尽快在国企改革重要领域和关键环节取得新成效》，《人民日报》2016年7月5日。

年党的十九大更是将2012年以来所有制领域的探索写入报告。与之相对应的，学界在这一时期以“发展混合所有制经济”“做强做优做大国有企业”“国有资本做强做优做大”“完善产权制度和要素市场化配置”“有效防止国有资产流失”等为关键词组展开研究，如《论资本主义和社会主义的混合所有制》（程恩富等，2015），《关于发展混合所有制经济的若干问题》（高明华等，2015）、《发展混合所有制经济的理论思考》（顾钰民，2015）、《在深化改革中做强做优做大国有企业》（何干强，2016）等。

（三）马克思主义所有制理论研究中的几个争论性领域和关键性议题

从所有制改革的理论与实践的演进历程，可以看出马克思主义所有制理论研究与实践的丰富和发展，体现了唯物史观所揭示的经济基础与上层建筑相互作用的基本原理。当然，在所有制改革过程中也出现了一系列争论，如“国有资产贱卖问题”“私营经济地位问题”“股份制改革与私有化问题”等，这些同样在理论上得到了反映。这些关键性议题的讨论共同推动了马克思主义所有制理论中国化时代化的进程，从而初步形成了“一体三翼”的研究格局，即所有制的“基础理论”“性质结构”“实现形式”和“生产效率”。

1. 基础理论

所谓“基础理论”，简言之就是回答和阐明所有制“是什么”的研究。在基础理论方面，既有研究主要有两个方面：一是对“所有制”在马克思主义经典文本中的含义、地位、作用的界定和解读；二是对马克思主义经典文本中涉及的所有制论断如“消灭私有制”“重建个人所有制”“社会所有制”的讨论和分析。

关于“所有制”的含义、地位、作用的界定和解读。一般而言，“所有制”是指生产资料的归属问题。有学者通过经典著作来考察马克思对于“所有制”的认识过程：在《黑格尔法哲学批判》和《德意志意识形态》中，马克思将所有制归结为经济关系；在《哲学的贫困》和《共产党宣言》中，马克思从主客体方面考察所有制形式的不同含义；在《雇佣劳动与资本》和《〈政治经济学批判〉导言》中，马克思明确了所有制在生产关系中的基础地位；而后在《政治经济学批判》和《资本论》中成功运用所有制理论揭示资本主义经济运动规律，预示生产资料公有制的根本特征。

在总体上，学界关于“所有制”的含义存在三种观点，即“基础说”（强调生产资料所有制在整个生产关系中的基础和前提作用）、“过程说”（认为与“生产关系”同义，是“生产关系的总和”）和“实现说”（认为“所有制含义的深层内容，不在于法律归属，也不在于过程本身，而在于所有权能够带来的资产收入”）。而且三种观点甚至出现了彼此否定的现象。比如以“过程说”否定“基础说”从而淡化所有制的重要性，或者以“基础说”否定“过程说”和“实现说”来过分强调所有制的“决定论”，以致陷入“所有制崇拜”。当然，对于“所有制”的不同界定自然会影响到对它的地位和作用的认识。有学者就强调，“马克思主义所有制理论是政治经济学分析的基础，根据所有制分析经济关系是历史唯物主义的基本方法”，因而对于现实中的“分配不公问题”“阶级关系问题”“社会基本矛盾和基本经济规律问题”“市场经济问题”具有解释力。

关于马克思主义经典文本中涉及的所有制论断的讨论和分析。这里涉及如何全面理解《共产党宣言》中的“消灭私有制”以及《资本论》中的“重建个人所有制”和“社会所有制”。

关于“消灭私有制”论断，学界主要有两类争论，一是“消灭”还是“扬弃”的翻译版本之争；二是所有制变革的“目的”和“手段”之争，具体围绕所有制变革的方式、对象、条件和结果展开。[1]关于“重建个人所有制”论断，这一论断曾被形容为“经济学的哥德巴赫猜想”。概括起来，学界对此主要有三种解读版本。一是以谢韬等为代表的“生产资料私有制”“人人皆有的私有制”[2]，这种观点主张生产资料量化到个人，人人有份；二是以卫兴华等为代表的“联合起来的社会的个人所有制”“既是个人的又是公共的所有制”[3]，这种观点认为“个人所有制”与“社会主义公有制”同义，两者关联在于“公有制”是从由诸多个人组成的社会整体着眼，“联合起来的个人所有制”则是从组成联合体的诸多个体着眼的；三是以吴宣恭等为代表的“生活资料个人所有制”[4]，肯定恩格斯对“个人所有制”理解的正确性，即建立在协作和生产资料公有制基础上的生活资料归个人所有，并援引《资本论》德文版和英文版关于“重建个人所有制”的原文加以比对，得出“生活资料个人所有”更为准确。关于“社会所有制”论断，于光远认为，适合社会主义所有制基本性质的是“社会所有”，社会所有制不等于社会主义公有制，把“公有”作为社会主义所有制的基本性质和把“公有制为

1　包炜杰、周文：《整体性视域下“消灭私有制”的内涵及其中国化指向》，《江汉论坛》2019年第6期。

2　谢韬、辛子陵：《试解马克思重建个人所有制的理论与中国改革》，《炎黄春秋》2007年第6期。

3　卫兴华：《对“重建个人所有制”的解读、评论与争鸣的一些看法——兼谈王成稼研究员对“重建个人所有制”不同解读的批评和有关观点》，《当代经济研究》2009年第1期。

4　吴宣恭：《对马克思“重建个人所有制”的再理解》，《马克思主义研究》2015年第2期。

主体”作为社会主义经济制度基本特征的说法是不确切的。[1]

2. 性质结构

所有制的性质结构是所有制问题中最根本的命题，因为它关乎国家性质。从马克思主义经典文本中的“消灭私有制”到苏联斯大林时期在列宁合作社理论的基础上提出社会主义公有制的两种基本形式（即全民所有制和集体所有制），从新中国成立初期的“国营经济”“合作社经济”“私人资本主义”“个体经济”和“国家资本主义经济”这五种经济成分并存的新民主主义经济形态[2]，到社会主义改造后的“一大二公三纯”的所有制结构形成，从20世纪80年代允许私营经济的存在和发展到党的十五大正式提出“公有制为主体、多种所有制经济共同发展”，在这个过程中，既有研究以“公有制（的主体地位）”和“非公有制经济（的性质、地位和作用）”为两条主线，并衍生出关于“国”与“民”关系的一系列讨论。

关于公有制的研究。一方面，这些研究主张遵循生产关系一定要适应生产力发展的客观规律，破除了“公有制崇拜”。在改革开放初期，刘国光就曾用“三破三立”来形容所有制结构领域的改革，即“破除越大越公越好的旧观念，确立由生产力性质决定所有制结构的新观念”，“破除越‘纯’越好的旧观念，确立多种所有制同时并存、相互交融的新观念”，“破除越‘统’越好的旧观念，确立所有权和经营权可以分离的新观念”。[3] 另一方面，深化关于“公有制为主体”的认识，包括“公有制主体地位”的表现、原因和挑战等。公有制为主体，一是指

1 于光远：《关于“社会所有制”》，《学术月刊》1994年第2期。

2 毛泽东：《毛泽东选集》第4卷，人民出版社1991年版，第1433页。

3 刘国光：《在改革的实践中发展马克思主义经济理论》，《中国社会科学》1987年第5期。

量上占优势，即公有资产应该在社会总资产中占优势；二是指质上有控制力，即国有经济应该控制国民经济命脉，国有经济应该起主导作用。[1] 卫兴华认为，“公有制是社会主义基本制度的范畴，不是可有可无”，实行公有制为主体是基于“生产力原则”和“共同富裕”原则。[2] 程恩富等人则从反面来说明“坚持公有制为主体意味着决不能搞私有化”。而“私有化”正是西方新自由主义经济学的理论主张，基于此，他们提出需要理解“两个毫不动摇”之间的相互依赖性和矛盾性。[3]

关于非公有制经济的性质、地位和作用的研究。非公有制经济包括私营经济、外资经济、个体经济及各种混合经济中的私有成分。学界围绕非公有制经济是否是社会主义经济展开了充分讨论，有学者旗帜鲜明地提出“非公有制经济不是社会主义性质的经济”，“非公有制经济是建立在私有制基础上的，它的主要组成部分——私营经济、外资经济——还存在着雇佣、剥削关系，因而它们不是社会主义性质的经济成分”。[4] 也有学者进一步提出，“应该把公有制经济与非公有制经济在社会主义市场经济中的地位同它们在所有制结构中的地位区分开来”[5]，从这一角度来认识党的十五大提出的非公有制经济是“我国社会主义市场经济的重要组成部分”。至于非公有制经济的作用，改革开

1　周新城：《关于公有制为主体问题的思考》，《当代经济研究》2017 年第 6 期。

2　卫兴华：《坚持和完善我国社会主义初级阶段的基本经济制度》，《马克思主义研究》1997 年第 6 期。

3　程恩富、何干强：《坚持公有制为主体、多种所有制经济共同发展的基本经济制度》，《海派经济学》2008 年第 24 辑。

4　周新城：《必须全面阐释社会主义初级阶段基本经济制度》，《北京交通大学学报》（社会科学版）2018 年第 4 期。

5　张翼：《“社会主义的经济是以公有制为基础的”——纪念邓小平诞辰 110 周年》，《学习论坛》2014 年第 7 期。

放以来不断发展壮大，以民营经济为例，习近平总书记在民营企业座谈会上用“五六七八九”来概括民营经济的特征，即“贡献了50%以上的税收，60%以上的国内生产总值，70%以上的技术创新成果，80%以上的城镇劳动就业，90%以上的企业数量”[1]。

此外，公有制与非公有制经济之间的关系往往通过所谓“国”“民”关系讨论展开。20世纪80年代以来，随着我国非公有制经济入宪和国有企业深化改革不断深入推进，关于“国退民进”还是“国进民退”的争论就此起彼伏。在中美贸易争端和摩擦中，关于民营经济离场的言论更是引爆网络。正是因为如此，习近平总书记在民营企业座谈会上对近年来舆论场兴起的“民营经济离场论”“新公私合营论”“企业党建控制论”也予以坚决否定，重申了“两个毫不动摇”。

3. 实现形式

在所有制结构调整的基础上，另一条马克思主义所有制理论中国化研究中的突破性认识也呼之欲出，即学界充分意识到公有制与公有制实现形式之间存在重大区别。同一种所有制可以有不同的实现形式，同一种实现形式也可以为不同的所有制服务。在公有制实现形式多样化的情况下，作为最主要的实现形式，“股份制”以及以股份制为基础的“混合所有制”曾引发了诸多争论。

关于股份制的性质和作用。首先是股份制的性质问题，即是“公”还是“私”的问题。对于股份制的认识曾有两种极端：一种是在股份制试行之时，备受各界质疑，股份制改革更被认为是“搞私有化”；另一种情况是过分夸大股份制，依据马克思在《资本论》中对“股份制”

1　习近平：《在民营企业座谈会上的讲话》，《人民日报》2018年11月2日。

的肯定性描述，把“股份制”看作实现“重建个人所有制”的形式。客观地看，“股份制不是一种独立的所有制存在形式，只是一种资本的经营方式。不能把中外私人资本组成的股份制视作社会主义公有制，不要混淆所有制的存在形式同其实现形式”[1]。胡钧对此也持类似观点，并进一步提出，“股份制作为一种资本联合形式，其经济关系性质不能由形式本身决定，只能由参加联合的成员的性质决定。在社会主义条件下，股份制企业的公有性只能由社会主义国有资本参与的程度和所占比重决定”[2]。其次是股份制的作用。股份制是一种富有活力和效率的资本组织形式，通过改善国有企业的产权结构打破国有企业经营和发展的困境，有利于深化和完善国有企业治理。党的十五大报告曾对此做过描述，即“股份制是现代企业的一种资本组织形式，有利于所有权和经营权的分离，有利于提高企业和资本的运作效率，资本主义可以用，社会主义也可以用。不能笼统地说股份制是公有还是私有，关键看控股权掌握在谁手中”[3]。

关于“混合所有制”的研究。混合所有制是财产权属于两个以上不同性质的所有者构成的一种所有制，其重要实现形式就是现代股份制经济。程恩富等指出，西方国家的混合所有制经济是“国家垄断资本发展的产物”，是国家资本和私人资本在经济领域的融合，并非资本主义私有制与社会主义公有制的混合，而后者则是我国混合所有制的

1　卫兴华:《关于股份制与重建个人所有制问题研究》,《经济学动态》2008 年第 6 期。

2　胡钧:《“重建个人所有制”是共产主义高级阶段的所有制关系——兼评把它与社会主义公有制和股份制等同的观点》,《经济学动态》2009 年第 1 期。

3　中共中央文献研究室编:《改革开放三十年重要文献选编(下)》，中央文献出版社 2008 年版，第 901 页。

特征。[1] 从混合所有制的优势来看，“混合所有制经济为国有资本发展提供了广阔的平台，有利于国有资本放大功能，更好体现公有制经济的主体地位，有利于各种所有制资本相互促进、共同发展”[2]。但是，混合所有制改革面临的现实问题同样严峻，“搞混合所有制不是简单地进行国有股减持，而要放大国有资本的功能；不是把国有企业一卖了之，而是要确保国有资产保值增值；不是只允许私有资本参与甚至控股国有企业，而是同样允许国有资本参与甚至控股私人企业；不是削弱公有制经济的主体地位，而是要加强社会主义的经济基础”[3]。

4. 生产效率

所有制改革的目的是为了调整生产关系，解放和发展生产力，而生产效率恰恰是衡量生产力的标准。事实上，所有制的生产效率问题并不是一个陌生问题。早在 20 世纪初的那场著名的“社会主义大论战”中就涉及这一议题，一方以奥地利学派米塞斯、哈耶克为代表，他们从根本上怀疑乃至彻底否定中央计划具有实行经济计算和合理配置资源的可能性，其主要观点以《社会主义》《通往奴役之路》为代表作品；另一方则以波兰经济学家兰格为代表，他在《社会主义经济理论》一文中提出，中央计划当局可采用试错法来模拟市场机制，决定生产资料的价格，使供求得到平衡以实现资源的合理配置。在我国，这一议题表现在“国有企业低效论”和“国有企业垄断论”的争论中。

1 程恩富、董宇坤：《大力发展公有资本为主体的混合所有制经济》，《政治经济学评论》2015 年第 1 期。

2 顾钰民：《混合所有制经济是基本经济制度的重要实现形式》，《毛泽东邓小平理论研究》2014 年第 1 期。

3 程恩富、谢长安：《论资本主义和社会主义的混合所有制》，《马克思主义研究》2015 年第 1 期。

20世纪90年代新制度经济学以及“科斯定理”风靡一时，导致理论界广泛认同“私有产权更具效率”“国有企业效率低”的言论，这些正是马克思主义所有制理论研究不得不回应的问题。通过对原始社会、奴隶社会、封建社会、资本主义社会等不同社会形态的考察，顾钰民认为，在所有制与生产力效率关系的问题上，不能简单化地说公有制效率高还是私有制效率高，在一定条件下，公有制与私有制都可以是高效率，也可以是低效率。[1] 在学理上，由于马克思主义经济学与西方经济学对所有制效率分析侧重点不同，所以得出的结论也不同：马克思主义经济学分析所有制效率侧重宏观层面，从“生产力与生产关系的矛盾运动”和“人们的经济利益关系”两个角度来分析，西方经济学侧重微观层面，从“市场竞争关系”和“产权关系”出发加以分析，从而分别得出了“私有制不符合社会化大生产的发展要求”和“公有制不具有动力和效率”的结论。[2] 此外，还有一些讨论公有制效率问题的有益尝试。例如，荣兆梓从公有制的本质特征与内在矛盾出发，分别从激励效率、配置效率和创新效率三方面论证了公有制经济的微观效率。[3] 也有研究者尝试通过数理模型来论证公有制的效率优势，该模型比较了不合作私有制和合作私有制的效率差异，进而在数量和质量两个层面分析了公有制相较于合作私有制的效率优势。[4] 但是，现实中“僵尸企业”“产能过剩”等问题不容回避，而这些都要求国有企业朝

1　顾钰民：《马克思主义所有制理论的当代发展》，《高校理论战线》2008年第10期。

2　参见顾钰民：《马克思主义所有制理论的时代发展》，《经济学家》2012年第11期。

3　荣兆梓：《论公有制经济的微观效率》，《政治经济学报》2017年第2期。

4　赵岳阳、徐传谌：《公有制的效率优势：一个马克思主义的微观模型》，《马克思主义研究》2018年第8期。

着现代企业制度的方向不断改革和完善。

四、我国所有制结构的演变过程与现实思考

（一）我国所有制结构的演变过程

新民主主义时期是终结半殖民地、半封建社会和建立社会主义社会之间的过渡阶段，所有制结构比较复杂，主要由帝国主义经济、封建主义经济、官僚资本主义经济、民族资本主义经济、农民及手工业者的个体经济组成。在新民主主义时期，一方面我国强调国营经济的领导地位；另一方面又对资本主义采取"恰如其分的有伸缩性的限制政策"，肯定了城乡私人资本主义在经济上的必要性。1947年，毛泽东指出，新民主主义的全部国民经济包括（1）国营经济，这是领导的成分；（2）由个体逐步地向着集体方向发展的农业经济；（3）独立小工商业者的经济和小的、中等的私人资本主义经济。[1]

新中国成立后，随着"一化三改"成功启动，实行了"没收官僚资本，改造民族资本，废除封建的土地所有制"政策，形成了以"公有制为主体、以国营经济为主导、多种经济成分并存"的所有制结构。历史地看，高度集中的计划经济体制高速推进了工业化，使新中国建立起独立的比较完整的工业体系。但是，过早消除非公有制经济也带了一系列问题。从1958年到1978年，更是由于刮"共产风"，搞"穷过渡"，急于从集体所有制向全民所有制转变，将"一大二公三纯"作为

1 毛泽东：《毛泽东选集》第4卷，人民出版社1991年版，第1255—1256页。

先进经济结构的标准，即规模越大越好、公有化的程度越高越好、社会主义的经济成分越纯越好。其间，中国经济发展走了不少弯路，发展状况不佳。到 1978 年，我国的国有经济占 56%，集体经济占 43%，个体经济占不到 1%，基本没有私营经济，出现了“宁要社会主义的草，不要资本主义的苗”的现象。实践证明，单一的公有制结构、消灭私有制经济不符合我国现实生产力的状况，不利于社会生产力的发展。因此，解放和发展生产力，首先要改革和调整的就是生产关系，突破所有制结构认识和理解的局限性，因为所有制是生产关系最集中的体现，通过所有制改革来激活各经济主体的活力，培育公平、有序的竞争环境。

第一，以农村改革为起点，解放、活跃、发展社会生产力。我国打破了“大锅饭”的模式，实行包产到户的家庭联产承包责任制，主要生产资料——土地为劳动者集体所有，农民个人获得了直接支配使用权和部分收益所有权，即“交够国家的，留足集体的，剩下都是自己的”。可以说，农村改革成功的根本原因在于对传统公有制认识和理解以及实现形式的突破。家庭联产承包责任制作为一种新型公有制形式，通过解放、调整生产关系，将两权分离，在集体所有的基础上，赋予个人灵活经营的权利。不仅适应了当时农村的生产力水平，而且还极大地调动了农民的生产积极性，释放了农村经济发展的活力，使农村社会生产力得到了空前的发展。农村改革开启了中国经济发展的新阶段，也为进一步推进经济体制改革提供了经验。在此阶段，相较于农村改革，城市改革还只是初步试水，城市经济体制中严重妨碍生产力发展的种种体制弊端还没有从根本上消除，城市企业经济效益还相对较低。因此，党的十二届三中全会把中国改革开放的重点由农村转移到了城市。有了农村改革的成功探索，城市改革充分吸收了农村改革的优秀经验，实现了个体私营、外资经济较快的增长，农村乡镇企业异军突起，蓬勃发展。从 1984 年到 1988 年的 4 年中，我国国民经济发展不断跃上新台阶。

第二，改革开放开始了对非公有制经济性质的再认识和对中国所有制结构的新建构。1982 年党的十二大明确区分了“国有经济”和“国营经济”两个不同的概念，标志着在公有制企业中，将所有权和经营权分离，使国有企业具有经营的自主权。同时，这也意味着国有企业开始成为自主经营、自负盈亏的经营主体，维护了公有制企业与非公有制经济的公平竞争环境。随着改革开放深入推进，外国资本进入中国，对非公有制经济的认识和理解不断深化。党的十三大强调多种经济成分长期共同发展，这不是权宜之计，而是一个长期的发展，进一步把私有经济、中外合资合作经济、外商独资经济、个体经济一起作为公有制必要的有益补充。党的十四大以来，按照社会主义市场经济的要求，对公有制经济和非公有制经济做了重新定位，提出重视非公有经济的健康发展，从而促进了包括公有制经济在内的多种所有制经济的快速发展。1997 年党的十五大以后，形成了“坚持公有制为主体、多种所有制经济共同发展”的社会主义基本经济制度。这表明党对社会主义初级阶段基本经济制度的认识提高到新高度。

第三，强化对社会主义基本经济制度的认识，始终坚持“两个毫不动摇”。党的十六大提出了“两个毫不动摇”的方针，即毫不动摇地巩固和发展公有制经济，毫不动摇地鼓励引导、支持非公有制经济的发展。这进一步明确了处理公有制经济和非公有制经济的根本原则，为深化改革开放、激发非公有制经济活力和创造力提供了有力的制度保障。这两个"毫不动摇"是一个整体，既强调了国有经济在整个经济的支柱性作用，又强调非公有制经济的有益的、补充性的作用，使二者在市场经济当中发挥各自的优势，相互促进，共同发展，统一于社会主义现代化建设的进程。公有制为主体、多种所有制经济共同发展的所有制结构是我国社会生产力发展的内在要求，并且在改革开放过程中，已经证明了它的有效性和科学性。随着生产力的发展，我们仍然需要不断调整和完善所有制结构，在实践和改革中反思"公有制为主体"及其实现形式，做到在坚持中发展，在发展中坚持。

第四，全面理解公有制主体地位和实现形式。"公有制为主体"并不意味着追求"清一色的公有制"，发展和壮大公有制经济是实现公有制主体地位的形式之一，而不是唯一的。并且，不能将各实现形式对立起来，如集体经济排斥国有经济，或者国有经济排斥集体经济。相反，各实现形式之间是有机结合、相互作用的良性关系，共同实现公有制的主体地位。同样，混合所有制经济不光是包括公有制经济的多种形式，而且还包括非公有制经济，只有在正确认识公有制主体地位的实现形式的基础上，才能理解发展混合所有制经济对完善我国所有制结构的作用。与此同时，公有制的主体地位不能简单地理解为数量上占主体，而是更多地体现在公有制经济的质量上。也就是说，公有制经济在整个国民经济中要能够起到主导性作用、引领性的作用——这才是我们所希望看到的公有制经济的主体地位。

（二）现实思考

1. 公有制经济效率论

改革开放以来，特别是 1992 年市场经济体制推行以来，社会上有一种简单化或者说错误的认识，即国有经济低效率论。该观点认为，僵尸企业产能过剩的问题都是公有制企业产生的。因为私营企业不存在僵尸企业，私营企业“死”了就是“死”了。只有国有经济，国家才会“输血”。如此，将“僵尸企业”等同为国有企业。此外，该观点还判定，产能过剩也是国有企业带来的。只有国有企业即使生产出社会不需要的产品，也不会“死亡”。因为非公有制经济只要产品不对路，市场对产品需求不对路，就必然被市场淘汰。

需要指出的是，国有企业的发展目标并非商业收益最大化，国有企业的作用主要体现在其主导作用。充分发挥国有经济的职能将抑制或减轻私有经济在市场经济中的消极作用，有力支持产业结构调整，促进社会经济的协调发展，有利于转换经济发展方式，实现共同富裕。[1] 将产能过剩、“僵尸企业”、低效率等直接与国有经济挂钩，是一个简单化的逻辑推断，并不是客观的事实。不同于其他企业，国有企业的重要目标是实现更加广泛的国家发展目标和宏观经济目标。因此要更加全面、客观地评价国有企业的作用和效率，不能简单地说国有企业必然是低效的。在当代中国经济发展过程中，国有企业仍然发挥着重要的主导和引领作用，如高新技术行业等。尽管当前国有企业仍存在诸多问题，但不能将其全盘否定，需要客观、全面地看待国有企业的作用。因此，判断一个生产关系是否具有先进性，是否适合生产力发展，是否具有活力，不能简单地从概念出发，更不能以规模大小、工业化的程度为标准来判断。

2. 非公有制经济的价值论

非公有制经济是中国特色社会主义市场经济建设和改革的独特

1 吴宣恭：《对社会主义市场经济特有优势与国有经济主导作用的再认识》，《毛泽东邓小平理论研究》2015 年第 1 期。

产物，伴随着改革开放进程而不断发展壮大。因此非公有制发展打下了深深的改革开放烙印。中国能够创造经济快速发展和社会长期稳定“两大奇迹”，非公有制经济功不可没。

首先需要指出的是，对非公有制经济的定义不能禁锢于马克思主义经典文本或传统的计划经济理论。非公有制经济可以分为个体经济和私营经济两类。个体经济是指自己生产，自己经营，没有雇工；私营经济因存在雇工，曾被看作剥削的经济。在我国改革开放前，曾按照雇工人数来区分私营经济和个体经济，认为雇工超过 8 人则必然会存在剩余价值，必然会存在剥削，因此为私营经济。然而，以雇用人数作为标志已不适用于当代经济发展。随着社会主义市场经济体制的建立和完善，一方面，我国的非公有制经济与马克思所描述的资本主义私有制经济不同，不能陷入对马克思主义经典原理的教条。对此，习近平总书记强调：“坚持和发展马克思主义，必须同中国具体实际相结合。我们坚持以马克思主义为指导，是要运用其科学的世界观和方法论解决中国的问题，而不是要背诵和重复其具体结论和词句，更不能把马克思主义当成一成不变的教条。我们必须坚持解放思想、实事求是、与时俱进、求真务实，一切从实际出发，着眼解决新时代改革开放和社会主义现代化建设的实际问题，不断回答中国之问、世界之问、人民之问、时代之问，作出符合中国实际和时代要求的正确回答，得出符合客观规律的科学认识，形成与时俱进的理论成果，更好指导中国实践。”[1] 另一方面，非公有制经济在我国经济发展中的作用有目共睹，要在中国经济发展伟大实践中总结、归纳和提炼非公有制经济的

1　习近平：《高举中国特色社会主义伟大旗帜　为全面建设社会主义现代化国家而团结奋斗——在中国共产党第二十次全国代表大会上的报告》，《求是》2022 年第 21 期。

价值。

公有制为主体、多种所有制经济共同发展，是马克思主义中国化时代化的重要成果，在马克思主义经典理论单一公有制构想的基础之上，解答了如何实现公有制经济与非公有制经济的协同发展、相互促进。在我国社会主义市场经济发展中，非公有制经济不是独立的一个板块，而是与公有制经济构成了一个有机整体，二者各有优势，共同推动中国经济发展。[1]所以，非公有制经济是整个社会主义经济不可缺少的一个部分。没有多种多样的非公有制经济的发展，没有非公有制经济的生机和活力，也就不可能有国家的经济大发展和大繁荣。

3. 发展混合所有制与国有企业改革

做强做优做大国有资本与国有企业是我国国有企业改革的两个层面。发展混合所有制企业是国有企业改革的途径之一，绝不意味着放弃做强做优做大国有企业。

党的十九大报告提出，推动国有资本做强、做优、做大，是为了"完善各类国有资产管理体制，改革国有资本授权经营体制，加快国有经济布局优化、结构调整、战略性重组，促进国有资产保值增值，推动国有资本做强做优做大，有效防止国有资产流失"[2]。党的二十大报告再次强调："深化国资国企改革，加快国有经济布局优化和结构调整，推动国有资本和国有企业做强做优做大，提升企业核心竞

1 周文、司婧雯：《当前民营经济认识的误区与辨析》，《学术研究》2021 年第 5 期。

2 习近平：《决胜全面建成小康社会　夺取新时代中国特色社会主义伟大胜利——在中国共产党第十九次全国代表大会上的报告》，人民出版社 2017 年版，第 33 页。

争力。”[1]可见，做强做优做大国有资本与国有企业是国有企业深化改革的两个层面的目标、要求。国有资本做强做优做大需要国有企业为平台；国有资本是国有企业的价值形态，国有企业是国有资产的物质形态。所以，国有企业做强做优做大是发展壮大国有经济的基础，国有资本做强做优做大是这一基础在宏观层面的体现。从两者联系来看，国有资本是价值形态，实物形态是国有资产，国有企业是载体。如果没有国有企业这个载体，就不可能有真正意义的国有资本。没有国有企业做强做优做大，就不可能有国有资本的做强做优做大。

因此，国有资本做强做优做大，就必然涉及改革国有资产授权经营体制和优化调整国有经济布局。包括国有资产的流动的问题，如何从整体上体现出国有资本更优的质量、更强的实力、更大的规模——这是我国国有经济发展的战略目标。混合所有制不仅有助于推动国有企业和非公有制经济的经营体制和公司治理的改革，还有助于优化国有经济的布局，有利于各种所有制的资本取长补短，共同发展。

当前，混合所有制经济的发展面临着两大难题。其一，公有制经济如何与非公有制经济混合。这个难题主要表现在社会的质疑和指责以及公有资产的流失问题等方面。因此，如何保证公有制经济的保值和增值，真正实现国有资本的做强做优做大，是一个兼具理论质疑和现实挑战的问题。其二，混合所有制经济当中的不信任问题。这一难题主要集中在非公有制经济对公有制经济的不信任，担心公有制经济对非公有制经济的利益侵犯和剥夺——

1 习近平:《高举中国特色社会主义伟大旗帜 为全面建设社会主义现代化国家而团结奋斗——在中国共产党第二十次全国代表大会上的报告》,《求是》2022 年第 21 期。

这也是混合所有制经济发展举步维艰、进度缓慢的原因。通过这两个难题可以看出，在所有制结构改革的理论创新和实践发展探索中，需要通过深化改革来化解这两个难题，从而更好地推动混合所有制经济改革与发展。一方面要毫不动摇地坚持公有制经济与非公有制经济共同发展；另一方面要发展好混合所有制经济，混合所有制不是全部私有化，而是更好地巩固社会主义基本经济制度。为此，要坚持不同所有制的平等竞争、国民共进，建立完善的、健全的高水平市场体系。对此，党的二十大报告也明确指出，要“构建全国统一大市场，深化要素市场化改革，建设高标准市场体系。完善产权保护、市场准入、公平竞争、社会信用等市场经济基础制度，优化营商环境”[1]。

五、中国特色社会主义所有制理论的建构与深化

改革开放以来，“实践是检验真理的唯一标准”这一原则推动了马克思主义所有制理论的中国化时代化。在中国特色社会主义所有制理论的构建与深化过程中，马克思所有制理论提供了理论基础和实践逻辑。与此同时，中国所有制结构的实践与改革也为马克思所有制理论中国化时代化提供了实践经验，由此开拓了当代中国马克思主义所有制理论和实践发展新境界，并以此为基础推动了社会主义市场经济的

1　习近平：《高举中国特色社会主义伟大旗帜　为全面建设社会主义现代化国家而团结奋斗——在中国共产党第二十次全国代表大会上的报告》，《求是》2022 年第 21 期。

建立和完善。[1]

（一）核心命题：公有制与市场经济的有机结合问题

所有制问题与经济体制问题密不可分。当前，我国仍然处于社会主义初级阶段，“公有制为主体、多种所有制经济共同发展”属于经济运行的制度层面，社会主义市场经济则是经济运行体制，后者以前者为基础和依据。“社会主义市场经济”这一中国特色社会主义政治经济学的“术语革命”及其原创性实践带来了数十年来年均国内生产总值（GDP）增长率近10%的“中国奇迹”。就其定义而言，社会主义市场经济是“社会主义性质的市场经济”[2]，是“社会主义制度下的市场经济”[3]。但是，长期以来，西方国家不承认我国的市场经济地位，其依据是我国存在大量国有企业，政府在经济活动中扮演普适性角色，甚至在2018年中美经贸摩擦中再度抛出“国家资本主义”的老话题。[4]在“社会主义市场经济是不是市场经济”的这场争论中，关键在于作为一种制度的社会主义能否与作为一种资源配置方式的市场经济相结合，需要在理论和实践中正确和全面回应公有制与市场经济有机结合问题。

“任何一种所有制能否促进社会生产力的发展，核心的问题是经济利益的激励机制。”[5]公有制与市场经济不相容论认为，公有制的经济发展动力存在缺陷。传统公有制经济的动力在于中央计划经济体制下国家强制性的行政指令，是自上而下的等级结构，在具体操作层面

1　胡若痴、武靖国：《试论中国特色社会主义所有制理论构建的基本框架》，《马克思主义与现实》2018年第6期。

2　张宇：《中国特色社会主义政治经济学》，中国人民出版社2016年版，第132页。

3　逄锦聚、何自力：《走向社会主义市场经济》，江苏人民出版社2015年版，第13页。

4　秋石：《认清“国家资本主义”问题的真相》，《求是》2018年第17期。

5　杨春学：《论公有制理论的发展》，《中国工业经济》2017年第10期。

又通过“条块结构”来传导信息，即按部门划分的行政系统（即所谓“条条”）和按地域划分的地区系统（即所谓“块块”），由此推导出公有制经济的生产经营活动缺乏有效的财产激励和财产约束，不符合市场经济的要求。因此，当前所有制问题研究应当全面和正确回应这一难题。

对于公有制与市场经济的有机结合问题至少有两条思路。其一，破除对西方市场经济的迷思，因为“市场经济”概念本身具有内在的规定性和外在的延展性，并不存在所谓“市场经济”的唯一答案。这一点从当代资本主义市场经济模式的“三足鼎立”格局中可见一斑：以德国为代表的“社会市场经济模式”、以日本为代表的“政府主导型经济模式”和以美国为代表的“自由市场经济模式”，这表明市场经济本身没有唯一的标准模式，即使同在资本主义社会，还呈现出不同的市场经济模式。其二，完善中国特色社会主义市场经济的激励和约束机制，使公有制企业符合市场经济要求，即成为具有独立性和竞争性的市场主体。一般而言，市场经济具有两个前提条件，一是市场交换主体的独立性，二是市场主体决策经营的自主性。对于公有制主要实现形式的国有经济而言，基于这一原则，自主经营、自负盈亏的国有企业同样可以成为市场经济的微观主体。可见，社会主义市场经济既涉及企业等微观主体，又涉及市场这一中观基础，更与国家制度的宏观层面相关。公有制与市场经济之间的对立统一关系“根源于社会主义公有制的特殊性质以及由此导致的商品性与非商品性并存的二重属性”[1]，破解该难题的关键在于夯实微观基础，使公有制企业包括国有企

1　张宇：《论公有制与市场经济的有机结合》，《经济研究》2016 年第 6 期。

业通过转机改制、实行现代企业制度，提高适应市场经济的能力和水平，由此实现公有制与市场经济相结合。[1]

（二）基本事实：公有制与非公有制实现从“传统”到“现代”的转变

长期以来，在所有制问题的认识论上存在着“所有制崇拜”和“所有制歧视”这两种极端倾向。这往往会导致所有制的“决定论”，而忽视了不同所有制经济的建设性作用。在现实经济发展中，社会主义公有制已经走出了“一大二公三纯”的计划经济时代，资本主义私有制也已经走向了“混合经济”，都完成了“由传统到现代的转变”。[2]这是我们分析所有制问题的客观前提，应注意区分马克思主义经典文本语境、中国特色社会主义实践与西方资本主义国家经济事实之间的差异性。

这种“传统”到“现代”的转变是通过所有制的实现形式来达成的。一种经济制度总是通过一定形式来实现的，不存在脱离具体实现形式的抽象的经济制度。需要正确认识经济制度的性质与实现形式之间的这种内在联系，破解将实现形式的局部性问题看作经济制度的系统性问题这一认识误区。对于我国基本经济制度而言，其实现形式的有效性直接关系到对于整个经济制度的评价，即“混合所有制”的有效性关系到“公有制为主体、多种所有制经济共同发展”这一制度规定的合法性。一般而言，混合所有制使得不同所有制经济能够共同存在、融合生长，在宏观层面表现为各种所有制形

1　简新华、余江：《市场经济只能建立在私有制基础上吗？——兼评公有制与市场经济不相容论》，《经济研究》2016 年第 12 期。

2　顾钰民：《马克思主义所有制理论的时代发展》，《经济学家》2012 年第 11 期。

式相互渗透、彼此交叉，在微观层面即在企业层面实现不同资本融合发展。在我国，发展以公有资本为主体的混合所有制，符合社会主义国家性质的要求，应从生产力发展、生产关系完善等方面全面认识混合所有制改革，而不能将其误认为“资本的盛宴”和“资本的狂欢”。

此外，这种转变也促成了认识论的转向，尤其是对非公有制经济地位问题以及非公有制经济对公有制经济的作用问题。一般而言，不同所有制经济的地位至少包含两方面内容：一是在所有制结构中的地位，具体表现为“主—从”的关系，其中，“主”的部分决定了经济社会性质；二是在具体的经济运行机制层面，市场经济则内在规定了竞争主体的平等性，我国社会主义市场经济同样遵循这一客观要求。从这个角度来说，“民营经济和国有经济各有优势，都有广阔发展的空间，国进不一定民就要退，民进也不一定国就要退，我们努力做到国进民也进，实现共同发展”[1]。诚然，非公有制经济在市场准入等方面确实还存在着诸多困难，习近平总书记在民营企业座谈会上将其概括为“三门三山”，即政策执行中“玻璃门”“弹簧门”“旋转门”和民营企业遇到的“市场的冰山”“融资的高山”“转型的火山”。这些现实困难使得非公有制经济对于“私营经济离场论”类似论调感到格外敏感。因而，一方面，在我国社会舆论引导中仍应强调“两个毫不动摇”和“国民共进”，主动、及时澄清民营经济的认识误区和错误论调；另一方面，正视民营经济存在的问题，构建民营经济健康发展、高质量发展的制度环境。

---

1 张卓元、胡家勇、万军：《中国经济理论创新四十年》，中国人民大学出版社 2018 年版，第 286 页。

（三）问题导向："建设现代化经济体系"与"建设创新型国家"

所有制的深化改革是为了促进不同所有制经济共同发展，内在地要求不同经济成分的自我完善和共同发展，推动社会主义市场经济的繁荣壮大。当前，我国经济已由高速增长阶段转向高质量发展阶段，正处在转变发展方式、优化经济结构、转换增长动力的关键时期，建设现代化经济体系是跨越关口的迫切要求和我国发展的战略目标。[1]因此，所有制研究更应当回应转型发展的现实问题，尤其是回应"建设现代化经济体系"和"建设创新型国家"这两大时代课题。

当代所有制问题研究亟须在"创新"上做文章。一方面，国有企业混合所有制改革的关键在于创新机制、释放活力，从根本上是为了完善激励和约束机制，解决生产效率问题。国有企业是建设现代化经济体系的主体，也是国家创新体系的重要组成部分。对国有企业实行混合所有制改革就是使国有企业能够创新出一种良好的机制和体制，最大程度释放活力和生机，从而形成持续发展的内在驱动力。在新时代，国有企业承担着产业创新的重要使命，在基础技术、核心技术和共性技术创新方面发挥着主导的作用，是实现提高国家自主创新能力的中坚力量。因此，国有企业应发挥"举国体制"的优势，集中资源推动核心技术研发，瞄准世界科技前沿，实现前瞻性基础研究和引领性原创成果重大突破，拓展实施国家重大科技项目，解决好国家急需的"卡脖子"技术和颠覆性技术，真正成为提升国家自主创新能力和引领经济结构转型升级的生力军。同时，对国有企业的"僵尸企业"现象

1　习近平：《决胜全面建成小康社会　夺取新时代中国特色社会主义伟大胜利——在中国共产党第十九次全国代表大会上的报告》，人民出版社2017年版，第30页。

也需要在全面深化改革阶段中予以解决。基本思路在于划分国有资本功能领域，明确国有经济改革方向，推进国有企业分类改革，以此为国有企业创新奠定基础。

另一方面，民营经济也面临着创新转型这道"坎"，不少民营企业集中在技术含量有限、准入门槛较低的产业，创新积淀不深、创新能力不足等内生因素影响其长远发展。党的十九大报告提出了相关改革路径，"激发和保护企业家精神，鼓励更多社会主体投身创新创业"[1]，"全面实施市场准入负面清单制度，清理废除妨碍统一市场和公平竞争的各类规定和做法，支持民营企业发展，激活各类市场主体活力"[2]。据此，政府部门可以从政策支持、资金供给、人才支撑等方面来"毫不动摇地鼓励、支持和引导非公有制经济"，从而更好地为市场创新提供平台。

（四）价值归属：所有制改革的根本目标是为了满足"人民日益增长的美好生活需要"

所有制问题关乎生产目的。所有制改革本身不是目的，其根本目的是要解放和发展生产力，实现经济社会转型发展。同样，不是为了发展生产力而发展生产力，用马克思、恩格斯的话来说是为了实现"自由人的联合体"，这一"目的"在我国现阶段表现为满足"人民日益增长的美好生活需要"。因此，所有制领域深化改革要在发展生产力的基础上处理好"为了谁"的问题。

1 习近平：《决胜全面建成小康社会　夺取新时代中国特色社会主义伟大胜利——在中国共产党第十九次全国代表大会上的报告》，人民出版社 2017 年版，第 31 页。

2 习近平：《决胜全面建成小康社会　夺取新时代中国特色社会主义伟大胜利——在中国共产党第十九次全国代表大会上的报告》，人民出版社 2017 年版，第 33—34 页。

然而，在过去很长的一段时间内，我国没有处理好整体和个人之间的关系，往往强调整体而忽视个人。在理论研究方面也间接导致了“重建个人所有制”这一议题难以深入和持续讨论。反观现实中出现的两种情况：一种是在生产力不足的情况下搞平均主义结果导致贫穷的社会主义，另一种则是在生产力发展的基础上出现了贫富分化等社会不公现象。据此，所有制改革至少包含两个阶段：一是解放和发展生产力；二是以人民为中心，实现共同富裕。这正是我们党作为一个人民政党的政治价值所在，以人民为中心的发展是解决新时代中国经济社会发展主要矛盾的基础和关键。

因此，应跳脱出所有制决定论的意识形态窠臼，坚持以生产力为客观依据，以共同富裕为价值归属。关于这一点，邓小平曾指出：“革命是要搞阶级斗争，但革命不只是搞阶级斗争。生产力方面的革命也是革命，而且是很重要的革命，从历史的发展来讲是最根本的革命。”[1]“根据我们自己的经验，讲社会主义，首先就要使生产力发展，这是主要的……社会主义经济政策对不对，归根到底要看生产力是否发展，人民收入是否增加。这是压倒一切的标准。空讲社会主义不行，人民不相信。”[2]

由此可见，纵观改革开放以来的所有制改革实践，第一步是通过所有制调整来激活经济活动中物质利益原则发展生产力，第二步在于真正实现“共同富裕”。针对分配领域出现的收入差距扩大、贫富分化明显的现实问题，实现共同富裕的路径主要有两条：一是从根本上促进生产力的不断发展，创造更多的财富；二是重视解决财产分布不均

1　邓小平：《邓小平文选》第 2 卷，人民出版社 1994 年版，第 311 页。

2　邓小平：《邓小平文选》第 2 卷，人民出版社 1994 年版，第 314 页。

且差距日益扩大的问题，以及由此引起的居民收入分配不公问题。[1]在“新时代”背景下讨论“共同富裕”具有两重指向：第一，“富起来”的时代“做大蛋糕”，意味着经济增长和综合国力的显著提升；第二，“强起来”的时代需要实现“共同富裕”这一“分好蛋糕”的关键一步，意味着必须在经济增长的同时实现居民收入同步增长，在劳动生产率提高的同时实现劳动报酬同步提高。

1　张宇：《中国特色社会主义政治经济学》，中国人民大学出版社 2016 年版，第 205 页。

第三讲

中国特色社会主义按劳分配问题

按劳分配理论是马克思主义政治经济学的重要内容。马克思主义政治经济学中的分配公平，包括分配制度公平、分配原则公平、分配方式公平、分配过程公平等多重含义。推动和落实好按劳分配，实现分配公平，是科学社会主义理论与中国特色社会主义实践的内在要求，也是走向共同富裕、保证发展成果由人民共享、最终实现人的自由全面发展的必由之路。

分配公平问题长期受到我国社会各界的关注和热议，也是党和政府着力解决的工作重点。[1]党的十七大提出，合理的收入分配制度是社会公平的重要体现；初次分配和再分配都要处理好效率和公平的关系，再分配要更加注重公平。党的十八大进一步指出，初次分配和再分配都要兼顾效率和公平，再分配更加注重公平；调整国民收入分配格局，加大再分配调节力度，着力解决收入分配差距较大问题，使发展成果更多更公平惠及全体人民。党的十九大强调“促进收入分配更合理、更有序”“拓宽居民劳动收入和财产性收入渠道”“缩小收入分配

1　邰丽华：《中国特色社会主义的分配公平》，《光明日报》2020 年 8 月 28 日第 16 版。

差距”。党的十九届四中全会就如何促进分配公平提出了具体政策建议。党的二十大强调分配制度是促进共同富裕的基础性制度，提出完善分配制度，规范收入分配秩序，规范财富积累机制。

一、马克思按劳分配理论

（一）马克思按劳分配理论的形成

马克思按劳分配理论经历了长期的发展过程。马克思在《1857—1858年经济学手稿》中提出了蕴含“按劳分配”的相关思想，在《资本论》中则完成了这一分配原则从空想到科学的变革，《哥达纲领批判》的问世是马克思按劳分配理论成熟的标志。

1. 马克思按劳分配理论的思想来源

马克思主义理论主要来源于对空想社会主义、德国古典哲学、英国古典政治经济学的批判性继承和发展，按劳分配理论作为马克思主义理论中重要组成部分，它的早期思想来源集中于空想社会主义。

法国空想社会主义者圣西门在对资产阶级古典政治经济学的代表人物亚当·斯密相关的经济思想研究过程中，根据当时资本主义社会分配方式的不公平，提出了“按才分配”的思想。圣西门在设想的“实业制度”里，主张“一切特权都将废除，而且也不能让它们恢复，因为将要建立起尽可能完全平等的制度”[1]，“这个企业的目的，是按照社会成员的贡献，使每个成员得到最大便利和福利”[2]。后来，他又进一步主

1 圣西门：《圣西门选集》下卷，何清新译，商务印书馆1962年版，第70页。

2 圣西门：《圣西门选集》下卷，何清新译，商务印书馆1962年版，第237页。

张每个人在社会上所占的地位必须根据他的才能来确定，他说："有天才的人就可以得到他们应当享有和你们值得给与的报酬。"[1]需要强调的是，因为资本主义社会更多的不公平性来自资本分配。对此，圣西门提出，解决资本主义的分配公平问题是"按才能和贡献分配"。

傅立叶根据自己的亲身体验，辛辣地嘲讽和批判了资本主义制度，认为资本主义世界"是幸运的对立物，是颠倒世界，是社会地狱"[2]。他设想的"法郎吉"是一种生产和消费的联合组织，包括"三个阶级的人——富有的，中产的和贫穷的"[3]。"法郎吉"使每个人"保证能够在每一个诱人的劳动部门中获得适合他们的劳动、才能和资本（如果他们有的话）的报酬"[4]。后来，傅立叶进一步提出分配给每个人的收入将"按劳动、资本、才能比例分配"[5]的思想，他认为每个人的劳动收入的多少应以他的劳动数量为基础，并提出劳动报酬应以劳动种类为标准。相对圣西门"按才能分配"的思想，傅立叶的这种思想是一种较大的进步。圣西门仅仅是谈到按才能分配，而傅立叶在此基础上的主要发展是劳动、资本和才能都应该成为分配的主要依据。

由于法国的经济、政治条件的局限性，圣西门和傅立叶的思想虽然反映了无产阶级消灭剥削的强烈愿望，但是由于没有把这个愿望和劳动价值理论相结合，没有也不可能形成"按劳分配"学说。18世纪末和19世纪初，英国正处于工业革命的时期，生活在英国的欧文抛开

1　圣西门：《圣西门选集》上卷，何清新译，商务印书馆1962年版，第63页。
2　傅立叶：《傅立叶选集》第3卷，冀甫译，商务印书馆1964年版，第321页。
3　傅立叶：《傅立叶选集》第4卷，冀甫译，商务印书馆1964年版，第11页。
4　傅立叶：《傅立叶选集》第3卷，冀甫译，商务印书馆1964年版，第355页。
5　傅立叶：《傅立叶选集》第4卷，冀甫译，商务印书馆1964年版，第9、11页。

了圣西门和傅立叶的分配思想，另辟蹊径，提出了“按劳动时间计酬”的思想，提出“对于劳动和知识，一般是按照所耗费的时间给酬的”[1]。按劳动时间来计酬的思想，重新确定了按劳分配的尺度，这个尺度就是劳动时间。这一思想是马克思按劳分配理论的一个重要思想来源，由此形成了马克思在《哥达纲领批判》中的按劳分配理论。

总的来看，圣西门、傅立叶和欧文等空想社会主义者的思想由于历史的局限性，必然存在这样或那样的缺陷，但是他们分配思想中的合理成分，为马克思创立科学的按劳分配理论奠定了基础。正如恩格斯所说，“德国的理论上的社会主义永远不会忘记，它是站在圣西门、傅立叶和欧文这三个人的肩上的。虽然这三个人的学说含有十分虚幻和空想的性质，但他们终究是属于一切时代最伟大的智士之列的，他们天才地预示了我们现在已经科学地证明了其正确性的无数真理”[2]。

2. 马克思按劳分配理论的形成过程

19 世纪 40 年代，马克思在《德意志意识形态》和《神圣家族》等早期著作里，提出包括个人消费品的“财产共有”的所有制思想，认为未来社会应建立与资本主义社会不同的分配制度。相比较而言，马克思更倾向于按需分配。19 世纪 50 年代，马克思在《政治经济学批判（1857—1858 年手稿）》中，提出了这样的分配思想：“单个人的劳动一开始就被设定为社会劳动。因此，不管他所创造的或协助创造的产品的特殊物质的形态如何，他用自己的劳动所购买的不是一定的特殊产品，而是共同生产中的一定份额。因此，他也不需要去交换特殊产品。

1 罗伯特·欧文：《欧文选集》上卷，柯象峰、何光来、秦果显译，商务印书馆 1965 年版，第 380 页。

2 马克思、恩格斯：《马克思恩格斯选集》第 2 卷，人民出版社 1995 年版，第 635—636 页。

他的产品不是交换价值。这种产品无须先变成一种特殊形式，才对单个人具有一般性质。在这里，不存在交换价值的交换中必然产生的分工，而是某种以单个人参与共同消费为结果的劳动组织。”[1]19世纪60年代，马克思在《资本论》第一卷中具体地阐述了未来社会按劳分配的初步设计，强调按劳分配的前提是生产资料实行公有制，即“设想有一个自由人联合体，他们用公共的生产资料进行劳动，并且自觉地把他们许多个人劳动力当作一个社会劳动力来使用”[2]。在《资本论》第二卷中，马克思谈到了利用劳动券进行按劳分配的思想，指出“生产者也许会得到纸的凭证，以此从社会的消费品储备中取走一个与他们的劳动时间相当的量。这些凭证不是货币，它们是不流通的”[3]。但是，当时马克思提出的按劳分配思想，只是一个假定，并没有明确肯定未来社会就必然实行按劳分配。

后来，马克思在《哥达纲领批判》中严厉批驳了拉萨尔主张的“不折不扣的劳动所得”应当分配给“社会一切成员”的观念，提出社会主义社会总产品的分配原理。他说，这个了不起的总产品就是社会产品，这些产品的一部分要重新用作生产资料，这部分依旧是社会的，而另外一方面是生活资料，由联合体的成员消费。可以看出，马克思描画了社会主义分配方式的景象，提出共产主义社会发展的两个阶段不但生产力水平和社会发展程度不同，而且分配方式也明显存在差别。马克思具体论述了共产主义社会的第一个阶段的基本特征：“我们这里所说的是这样的共产主义社会，它不是在它自身基础上已经发

---

1 马克思、恩格斯：《马克思恩格斯文集》第8卷，人民出版社2009年版，第66页。

2 马克思：《资本论》第1卷，人民出版社2004年版，第96页。

3 马克思：《资本论》第2卷，人民出版社2004年版，第397页。

展了的，恰好相反，是刚刚从资本主义社会中产生出来的，因此它在各方面，在经济、道德和精神方面都还带着它脱胎出来的那个旧社会的痕迹。”[1]

恩格斯在《反杜林论》中的政治经济学部分多次引用鲁滨逊和星期五的故事，尽管主人用枪逼着星期五作为奴隶，但是要使星期五能够作为奴隶劳动，光有枪还不行，还要有供奴隶劳动的生产资料，而且文中提到的是主人用刀剑迫使星期五作为奴隶进行劳动。因此，真正的劳动必须要有生产资料。同时，他进一步指出，把刀剑作为威逼星期五成为奴隶的工具，但是反过来说，星期五在某一天也可以用上了膛的枪逼迫主人。这个故事清晰地揭示了：无论你是奴隶劳动，还是其他的生产劳动，都需要生产资料，否则就没有办法进行生产。所以假定每个生产者在生活资料中所增加的份额是由他们的劳动时间决定，那么劳动时间就会起双重作用，劳动时间的社会的有计划的分配调节着各种劳动职能同各种需要的适当比例。同时劳动时间就是衡量生产者个人在共同劳动中所占份额的尺度，也就是说计量生产者个人在共同产品的个人消费中所占份额的尺度。[2]

马克思在《资本论》第一卷中设想了未来社会主义社会中生产和分配情况，他说："这个联合体的总产品是一个社会产品。这个产品的一部分重新用作生产资料。这一部分依旧是社会的。而另一部分则作为生活资料由联合体成员消费。因此，这一部分要在他们之间进行分配。这种分配的方式会随着社会生产有机体本身的特殊方式和随着生产者的相应的历史发展程度而改变。仅仅为了同商品生产进行对比，

1 马克思、恩格斯：《马克思恩格斯选集》第 3 卷，人民出版社 1995 年版，第 304 页。

2 马克思、恩格斯：《马克思恩格斯选集》第 3 卷，人民出版社 1995 年版，第 141 页。

我们假定，每个生产者在生活资料中得到的份额是由他的劳动时间决定的。这样，劳动时间就会起双重作用。劳动时间的社会的有计划的分配，调节着各种劳动职能同各种需要的适当的比例。另一方面，劳动时间又是计量生产者在共同劳动中个人所占份额的尺度，因而也是计量生产者在共同产品的个人可消费部分中所占份额的尺度。”[1] 实际上，马克思区分了个人消费品的分配和社会总产品的分配，社会总产品分配与个人消费品的分配是不同的。

从马克思《资本论》的相关论述中可以看到，他认为按劳分配是在生产资料公有制的基础上进行的，消费品资料的分配由劳动量决定的，而劳动时间是计算劳动量的尺度。这可以看成是马克思按劳分配理论的最初的孕育和萌芽。马克思在 1875 年《哥达纲领批判》中对按劳分配思想进行了科学深刻系统的阐述，形成了社会主义社会和共产主义社会的分配原则，批判了拉萨尔的“公平分配”和“不折不扣”的分配原则。恩格斯在后来的有关著作中，进一步发挥了马克思的按劳分配理论。

（二）马克思按劳分配理论的主要内容和特征

马克思的按劳分配理论的主要内容是等量劳动领取等量的报酬。马克思指出：“每一个生产者，在作了各项扣除以后，从社会领回的，正好是他给予社会的，他给予社会的，就是他个人的劳动量。”[2]

1. 马克思按劳分配理论的主要内容

马克思认为，按劳分配原则得以实现的前提条件是社会主义生产资料公有制取代资本主义生产资料私有制，因为个人消费品资料的分

1　马克思：《资本论》第 1 卷，人民出版社 2004 年版，第 96 页。

2　马克思、恩格斯：《马克思恩格斯选集》第 3 卷，人民出版社 1995 年版，第 304 页。

配是由劳动者个人提供的劳动量决定的，根据提供的劳动数量来确定从社会获取消费资料。在这个社会集体中凡是有劳动能力的都要参加劳动，不参加劳动者不能领取报酬。马克思承认劳动者之间在劳动能力上、个人消费品实际享用量和生活水平上存在着差别，所以在获得报酬上也应存在差别。

依据《哥达纲领批判》，马克思设想的社会主义按劳分配的基本内容，可以总结为以下方面：

（1）按劳分配的物质对象是个人消费品。

（2）按劳分配的唯一根据是劳动。这里只承认劳动差别，不承认其他任何差别。凡是有劳动能力的人，必须参加劳动，才能参与分配，即不劳动者不得食。

（3）按劳分配的衡量尺度是劳动时间。作为衡量尺度的劳动时间不是自然劳动时间，而是标准劳动时间或平均劳动时间。个人劳动时间不能作为衡量劳动量的尺度，应折合为标准劳动时间或社会平均劳动时间计算，即“各个生产者的个人劳动时间就是社会劳动日中他所提供的部分，就是社会劳动日中他的一份”[1]。

（4）劳动报酬应与劳动者提供的劳动量成正比。按劳分配要求多劳多得、少劳少得，等量劳动给予等量报酬。

（5）按劳分配的主体是社会。其根据是：社会主义社会全部生产资料已为全社会所有，全社会是一个统一的生产单位，个别劳动直接表现为社会劳动。在这种情况下，社会（或国家）自然成了分配的主体，根据各个劳动者提供的劳动量直接分配给他们相应的个人消费

1 马克思、恩格斯：《马克思恩格斯选集》第3卷，人民出版社1995年版，第304页。

品，企业只不过是具体的执行者。

（6）马克思所设想的社会主义是不存在商品货币关系的，按劳分配将借助“劳动卷”“纸的凭证”或“证书”实现。劳动者从事劳动之后，他从社会领得一张凭证，证明他提供了多少劳动，他根据这张凭证从社会储存中领得一份耗费同等劳动量的消费资料。正如马克思所说，“从社会领得一张凭证，证明他提供了多少劳动（扣除他为公共基金而进行的劳动），他根据这张凭证从社会储存中领得一份耗费同等劳动量的消费资料。他以一种形式给予社会的劳动量，又以另一种形式领回来”[1]。

（7）按劳分配通行的仍然是商品等价物交换，但内容和形式都改变了。就内容来说，这里不存在资本与劳动的交换，不存在剥削，而纯粹是劳动交换，体现的是劳动者之间平等互利、互助合作的关系；就形式来说，这里表现为产品的分配，而不是商品的买卖。

（8）按劳分配仍然包含着事实上的不平等。按劳分配是一种平等的权利，平等就在于所有劳动者都以同一尺度——劳动计算报酬；但它又是一种不平等的权利，因为各个人在体力和脑力上是有差别的，在同一时间内劳动能力强的人提供较多的劳动，获得较多的报酬。同时，家庭角度也存在着不平等，各个人所赡养的家庭人口也不相同，在劳动报酬相等条件下，家庭人口少的人会比家庭人口多的人得到更多的消费品，享受水平也会高一些。可见，按劳分配还存在事实上的不平等。

2. 马克思按劳分配理论特征与完善问题

尽管马克思按劳分配理论已经十分成熟，但仍有许多需要完善的

1　马克思、恩格斯：《马克思恩格斯选集》第3卷，人民出版社1995年版，第304页。

地方。马克思按劳分配理论的主要问题就在于生产资料所有制问题，但现阶段现实的社会主义与马克思所设想的社会主义社会的生产资料所有制有很大不同，现阶段现实的社会主义生产资料所有制还达不到马克思所设想的社会主义生产资料所有制结构，因此就必然带来马克思按劳分配理论与现实的差距，理论界需要研究和推进马克思按劳分配理论不断发展和创新。

马克思的按劳分配理论是由私有制社会向完全的公有制社会转化过程中的分配原则，是由生产资料公有制决定的。马克思在《〈政治经济学批判〉导言》中指出："分配的结构完全决定于生产的结构。分配本身是生产的产物，不仅就对象说是如此，而且就形式说也是如此。就对象说，能分配的只是生产的成果，就形式说，参与生产的一定方式决定分配的特殊形式，决定参与分配的形式。"[1]

（1）关于按劳分配是在生产资料归社会直接所有的条件下进行的论断。马克思设想，未来社会生产资料归社会直接所有。而在我国现实经济生活中，生产资料所有制状况是公有制为主体、多种所有制经济共同发展的所有制结构。除公有制经济外，还有个体经济、私营经济、外资经济、中外合资经济、股份制经济等；在公有制经济内部又有国家所有制和集体所有制之分，即使在同一性质的公有制中，也还存在不同经济主体之间的利益差别。这就是说，现实社会主义社会还没有能达到生产资料归社会直接所有。不同所有制经济分配方式不同，不同所有制形式的经济主体利益也是有差别的。鉴于条件的变化，经典作家关于实行按劳分配的所有制条件的理论需要不断丰富和发展。

---

1 马克思、恩格斯：《马克思恩格斯选集》第 2 卷，人民出版社 1995 年版，第 13 页。

（2）关于按劳分配是在纯粹计划经济和产品经济条件下进行的论断。按照经典作家的设想，在社会主义社会，商品经济将被有计划的产品经济所代替，因而个人消费资料的分配也不再需要以商品交换的形式出现。我国的现实情况是商品经济不但没有消亡，反而要大力发展，特别是我国经济体制实现由计划经济体制向市场经济体制转变，按劳分配的市场经济环境更提出了丰富和发展经典作家这一论断的要求。

（3）关于劳动者的个人劳动一开始就直接构成社会总劳动的一个部分，因而其劳动量的计量直接而简便易行的论断，经典作家的这个论断是从未来社会不再存在商品经济的前提下提出的，既然社会主义还存在并要大力发展商品经济，而在商品经济中，个人劳动需要得到市场社会的认可才能成为社会总劳动，不可能直接构成社会总劳动。那么，这个论断也就不适应社会主义现阶段，因此需要结合新的实际不断丰富和发展。

（4）关于复杂劳动与简单劳动的区别可以忽略不计的论断。经典作家认为："在按社会主义原则组织起来的社会里，这种费用是由社会来负担的，所以复合劳动的成果，即所创造的比较大的价值也归社会所有。工人本身没有任何额外的要求。"[1]我国的情况显然与经典作家当年的设想不同，从事复杂劳动的劳动者还不能不要求在个人消费品分配上与他们所付出的劳动相适应。因而，在计量劳动量的时候，有一个复杂劳动转化为加倍的简单劳动的问题，经典作家这一论断同样也需要结合新的实际不断丰富与发展。[2]

1　马克思、恩格斯：《马克思恩格斯选集》第3卷，人民出版社1995年版，第545页。

2　智士才：《科学理解马克思的按劳分配思想》，《行政管理改革》2011年第9期，第56—60页。

二、按劳分配理论中的几种错误观点

党的十九届四中全会提出，要坚持“公有制为主体、多种所有制经济共同发展，按劳分配为主体、多种分配方式并存，社会主义市场经济体制等社会主义基本经济制度”[1]。这是中央首次将“按劳分配为主体、多种分配方式并存”的分配制度纳入我国基本经济制度之中，表明在经济由高速增长阶段转向高质量发展阶段中，收入分配问题再度成为重点关切和讨论热点；党的十九届五中全会提出，“十四五”时期要“实现更加充分更高质量就业，居民收入增长和经济增长基本同步，分配结构明显改善”，2035年远景目标要“人的全面发展、全体人民共同富裕取得更为明显的实质性进展”。[2]由此可见，随着社会不断进步和经济不断发展，分配制度研究愈显重要。为此，按照马克思按劳分配理论，全面审视当前按劳分配的理论研究，发现存在一些对按劳分配理论理解偏差问题，这里既存在老问题，又包含新情况。

（一）教条主义理解按劳分配理论

在按劳分配问题上，存在着教条主义理解，认为马克思的按劳分配理论只能在“公有制”和“计划经济”的条件下建立起来，以我国现在还不具备马克思主义经典作家关于实行按劳分配条件的设想为由，否认我国社会主义现实生活中可以实行按劳分配。对此，我们必须明确，决定一个社会采取什么样的分配制度，其主要依据是生产资料的

---

1 《中国共产党第十九届中央委员会第四次全体会议公报》，求是网，2019年10月31日（2021年7月27日），http://www.qstheory.cn/yaowen/2019-10/31/c_1125178191.htm。

2 《中共中央关于制定国民经济和社会发展第十四个五年规划和二〇三五年远景目标的建议》，共产党员网，2020年11月3日（2021年7月27日），https://www.12371.cn/2020/11/03/ARTI1604398127413120.shtml。

所有制性质。我国现阶段实行以公有制为主体、多种所有制经济共同发展的基本经济制度决定了在分配制度上应该实行按劳分配为主体、多种分配方式并存的分配方式。

当前，在公有制经济中之所以实行按劳分配制度，是因为在公有制经济中已经具备了实行按劳分配的基本条件：

从生产资料所有制来看，虽然还没有实现如马克思、恩格斯当年设想的生产资料直接归社会所有，但是，就同一公有制经济单位内部来说，劳动者对生产资料已经具有了平等的所有、占有和使用的权利。因而，在个人消费资料的分配上，除了必须考虑“劳动者的不同等的个人天赋，从而不同等的工作能力，是天然特权之外，再没有其他特权可考虑”[1]。从劳动的交换形式来看，由于现实社会主义社会仍然采取商品经济的形式，因而不可能像马克思、恩格斯所预言的那样实现直接的劳动相交换。但是，这种条件的变化所改变的只是按劳分配的形式，即社会主义现实条件下的按劳分配，不像马克思设想的那样按实物形式进行分配，这并不会改变按劳分配的实质。

实际上，在商品经济条件下实行按劳分配，最为困难的是个人劳动量的计量问题。在社会主义商品经济条件下，个人劳动必须首先作为公有制经济单位（例如企业）总体劳动的一个组成部分，通过货币价值关系实现为社会必要劳动，然后在公有制经济单位内部按付出的劳动多少计量。这个过程要复杂得多、困难得多，但是，这并不意味着这种计量就无法进行，正如有学者所说，任何一个理论和实践的原则，都有一个具体操作和实现的问题。操作的难易和实现的充分与

1　马克思、恩格斯：《马克思恩格斯全集》第25卷，人民出版社1995年版，第19页。

否，同原则本身是否成立是两回事情。——社会主义的现实与马克思对未来社会的设想有相当的差距，但并不意味着否定或不承认按劳分配。因此，需要在坚持按劳分配原则基础上不断完善和发展按劳分配理论。

（二）马克思劳动价值论与按劳分配理论认识误区

有观点认为："价值创造决定价值分配，劳动价值论是按劳分配的理论根据。"[1] 与之相同的观点，有人提出："劳动价值论与分配的关系反映了生产与分配的关系，正是马克思主义劳动价值论的创立，才真正揭示了资本主义分配制度的弊端和不平等，劳动价值论也是按劳分配的理论根据。"[2] 上述观点很容易误导对"劳动价值论"和"按劳分配"理论的理解和认识。

劳动价值论是马克思主义的理论基石，在价值源泉问题上是价值一元论还是多元论，是马克思主义政治经济学和西方经济学的理论分野。但是，在价值创造与价值分配的问题上，理论界一直存在两种对立的观点，一种观点认为价值创造决定价值分配，劳动价值论是按劳分配的理论根据；另一观点认为价值创造与价值分配不存在必然联系，价值创造表明的是价值的源泉，价值分配表明的是价值如何分配，劳动价值论与按劳分配之间不存在因果关系。

要全面正确理解劳动价值理论与按劳分配理论，最主要的是弄清价值创造与价值分配的区别。很显然，马克思对资本主义生产关系的分析是从商品价值开始的，然后进一步揭示了劳动价值论的基本原理。马克思认为，一定社会的分配关系归根结底是由相应的生产方式

1　邹升平：《按劳分配理论认识误区释读》，《商业经济研究》2013 年第 22 期，第 12—14 页。
2　邹升平：《按劳分配理论认识误区释读》，《商业经济研究》2013 年第 22 期，第 12—14 页。

决定的，分配关系取决于生产关系，是生产关系的反面。正如马克思在《资本论》中指出："如果说资本主义生产方式以生产条件这种一定的社会形式为前提，那么，它会不断地把这种形式再生产出来。它不仅生产出物质的产品，而且不断地再生产出产品在其中生产出来的那种生产关系，因而也不断地再生产出相应的分配关系。"[1]可见，分配关系是生产方式的附带产物，并非是由价值创造决定的。因此，价值创造与价值分配完全属于不同的范畴，不能把劳动价值论作为按劳分配的原因或理论依据。从马克思的分析逻辑可以看出：马克思首先提出劳动二重性，在创立劳动价值论的基础上，指出资本主义工资的本质就是劳动力价值，并不是劳动量的价值，剩余价值被资本家无偿占有，从而揭示了资本主义生产关系的不平等。由于这种不平等的根源是生产资料私有制，因此要消灭这种不平等，就必须消灭私有制，建立公有制，才能真正贯彻和落实按劳分配。

因此价值创造是价值分配的前提，但不是价值分配的理论依据，价值创造是价值分配的必要条件而非充分条件。不是谁创造了价值，就应该分配给谁。私有制下，统治者从来不劳动，也没有创造任何价值，但统治阶级却占有大部分劳动产品。因此，决定分配方式的是生产资料归谁占有而不是产品归谁创造。在《哥达纲领批判》中，马克思强调："消费资料的任何一种分配，都不过是生产条件本身分配的结果；而生产条件的分配，则表现生产方式本身的性质。"[2]价值分配是由特定历史发展阶段中的生产方式决定的，价值创造的分配物品由生产资料的所有者获得，而不是价值创造者本身。由此可见，价值分配的

1　马克思、恩格斯：《马克思恩格斯文集》第 7 卷，人民出版社 2009 年版，第 995 页。

2　马克思、恩格斯：《马克思恩格斯文集》第 3 卷，人民出版社 2009 年版，第 436 页。

依据是对生产资料的占有而非创造物品本身，这也再次论证劳动价值论不是按劳分配的理论依据。

（三）劳动价值论是生产要素分配的理论依据

有人提出："从产品的价值形式来看，价值决定于社会必要劳动时间这一客观规定也为按生产要素分配提供了理论依据。理由是，社会必要劳动是由一定的物质生产条件和人身劳动条件结合在一起的产物。"[1] 同上述观点相仿，有人从"按要素分配"的事实倒过来论证按要素分配与劳动价值理论的关系。有人提出："按生产要素贡献分配，显然是以默认各种生产要素对商品价值都有一定贡献为前提的，而同只承认劳动是价值唯一源泉的观点有明显的差别。"并说，如果认为"资本等物的要素，仅仅对使用价值的增加有贡献，而对价值增殖无作用，那么，它们就没有资格要求分配"。[2]

还有一种观点认为："所谓按生产要素分配，是指按生产要素所有权分配。这种观点是建立在劳动价值论基础上的：价值是惟一地由劳动创造的，但价值的分配则是由所有权决定的。"[3] 可以看出，以上观点都认为马克思的劳动价值论是按生产要素分配的理论依据。由此需要厘清劳动价值论的产生条件、价值源泉、主要内容与按劳分配理论的提出、目的以及适用界限的关系。

首先，上述看法的症结在于把价值的创造与价值的实现相互混

1 晏智杰：《关于按生产要素分配的理论依据问题——兼评一种观点》，《吉首大学学报》（社会科学版），2001 年第 1 期，第 1—3、14 页。

2 董德刚：《从单一要素价值论到系统价值论》，《研究生教育》2005 年第 2 期。

3 蔡继明：《从按劳分配到按生产要素贡献分配——中国改革开放 30 年收入分配制度演变与分配理论创新》，《政治经济学评论》2008 年第 2 期，第 2、84—98 页。

淆。在产品的生产中，非劳动生产要素构成产品的物质条件，并把凝结于自身的过去劳动（旧价值）转移到新产品。但是这种旧价值的转移仅仅是旧价值在新产品中的再现，不会有任何新的价值增加。只有活劳动才是价值的唯一源泉。上述观点认为资本等物的要素也可创造价值，并以此为由，论证按生产要素分配的合理性和充分性。显然，这不是马克思劳动价值论的真谛。

其次，上述观点的症结又在于把对价值创造的贡献与对资本增殖的贡献相互混淆。资本的增殖是指投资者除了收回预付资本外，还凭借资本所有权获得剩余价值或利润。这个增殖部分不是来源于资本自身，而是来源于劳动。对资本增殖的贡献，绝不等于对价值创造的贡献。把对资本的贡献当作对价值创造的贡献，并以此论证按要素分配的合理性，同样不符合马克思劳动价值理论的原意。

再次，上述观点的症结还在于把价值的生产和价值的分配相互混淆。价值生产问题讲的是收入分配对象的来源问题，而价值分配则讲的是按什么制度、什么方式进行分配的问题。在商品价值关系存在的情况下，无论实行何种分配方式，其分配的源泉都与劳动创造价值有关。但是，劳动价值理论并不是决定分配制度的理论依据。价值怎样分配所依据的是生产要素所有权的归属，而不是这些生产要素在“社会必要劳动”形成中起什么作用。[1]

最后，需要指出马克思的劳动价值论是属于价值创造的范畴，它主要证明了劳动是商品价值创造的唯一源泉，为剩余价值理论的发现奠定了基础，进而揭示了资本家无偿占有工人剩余价值的剥削秘密，

1　智士才：《科学理解马克思的按劳分配思想》，《行政管理改革》2011 年第 9 期，第 56—60 页。

让无产阶级清晰地看清了资产阶级的丑陋劣行和其存在与消亡的历史必然性；按生产要素分配理论是属于价值分配（抑或是财富分配）的范畴，主要分配由劳动要素和资本、土地、技术、管理等非劳动要素共同创造的使用价值，但这并非意味着它们共同创造了价值，更不能由此否定劳动仍是商品价值的唯一源泉。正如马克思在《哥达纲领批判》中指出："劳动不是一切财富的源泉。自然界和劳动一样也是使用价值（而物质财富本来就是由使用价值构成的）的源泉，劳动本身不过是一种自然力，即人的劳动力的表现。"[1]由此看出，马克思在强调劳动是价值的源泉时，也肯定了其他生产要素对物质财富构成的重要作用。因此，通过以上分析，劳动价值论不能被看成按生产要素分配的理论依据，但是可为我国实行"按劳分配为主体、多种分配方式并存"的分配制度改革提供理论借鉴。

（四）马克思劳动价值论应包含生产要素的成分

有观点指出："分配制度的改革依据应是对劳动价值论的认识深化。持此意见的人也许不否认资本和技术以及经营管理的作用，有学者甚至还承认劳动价值论不够用了，但又坚持认为，应当也只能在坚持劳动价值论的范围内，通过对这种理论的深化来解决问题，具体做法就是将上述各种要素纳入'劳动'概念之内，将价值源泉的内涵和外延加以扩大，从而得出'扩大和深化'的劳动价值论。"[2]这样的观点是想尝试解决分配制度改革的难题，但却在社会主义与市场经济结合的利益分配设想中，违背了马克思劳动价值论的原本含义，使理论的

1　马克思、恩格斯：《马克思恩格斯文集》第3卷，人民出版社2009年版，第428页。

2　晏智杰：《如何认识深化分配制度改革的理论基础》，《理论视野》2001年第4期，第16—20页。

进一步发展方向出现了偏差。

一方面，从理论层面来看，马克思的劳动价值论是建立在商品二重性和劳动二重性基础之上的产物，主要探讨商品经济中有关劳动与价值之类的问题。为此，需要厘清“价值”“使用价值”“交换价值”等基础概念。正如马克思所指出，“一切劳动，一方面是人类劳动力在生理学意义上的耗费；就相同的或抽象的人类劳动这个属性来说，它形成商品价值。一切劳动，另一方面是人类劳动力在特殊的有一定目的的形式上的耗费；就具体的有用的劳动这个属性来说，它生产使用价值”[1]，“使用价值同时又是交换价值的物质承担者。交换价值首先表现为一种使用价值同另一种使用价值相交换的量的关系或比例”[2]。

再结合马克思的相关论述来看，商品价值是由抽象劳动来决定的，商品使用价值是由具体劳动力以及生产各要素的有用性来决定的，并且在商品经济运行的交换过程中，使用价值是交换价值的表现形式和前提条件，但商品交换价值的最终实现和实质替换是价值。由此可见，虽然生产要素在使用价值层面有所贡献，但却不能，也不可能参与价值的生产，而价值交换才是马克思意义上的真正交换，也是马克思劳动价值论所指的最初原意。

另一方面，从历史实践来看，有人试图通过扩大劳动概念来缓解劳动价值论运用于商品经济的困境问题，但最终还是以失败告终。世人熟知的古典政治经济学家李嘉图就是这样，他的劳动价值理论相比斯密而言是彻底的，但却在商品经济下的劳动与资本相交换的关系

1　马克思、恩格斯：《马克思恩格斯文集》第5卷，人民出版社2009年版，第60页。
2　马克思、恩格斯：《马克思恩格斯文集》第5卷，人民出版社2009年版，第49页。

中，对解决利润为何出现的问题犯了糊涂。李嘉图认为，雇佣劳动与资本按等价原则进行交换，资本家不可能获得剩余价值；但实际情况正好相反，这种交换的结果，资本家获得了剩余价值。李嘉图最后只有放弃自己的劳动价值原理，将价值由劳动决定，改写为劳动和资本决定商品价值，虽然扩大了劳动的原有概念，最终导致其劳动价值理论的彻底破产。而后，马克思在批判继承李嘉图劳动价值基础上创建出了科学劳动价值论。因此，纵然时空不同，但前车之鉴的历史教训不应置若罔闻，不能随意对马克思的劳动价值论进行原意篡改，而是必须在马克思主义原有旨意的基础上，结合时代变化，推动理论向前发展。

（五）按生产要素分配包含了按劳分配

有观点指出："按劳分配的'劳'指劳动力，也即按劳分配就是按劳动力价值分配，或者说在市场条件下，按劳分配中的'劳'与按生产要素分配中的'劳'是一致的，按劳分配包含在按要素分配之中，按劳分配只是按生产要素分配的一个组成部分。"[1] 与此观点相似，有人认为："按劳分配是按劳动力要素进行分配，而劳动力要素是生产要素的一种形式，故按劳分配是按生产要素分配的一种形式。"[2]除此之外，还有人认为："只要是商品经济、市场经济，劳动者的'劳动所得'就只能是按劳动力要素分配的收入。"[3] 上述观点主要是把按劳分配和按生产要素分配中的分配概念含义，进而将两种分配制度中不同的"劳"简单地等同。

1 王振中：《市场经济的分配理论研究》，社会科学文献出版社 2004 年版。

2 邹升平：《按劳分配理论认识误区释读》，《商业经济研究》2013 年第 22 期，第 12—14 页。

3 邹升平：《按劳分配理论认识误区释读》，《商业经济研究》2013 年第 22 期，第 12—14 页。

一方面，按劳分配与按生产要素分配的适用前提与范围覆盖有所区别。分配制度是生产方式的产物，同时也体现着一定历史阶段的生产力水平，适应着各自所在生产力发展的趋势。两种分配方式是不同生产方式的产物，体现着两种不同的生产关系。按劳分配与社会主义联系紧密，是以公有制为基础的社会主义分配制度；按生产要素分配与资本主义联系密切，是以私有制为基础的资本主义分配制度。两种分配制度生成的经济条件、所有制结构不同，因此适用的社会制度及其生产力程度势必不尽相同。所以，两种分配制度最多可能并存于同一种社会经济制度之中，但是却一定不会存在包含以及从属之类的关系。

另一方面，按劳分配中的“劳”与按生产要素分配中的“劳”是不同等的。按劳分配中的“劳”指的是劳动量，即是“每一个生产者，在作了各项扣除以后，从社会领回的，正好是他给予社会的。他给予社会的，就是他个人的劳动量”[1]。按生产要素分配中的“劳”指的是劳动力，即是“一个人的身体即活的人体中存在的、每当他生产某种使用价值时就运用的体力和智力的总和”[2]。如上所述，按劳分配是在公有制经济基础上进行的，一切生产资料都是国家所有，人们的劳动成了分配的唯一依据，个人活劳动的劳动量成了社会分配的依据标准，并且需要注意，由于不存在私人占有生产资料，这里的劳动分配也就没有剥削性质；按生产要素分配是在私有制经济基础上进行的分配方式，其中涉及的劳动力分配，就是按劳动力要素进行分配。在资本主义私有制条件下，劳动者由于一无所有，只有出卖自己的劳动力以求得生

1　马克思、恩格斯:《马克思恩格斯文集》第 3 卷，人民出版社 2009 年版，第 434 页。

2　马克思、恩格斯:《马克思恩格斯文集》第 5 卷，人民出版社 2009 年版，第 195 页。

计，因此劳动力是作为商品参与资本家的商品生产的，劳动者的工资就是出卖劳动力商品而获得的资本家给予的一种货币价值形式，其实质是一种劳动力价值的体现和补偿，因此必然带有剩余价值被无偿占有的剥削性质。可以说这并不是一种真正意义上的分配，就像生产资料被消耗后予以再生产的补偿一样。如此，认为按生产要素分配包含了按劳分配的论述观点是不正确的。

（六）按劳分配和市场经济无法兼容

有观点指出："商品经济条件下，劳动衡量尺度存在差异，货币工资收入与劳动量之间难以等同，按劳分配原则与商品经济过程、价值规律及现代企业制度之间存在不相融性。此外，我国现阶段的分配实际，已越来越多地采取按要素分配的方式，而非采取马克思所设想的按劳分配理想方式。"[1] 与此类似的观点认为："现实社会主义社会的生产力水平无法到达马克思所设想的未来社会的状况，因而在市场条件下按劳分配的理论根本无法实现，按劳分配理论与市场经济存在根本矛盾，中国要发展市场经济，在分配领域只能有按生产要素分配方式。"[2] 上述观点，主要是对按劳分配的内在本质与适用范围形成了一定程度的误解，同时对市场经济的经济方法和经济形式认识不全面，进而得出了按劳分配和市场经济无法兼容的错误结论。

一方面，就按劳分配而言，不能把按劳分配的特定实现形式当成了按劳分配的内在本质，同时又把按劳分配的特定实现条件当成了按劳分配的现实适用范围。马克思按劳分配理论的设想，是从高度

1 和军：《社会主义市场经济条件下能否实现按劳分配》，《求实》2012 年第 8 期，第 36—40 页。

2 邹升平：《按劳分配理论认识误区释读》，《商业经济研究》2013 年第 22 期，第 12—14 页。

发展的资本主义消亡出发的，其生产关系越来越不适应生产力的水平发展，社会大生产越来越要求生产资料的公有制实现形式，商品经济开始让渡于产品经济，全社会逐渐实行统一，有计划地组织生产，市场经济下的商品交换关系不复存在，劳动者的劳动也成了社会总劳动的一部分，这就使得社会产品的分配只有通过按劳分配来实现。这是马克思按劳分配理想状态下的特定实现形式，但科学审视按劳分配理论，不仅要注重按劳分配的实现形式，而且还要挖掘按劳分配的内容与本质，做到两者的有机统一。

众所周知，社会主义制度建立，在分配上必然要求贯彻和落实按劳分配，表明公有制经济产生了按劳分配的内在必然性。但如果公有制的实现形式不同、所占比例不同（例如混合所有制），按劳分配的实现形式就应该相应发生调整。如此，按劳分配的内在本质与公有制密切相关，但实现形式并非单一特定，适用范围也非永恒固定不变。所以，在社会主义市场经济体制下，不能将按劳分配与多种分配方式并存对立起来，按劳分配为主体并否定多种分配方式同时并存，不能够因其与马克思设想的社会所有制不同，就否定按劳分配现实适用范围的可行性，忽视按劳分配的真正本质。

另一方面，就市场经济而言，不能将市场经济体制中公有制下按劳分配与私有制下劳动、工资、价值规律及其相关概念简单等同，认为市场经济下的按劳分配与按生产要素分配是非此即彼、不可并存的关系。市场经济是作为一种社会经济发展方法和形式而存在的，本身并不具有任何社会制度属性，因此市场经济条件下可以同时存在多种所有制结构，相应的也就可以存在多种分配方式。既然市场经济中的生产资料存在公有经济和非公有经济，那么按劳分配与按生产要素分配就不再是非此即彼的关系。此外，公有制基础上的按劳分配在市场经济条件下，实现的过程、方法、手段比较复杂，也容易与按劳动力要素分配的方式相混淆，使得人们将企业中的个体劳动量误认为未经市场交换的社会一般标准下的劳动量，将市场交换的价值规律与按劳分配的等量规律相提并论，将市场经济的货币工资误认为按劳分配的劳动券，等等。因此，在社会主义市场经济体制下，只要存在公有制经济，必然内在要求体现按劳分配，所以按劳分配与市场经济不存在根本矛盾。

（七）按劳分配是未来而非现在的分配方式

有观点认为："马克思按劳分配需要具备两个基本条件，一是生产资料的公有制，二是不存在商品经济和市场交换的关系，因此，按劳分配在我国社会主义的现阶段只是一种趋势。"[1]与之相仿的观点，也一致认为："马克思按劳分配设想所要求的'单一的公有制''产品经济''计划经济''高度发展的生产力水平'等条件现阶段并不具备。'按劳分配'只是社会主义社会分配方式的一种发展趋势，并不能真正运用于社会主义市场经济的实践之中。"[2]上述观点表述，主要是将马克思按劳分配的实现条件与现今社会的实际情况进行比较分析，故而必然得出按劳分配是未来而非现在的结论。

首先，将"单一公有制""计划经济"等共同要素作为按劳分配的判断标准，既不符合马克思按劳分配的原意，也不符合社会主义初级

1 许成安、王家新：《按劳分配：现实还是趋势——兼评关柏春和姚家祥两先生的学术争论》，《经济评论》2007年第1期，第8—12、20页。

2 和军：《社会主义市场经济条件下能否实现按劳分配》，《求实》2012年第8期，第36—40页。

阶段的实际情况。马克思在《哥达纲领批判》中对此指出:“在一个集体的、以生产资料公有为基础的社会中,生产者不交换自己的产品;用在产品上的劳动,在这里也不表现为这些产品的价值,不表现为这些产品所具有的某种物的属性,因为这时,同资本主义相反,个人的劳动不再经过迂回曲折的道路,而是直接作为总劳动的组成部分存在着。”[1]可见,判断是否实行按劳分配,关键在于是否存在生产资料公有制,而不是商品货币关系等其他因素。并且,在社会主义初级阶段发展中,是存在商品货币关系的,这时也存在按劳分配,所以商品货币关系不是按劳分配的基础和前提,只是影响按劳分配的具体形式。

其次,社会主义市场经济已经实行按劳分配,只是与马克思按劳分配设想相比,呈现出不一样的特点。一是劳动量的计算尺度不同。马克思所设想的社会,个体劳动者的劳动直接表现为社会总劳动的一部分;在社会主义市场经济体制中,个体劳动者的劳动不能直接转换为社会劳动,而是必须经过市场交换,劳动量的衡量尺度也由劳动时间变成实现后的商品交换价值。二是劳动者收入的实现形式不同。马克思所设想的社会,是劳动者直接领取劳动券;在社会主义市场经济体制中,劳动者的收入是借助货币工资来实现,这里的工资受供求关系、市场竞争等因素影响,所以收入的实际所得,并不一定等同于按“劳”所得。三是按劳分配的范围不同。马克思所设想的社会,是整个社会都按照统一的标准直接分配给劳动者;在社会主义市场经济体制中,劳动者的劳动所得需要经济组织先通过市场交换实现价值,然后通过经济组织内部进行按劳分配,因此这种分配范围不是全社会的,

1 马克思、恩格斯:《马克思恩格斯文集》第 3 卷,人民出版社 2009 年版,第 433—434 页。

不同单位甚至不同地区存在按劳分配的量不同。

最后，按劳分配的本质与生产资料公有制的内在品质相一致，都是强调全民占有，消灭剥削，追求收入公平。邓小平指出："社会主义的本质，是解放生产力，发展生产力，消灭剥削，消除两极分化，最终达到共同富裕。"[1] 如此看来，社会主义发展目标和按劳分配都是在向着马克思所设想的美好愿景努力，它们运动发展的过程及其形成的阶段形式，都是属于这一理论整体性范畴的。也就是说，按劳分配与社会主义运动一样，不仅是指向未来的，而且是属于现在的。中国特色社会主义按劳分配制度的成功实践，就是对此最好的实践证明。

（八）按劳分配理论研究的引申：新问题与新挑战

在全面和翔实厘清按劳分配理论中的多种认识和观点后，也应该正视按劳分配理论面临的新情况、新问题和新挑战，特别是数字经济时代来临，按劳分配理论研究必须对智能劳动和数字劳动予以高度关注和重视，以增强理论的科学性与解释力。

其一，关于智能劳动现象背后问题的讨论。诸如，智能劳动的存在是否颠覆了马克思劳动价值论？智能劳动是否创造了价值？如何正确理解智能劳动及其对劳动价值论的意义？等等。学界对这一主题及其延伸议题众说纷纭，有学者指出，"智能劳动是具有智能劳动技能的劳动者和生产资料的结合，是创造价值的劳动，具有劳动创造价值的一般性"[2]，"人工智能作为生产要素在产品生产过程中与其他要素共同

1　邓小平：《邓小平文选》第 3 卷，人民出版社 2001 年版，第 373 页。

2　何玉长、宗素娟：《人工智能、智能经济与智能劳动价值——基于马克思劳动价值论的思考》，《毛泽东邓小平理论研究》2017 年第 10 期，第 36—43、107 页。

创造价值”[1]；其他的讨论观点有，“人工智能不等于机器，人工智能在生产领域不创造价值和剩余价值，但却在服务领域创造价值和剩余价值”[2]。那么，究竟应该如何科学认识此类问题呢？现在来看，要科学回答这些问题，也只有回到马克思的劳动价值论。《资本论》指出：“像不变资本的任何其他组成部分一样，机器不创造创值，但它把自身的价值转移到由它的服务所生产的产品上。”[3]可见，机器代替并简化了人的劳动，但机器本身是人创造的。机器只能实现价值增殖但不能实现价值创造。就智能劳动讨论而言，人还是智能劳动的主体，智能劳动是人利用智能技术从事产品生产的过程。

虽然智能劳动时代与马克思劳动价值论的劳动时代相比发生了较大变化，但是从马克思劳动价值论出发审视智能劳动现象，仍然符合马克思劳动价值论的适用范围，智能劳动仍然属于马克思关于劳动的定义范畴。但是，需要注意的是，智能劳动的价值源泉只能是活劳动，是一般意义上的抽象劳动，而不是智能技术、智能机器等。同时，智能劳动遵循马克思的劳动价值量决定理论，它不是单一的简单劳动的简单叠加，而是极富更大创造性的复杂劳动，能够在单位时间内生产更大的价值量。由此，厘清关于智能劳动的核心要点，对于马克思劳动价值论，以及按劳分配理论的创新与发展具有重要意义。

其二，关于数字劳动现象背后问题的讨论。数字劳动的概念是什

1　何玉长、方坤：《人工智能与实体经济融合的理论阐释》，《学术月刊》2018 年第 5 期，第 56—67 页。

2　王阁：《剩余价值理论框架下关于人工智能普遍发展与应用的分析》，《甘肃理论学刊》2018 年第 1 期，第 65—69 页。

3　马克思、恩格斯：《马克思恩格斯文集》第 5 卷，人民出版社 2009 年版，第 444 页。

么？数字劳动是否创造价值？如何正确理解数字劳动与马克思劳动价值论的关系？这是数字经济发展带来的时代之问。现在数字经济的研究方兴未艾，正在成为政治经济学研究的热点议题，也呈现出众多不同学术观点的争鸣，比如，“数字劳动是一种数字化、网络化的非物质劳动形态；在资本主义社会中，数字劳动的劳动产品是创造剩余价值的来源”[1]，“具体表现为三种主要形态：社交平台的无酬劳动、网约平台的线上劳动、网络平台的微劳动”[2]；也有学者认为“数字劳动是智力成果凭借数据信息而形成的无形资产，具体形式有无酬数字劳动、互联网产业专业劳动、受众劳动和玩乐劳动”[3]，但是，“从物质属性和劳动本性来看，数字劳动仍属于马克思劳动的范畴，并未超出马克思政治经济学研究对象的界限”[4]。

马克思在《资本论》中指出：“从资本主义生产过程的观点出发，生产劳动是直接使资本增殖价值的劳动或生产剩余价值的劳动。”[5] 如此，在数字劳动的生产过程中，那些雇佣劳动之外的无酬数字劳动并没有与数字资本发生交换关系，属于非生产性劳动，不存在创造价值和生产剩余价值，但一定程度会加速价值的实现；而其他形式的数字劳动，由于耗费的一定量的数字劳动时间获得了数字资本家提供的价

1 孔令全、黄再胜：《马克思劳动价值论之数字经济时代拓展——西方资本主义社会数字劳动价值创造研究》，《广东行政学院学报》2018 年第 2 期，第 14—21 页。

2 黄再胜：《数字劳动与马克思劳动价值论的当代拓展》，《中国社会科学报》2017 年 4 月 27 日第 4 版。

3 吴欢、卢黎歌：《数字劳动与大数据社会条件下马克思劳动价值论的继承与创新》，《学术论坛》2016 年第 12 期，第 7—11 页。

4 孟飞、程榕：《如何理解数字劳动、数字剥削、数字资本？——当代数字资本主义的马克思主义政治经济学批判》，《教学与研究》2021 年第 1 期，第 67—80 页。

5 马克思、恩格斯：《马克思恩格斯文集》第 8 卷，人民出版社 2009 年版，第 520 页。

值报酬，一般劳动力也与资本发生了交换，生产了剩余价值，实现了资本增殖，故这类数字劳动属于生产性劳动，其抽象劳动能够创造价值。可见，有关数字劳动概念、特点、形式等观点讨论，丰富和发展了马克思劳动价值论的内涵，同时对发展马克思按劳分配理论来说，也具有十分重要的理论意义。

三、马克思按劳分配理论在我国的发展创新

收入分配制度是一个国家经济社会体制中具有根本性和基础性的一项制度安排。新中国成立 70 多年来，历届党中央领导集体都将按劳分配问题作为其重要关切点，不断推进按劳分配的理论研究和实践探索，推进了马克思按劳分配理论中国化时代化发展。我国收入分配制度经历了从计划经济时期高度平均的分配制度到按劳分配为主、多种分配方式并存的收入分配制度。马克思按劳分配理论在中国的实践进程大致可分为两大时期，每一时期的按劳分配的理论研究和实践发展都是当时特定生产力水平与生产方式的产物，极具时代特色性。

第一时期为改革开放以前（1949—1977 年）。因当时生产力水平低、生产资料公有制和计划经济等发展条件限制，形成了以集中化、均等化为时代特征的分配制度，其对按劳分配发展的历史经验和实践教训，值得进一步借鉴和反思。

第二时期为改革开放以后（1978 年至今）。这一时期伴随着改革开放的深入推进，实现由计划经济体制转变到社会主义市场体制的巨大飞跃，形成了公有制为主体、多种所有制经济共同发展，按劳分配

为主体、多种分配方式并存的分配格局，生产力水平发展更快更高，按劳分配理论研究不断实现创新和突破，不断完善和形成了中国特色社会主义按劳分配理论，成功开辟了当代中国马克思主义政治经济学的新境界。

（一）社会主义建设初期按劳分配的实践探索

新中国成立后，毛泽东在探索中国特色社会主义的发展过程中，坚持和发展了马克思设想的按劳分配理论，并结合中国经济发展的实际状况，提出建立各尽所能、按劳动者劳动的质量和数量获取报酬的按劳分配体制。

在社会主义建设时期，毛泽东对马克思按劳分配理论给予了肯定性赞同。1958 年 12 月，毛泽东在《关于人民公社若干问题的决议》中指出："共产主义社会中的按需分配，需要在社会生产力达到一定水平、社会产品极大丰富的基础下才会实现"，"没有达到这一条件就否定按劳分配原则，会降低劳动者的积极性，不利于生产发展、社会产品增加，进而会妨碍共产主义的实现"。[1] 与此同时，毛泽东敏锐地发现了按劳分配在当时历史条件下存在的弊端，如劳动分配在形式上是平等的，但其结果和实质而言，却是不平等的。对此，马克思曾指出："平等的权利按照原则仍然是资产阶级权利"[2]，"这种平等的权利，对不同等的劳动来说是不平等的权利……但是这些弊端，在经过长久阵痛刚刚从资本主义社会产生出来的共产主义社会第一阶段，是不可避免

1 中央档案馆、中共中央文献研究室编：《中共中央文件选集》第 29 册，人民出版社 2013 年版，第 304 页。

2 马克思、恩格斯：《马克思恩格斯文集》第 3 卷，人民出版社 2009 年版，第 434 页。

的”[1]。正是基于这种考虑，毛泽东开始考虑废除工资制，恢复供给制。[2]在1960年9月发布的《中共中央转发国家计委党组、劳动部党组〈关于当前劳动力安排和职工工资问题的报告〉的指示》中，明确指出3—5年内职工工资标准不提高，降低17级以上领导干部工资标准，计件工资制也被逐渐取消，这一政策的初衷就是为了贯彻毛泽东按劳分配思想，缩小上下级工资之间的差距和城乡生活水平之间的差距。[3]

而后，毛泽东强调在坚持按劳分配的原则下，提出要反对平均主义，承认劳动者能力有差别，收入有差距，但要防止劳动者收入差距过大的现象发生。1959年2月，毛泽东在郑州会议上指出：“我们必须首先检查和纠正自己的两种倾向，即平均主义倾向和过分集中倾向。所谓平均主义倾向，即是否认各个生产队和各个个人的收入应当有所差别，而否认这种差别，就是否认按劳分配、多劳多得的社会主义原则。”[4]1960年11月，毛泽东针对当时较为流行的“共产风”现象，进行了反思与整顿，要求全党大兴调查研究之风，并发出指示要各地下定决心纠正这股歪风邪气，“永远不许一平二调”[5]。毛泽东深知平均主义的危害之大，但同时也辩证认识到，对平均主义的反对必须有个限度，他指出：“反对平均主义是正确的，但反对过了头，就会产生个人主义。过分悬殊也是不正确的，我们既要反对平均主义，又要反对过分

1　马克思、恩格斯：《马克思恩格斯文集》第3卷，人民出版社2009年版，第435页。

2　顾龙生：《毛泽东经济年谱》，中共中央党校出版社1993年版，第427页。

3　魏众、王琼：《按劳分配原则中国化的探索历程——经济思想史视角的分析》，《经济研究》2016年第11期，第4—12、69页。

4　毛泽东：《毛泽东文集》第8卷，人民出版社1999年版，第11页。

5　毛泽东：《毛泽东文集》第8卷，人民出版社1999年版，第220—223页。

悬殊。”[1]

总体来看，这一历史时期，平均主义占上风，按劳分配没有得到很好落实和推进，进而在社会主义建设中出现了一些偏差，影响了劳动者的积极性和主动性发挥。诸如“宁要社会主义的草，不要资本主义的苗”“干多干少一个样”“吃大锅饭”等平均主义现象严重，同时也从另一个侧面反映出按劳分配中的分配方式单一、均等化特征显著，导致劳动者激励不足、生产积极性不高，严重约束了社会生产力发展，造成共同落后、共同贫穷。这一历史过往，给社会主义经济建设留下了宝贵的经验教训：要发展社会主义经济，必须重视收入分配体制的改革。

（二）改革开放后对按劳分配理论的创新和发展

按劳分配是马克思主义经典作家所揭示的社会主义社会个人消费品的分配原则，也是社会主义发展的经济规律。党和政府在正确认识和处理好分配关系的问题上给予高度重视，一方面坚持按劳分配，反对“干好干坏一个样，干与不干一个样”的平均主义，正如邓小平所说，“我们坚持走社会主义道路，根本目标是实现共同富裕，然而平均发展是不可能的，过去搞平均主义，吃‘大锅饭’，实际上是共同落后，共同贫穷，我们就是吃了这个亏”[2]；另一方面坚持结合中国实际情况，提出“允许一部分人或一部分地区通过诚实劳动和合法经营先富起来，先富起来的带动后富的，最终达到共同富裕”[3]。

改革开放前，特别是“文革”时期，人民思想禁锢、体制不完善、

1 毛泽东：《毛泽东文集》第8卷，人民出版社1999年版，第130页。

2 邓小平：《邓小平文选》第3卷，人民出版社2001年版，第155页。

3 江泽民：《江泽民文选》第2卷，人民出版社2006年版，第17—22页。

国家经济困难，一些地区出现了较为严重的自然灾害和吃饭问题。同时，这也从侧面暴露出那时的生产关系已经严重影响到了社会生产力的发展，民间要求改革的声音也十分高涨。于是，一些发展相对较为困难的安徽凤阳、浙江温州等地，不再“等、靠、要”，积极主动寻求发展出路，寻找改革的突破口。改革开放就此拉开了序幕，一大批改革的弄潮儿涌现出来。分配制度也相应随时代变迁发生着深刻变化，出现了一大批先富的地区和先富的群体，展示出改革开放的先富效应。

自改革开放以来，中国特色社会主义按劳分配理论创新与实践探索历程，大致可以分为中国特色社会主义按劳分配体制的初步形成、进步发展、逐步完善和日渐成熟四个阶段。

1. 中国特色社会主义按劳分配体制的初步形成期：从党的十一届三中全会到党的十三大时期

改革开放以来，在马克思按劳分配理论的指导下，我们党结合中国经济发展实际，开始逐渐探索具有中国特色社会主义按劳分配体制。值得一提的是，“实践是检验真理的唯一标准”的大讨论掀起了席卷中国的真理标准问题大讨论，拉开了思想大解放的序幕，改革开放春潮由此涌动，党和国家开始出现酝酿对外开放和对各方面体制进行改革的新局面。

一是以十一届三中全会为标志，农村收入分配制度改革先行一步。针对农村平均主义分配方式造成劳动者缺乏积极性、生产力发展缓慢的状况，中国共产党决定首先以农村为突破口，落实按劳分配原则，克服平均主义。1978 年 3 月 28 日，邓小平同国务院政治研究室负责人谈话时指出，我们一定要坚持按劳分配的社会主义原则。按劳分配就是按劳动的数量和质量进行分配。精神鼓励是必要的，但物质鼓励也不能缺少，奖金制度要恢复。总的是为了一个目的，就是鼓励大家上进。[1]1978 年 12 月召开的党的十一届三中全会，是新中国成立以来中国历史上具有深远影响的重大转折。党的十一届三中全会公报指出："公社各级经济组织必须认真执行按劳分配的社会主义原则，按照劳动的数量和质量计算报酬，克服平均主义。"[2]

二是以十二届三中全会为标志，城市分配制度改革稳步推进。1982 年党的十二大报告指出："许多方面的经济效益还很差……其原因除了某些不可比的客观因素以外，主要是过去'左'倾错误所导致的企业盲目发展、经济结构不合理、经济管理体制和分配制度有缺陷、经营管理混乱和生产技术落后。"[3]1984 年 10 月召开的党的十二届三中全会，提出经济体制改革的重点要从农村转向城市，加快以城市为重点的全面经济体制改革。收入分配制度的改革重点转向城市，提出要建立多种形式的经济责任制，认真贯彻按劳分配原则，经济责任制的基本原则是：责、权、利相结合，国家、集体、个人利益相统一，职工劳动所得同劳动效果相联系。这一阶段的主要成就是在城市特别是国有企业中恢复了按劳分配原则，在收入分配中引入和体现效率机制。家庭联产承包责任制作为农村收入分配制度改革的创举，确立了后来农村收入分配的基本框架，迈出了收入分配制度改革的坚实步伐，改

1 邓小平：《邓小平文选》第 2 卷，人民出版社 1994 年版，第 101 页。

2 《中国共产党第十一届中央委员会第三次全体会议公报》，中国共产党新闻网，1978 年 12 月 22 日（2021 年 8 月 14 日），http://cpc.people.com.cn/GB/64162/64168/64563/65371/4441902.html。

3 《全面开创社会主义现代化建设的新局面　胡耀邦在中国共产党第十二次全国代表大会上的报告》，中国共产党新闻网，1982 年 9 月 8 日（2021 年 8 月 15 日），http://cpc.people.com.cn/GB/64162/64168/64565/65448/4526430.html。

变了平均主义倾向，为此后的收入分配制度改革奠定了基础。

三是提出以按劳分配为主体、其他分配方式为补充原则。1987 年 10 月召开的党的十三大，全面阐述了社会主义初级阶段的理论，对按劳分配的原则进行了发展和完善。这次报告第一次提出了“以按劳分配为主体、其他分配方式为补充”的原则，明确了在社会主义初级阶段不可能只实行单一的分配方式，必须实行以按劳分配为主体的多种分配方式；而且对非劳动收入做了翔实阐述，只要是合法的，就应当允许；分配政策既要有利于善于经营的企业和诚实劳动的人先富起来，合理拉开差距，又要防止贫富悬殊，坚持共同富裕的方向。

党的十三大报告对此明确提出：“在所有制和分配上，社会主义社会并不要求纯而又纯，绝对平均。在初级阶段，尤其要在以公有制为主体的前提下发展多种经济成份，在以按劳分配为主体的前提下实行多种分配方式”，“社会主义初级阶段的分配方式不可能是单一的。我们必须坚持的原则是，以按劳分配为主体，其他分配方式为补充。除了按劳分配这种主要方式和个体劳动所得以外，企业发行债券筹集资金，就会出现凭债券取得利息；随着股份经济的产生，就会出现股份分红；企业经营者的收入中，包含部分风险补偿；私营企业雇用一定数量劳动力，会给企业主带来部分非劳动收入。以上这些收入，只要是合法的，就应当允许”。[1] 这一论述是按劳分配原则的重要发展，明确了劳动差异带来收入差异的原则，强调在按劳分配基础上，其他分配方式为补充，丰富和发展了马克思主义按劳分配理论的内涵。可

1 《沿着有中国特色的社会主义道路前进　赵紫阳在中国共产党第十三次全国代表大会上的报告》，中国共产党新闻网，1987 年 10 月 25 日（2021 年 8 月 15 日），http://cpc.people.com.cn/GB/64162/64168/64566/65447/4526368.html。

见，党的十三大在收入分配方面取得了许多重大理论突破，标志着中国特色社会主义分配理论已初步形成。

2. 中国特色社会主义分配制度理论的进步发展期：从党的十四大到党的十五大时期

一是重视分配中的公平问题。1992年党的十四大明确指出要建立社会主义市场经济体制，中国特色社会主义分配制度理论也在其时代实践之中继续向前发展。伴随着经济社会的转型发展，邓小平敏锐地看到："少数人获得那么多财富，大部分人没有，这样发展会出问题。分配不公，会导致两极分化，到一定时候问题就会出来。"[1] 由此，这一时期的分配政策呈现出新的转向，从单纯追求发展转到注重分配公平问题。党的十四大报告也指出："在分配制度上，以按劳分配为主体，其他分配方式为补充，兼顾效率与公平。运用包括市场在内的各种调节手段，既鼓励先进，促进效率，合理拉开收入差距，又防止两极分化，逐步实现共同富裕"[2]，"深化分配制度改革，要统筹兼顾国家、集体、个人三者利益，理顺国家与企业、中央与地方的分配关系，逐步实行利税分流和分税制"[3]。可见，解决好经济体制改革后出现的贫富差距问题已成为这一时期按劳分配中的重要问题。

二是确立以按劳分配为主体、多种分配方式并存制度。1993年11月，党的十四届三中全会在《关于建立社会主义市场经济体制若干问题的决定》中，对同社会主义市场经济体制相适应的个人收入分配制度做出了新的阐述，提出以下原则：第一，坚持以按劳分配为主体、多

1　冷溶：《邓小平年谱（1975—1997）（下）》，中央文献出版社2004年版，第1364页。

2　江泽民：《江泽民文选》第1卷，人民出版社2006年版，第227页。

3　江泽民：《江泽民文选》第1卷，人民出版社2006年版，第229页。

种分配方式并存的收入分配制度。这一原则明确了同社会主义市场经济体制相适应的个人收入分配制度，表明多种分配方式与按劳分配制度长期并存以制度的形式确定下来，而不再是按劳分配方式的一种补充形式。第二，强调个人收入分配要体现效率优先、兼顾公平的原则。这是党的文献中首次提出的在处理公平与效率关系问题上应坚持的原则，也成为指导收入分配体制改革的一条重要原则。第三，劳动者的个人报酬要引入竞争机制，打破平均主义，实行多劳多得，合理拉开差距。这一论述鼓励人们通过努力先富起来，参与社会竞争。第四，允许属于个人的资本等生产要素参与收益分配。这一论断是中国共产党探索生产要素参与分配的前奏，为确立生产要素参与分配的原则开辟了道路。总之，党的十四届三中全会在分配制度改革上有了更大的进展，确立了以按劳分配为主体、多种分配方式并存的分配制度，极大地丰富了马克思主义分配理论的思想宝库。

三是确立按劳分配与按生产要素分配相结合原则。1997 年 9 月，党的十五大报告专门阐述了完善分配结构和分配方式的问题，这次报告在分配制度改革方面的重大突破，就是解决了生产要素能不能按贡献参与收入分配的问题，明确提出把按劳分配和按生产要素分配结合起来。十五大报告在收入分配问题上也提出了一系列重要原则：第一，继续坚持按劳分配为主体、多种分配方式并存的分配制度；第二，首次提出把按劳分配和按生产要素分配结合起来，允许和鼓励资本、技术等生产要素参与收入分配。这次大会第一次把其他分配方式科学地概括为按生产要素分配，把长期被看作私有制和资本主义分配方式产物的资本等生产要素与社会主义的分配方式结合了起来，这是对社会主义传统分配理论的重大突破。十五大报告不仅首次把多种分配方式科学地概括为“按生产要素分配”，提出按劳分配与按生产要素分配相结合的原则，并对收入分配制度改革做了比较系统的阐述，这表明中国收入分配理论得到了不断的丰富，为收入分配制度的变革提供了重要的理论支撑，使中国收入分配制度的改革向前跨出了一大步。

3. 中国特色社会主义分配制度理论的逐步完善期：从党的十六大到党的十七大时期

一是确立了劳动、资本、技术和管理等生产要素按贡献参与分配的原则，完善按劳分配为主体、多种分配方式并存的分配制度。这一原则是对党的十五大报告关于“把按劳分配和按生产要素分配相结合”原则的进一步发展，它不但明确了资本、技术和管理等其他生产要素能和劳动一样参与收入分配，还更明确地指出了各种生产要素按何种方式参与收入分配。这一原则是分配理论上的一次全新突破，更具有科学性和可操作性，不但明确了劳动、资本、技术和管理等生产要素都是创造社会财富的源泉，还明确了它们贡献的大小是进行收入分配的依据。

二是坚持效率优先，兼顾公平，既要反对平均主义，又要防止收入悬殊。党的十六大报告明确了在收入分配上如何体现“效率和公平”，充分体现了收入分配政策思想。强调初次分配注重效率，发挥市场的作用，鼓励一部分人通过诚实劳动、合法经营先富起来。再分配注重公平，加强政府对收入分配的调节职能，调节差距过大的收入。

三是明确提出一切合法的劳动收入和合法的非劳动收入都应该得到保护。非劳动收入，是指通过劳动以外的其他途径取得的收入。从现有文献来看，这是中国第一次公开保护“合法的非劳动收入”。

四是以共同富裕为目标，扩大中等收入者的比重，提高低收入者收入水平。在对有关收入分配问题的阐述中，这一提法颇有新意，又具有重要的意义。它说明了今后中国要形成的收入分配新格局努力方向，即中等收入者占人口的大多数，是符合社会主义本质要求的。与此同时，提出建立健全同经济发展水平相适应的社会保障体系，要完善城镇职工基本养老保险制度、基本医疗保险制度，健全失业保险制度和城市居民最低生活保障制度。由此可见，十六大强调注重民生，着力解决低收入问题，提出建立健全社会保障体系，为收入分配制度的不断完善和建立和健全社会保障工作指明了方向。

2007 年党的十七大报告再进一步指出："要坚持和完善按劳分配为主体、多种分配方式并存的分配制度，健全劳动、资本、技术、管理等生产要素按贡献参与分配的制度，初次分配和再次分配都要处理好效率和公平的关系，再分配更加注重公平。逐步提高居民收入在国民收入分配中的比重，提高劳动报酬在初次分配中的比重。创造条件让更多群众拥有财产性收入。"[1]

由此可见，党的十七大报告关于分配制度理论有了一些新发展：第一，对按劳分配为主体、多种分配方式并存的分配制度，从"坚持"到"完善"，再到"坚持和完善"，通过否定之否定辩证思维的规律探寻，表明对这一分配制度实现了新发展，需要新的坚持和完善；第二，生产要素按贡献参与分配的制度，从"确立"到"健全"，说明生产要素分配方式在社会主义市场经济发展中已经初步确立，现在需要对出现的新情况、问题不断在理论上充实和完善；第三，从"初次分配注重效率"到"初次分配和再次分配都要处理好效率和公平的关系"，从

1　胡锦涛：《胡锦涛文选》第 2 卷，人民出版社 2016 年版，第 643 页。

“再分配注重公平”到“再分配更加注重公平”，表明愈发重视分配制度改革中的效率与公平；第四，首次提出两个“逐步提高”，表明政府想让居民的收入增长率与经济增长率以合理的比例同增长，减轻劳动收入的社会扣除负担，让人民共享改革发展成果；第五，首次提出创造条件让更多群众拥有财产性收入，表明政府对财产性收入的支持态度，让更多人获得改革红利，促进社会公平。

总的来说，这一时期分配制度理论的创新发展强调要在坚持原有分配方式基础上，更加注重解决分配产生的效率与公平兼顾问题，表明中国特色社会主义分配制度理论的逐渐完善。

4. 中国特色社会主义分配制度理论的日渐成熟期：从党的十八大到党的二十大时期

中国特色社会主义进入新时代，中国特色社会主义分配制度理论也日渐成熟和完善。2012 年党的十八大报告指出：“要完善按劳分配为主体、多种分配方式并存的分配制度”[1]，“深化收入分配体制改革，努力实现居民收入增长和经济发展同步，劳动报酬增长和劳动生产率增长同步，提高居民收入在国民收入分配中的比重，提高劳动报酬在初次分配中的比重。初次分配和再分配都要兼顾效率与公平，再分配更加注重公平。完善劳动、资本、技术、管理等要素按贡献参与分配的初次分配制度，加快健全以税收、社会保障、转移支付为主要手段的再分配调节机制。多渠道增加居民财产性收入”[2]。可以看出，进入新时代的分配制度，内容更加丰富、体系更加完整。首次增加了“两个同步”，首次明晰了“初次分配制度”和“再分配调节机制”，更加注重

1 胡锦涛：《胡锦涛文选》第 3 卷，人民出版社 2016 年版，第 627 页。

2 胡锦涛：《胡锦涛文选》第 3 卷，人民出版社 2016 年版，第 642 页。

居民财产性收入的获得，强调分配的公平问题，表明分配政策在推动形成合理有序、“中间大、两头小、分层次、不悬殊”的新时代分配格局，同时反映出政府从局部富裕到共同富裕的政策转向。

2017年党的十九大报告提出：“坚持按劳分配原则，完善按要素分配的体制机制，促进收入分配更合理、更有序。鼓励勤劳守法致富，扩大中等收入群体，增加低收入者收入，调节过高收入，取缔非法收入。坚持在经济增长的同时实现居民收入同步增长、在劳动生产率提高的同时实现劳动报酬同步提高。拓宽居民劳动收入和财产性收入渠道。履行好政府再分配调节职能，加快推进基本公共服务均等化，缩小收入分配差距。”[1]可以看出，党的十九大报告对效率与公平的关系做了创新性阐述，没有把效率与公平的关系作为分配制度内的关系，由于效率本身包括劳动效率、生产效率，是生产领域的范畴，分配领域讲的是公平不公平、合理不合理，不存在分配效率高低问题。生产重效率，分配重公平。报告强调促进收入分配更合理、更公平，鼓励勤劳守法致富，体现公平、促进效率。

2019年党的十九届四中全会《决定》指出：“公有制为主体、多种所有制经济共同发展，按劳分配为主体、多种分配方式并存，社会主义市场经济体制等社会主义基本经济制度，既体现了社会主义制度优越性，又同我国社会主义初级阶段社会生产力发展水平相适应，是党和人民的伟大创造。”[2]可见，这一政策文件表述不但将长时段以来按劳分配为主体、多种分配方式并存的分配制度纳入社会主义基本经济制

1 习近平：《习近平谈治国理政》第3卷，外文出版社2020年版，第45—46页。

2 《中国共产党第十九届中央委员会第四次全体会议公报》，求是网，2019年10月31日（2021年8月17日），http://www.qstheory.cn/yaowen/2019-10/31/c_1125178191.htm。

中国特色社会主义按劳分配理论发展与探索一览表

阶段	中国特色社会主义按劳分配理论发展与实践探索	
	时间	分配政策的主要内容与特征
初步形成期	党的十一届三中全会（1978）	改革开放首先改革分配体制，克服平均主义倾向，解决吃大锅饭问题，倡导按照劳动的数量和质量计算报酬。农村改革拉开序幕。
	党的十二大（1982）	改革从农村转入城市，加快以城市为重点的全面经济体制改革。收入分配制度的改革重点转向城市，提出要建立多种形式的经济责任制，认真贯彻按劳分配原则，经济责任制的基本原则是：责、权、利相结合，国家、集体、个人利益相统一，职工劳动所得同劳动效果相联系。
	党的十三大（1987）	第一次提出了以按劳分配为主体、其他分配方式为补充的原则，明确了在社会主义初级阶段不可能只实行单一的分配方式，必须实行以按劳分配为主体的多种分配方式。而且对非劳动收入做了翔实阐述，只要是合法的，就应当允许。
进步发展期	党的十四大（1992）	在分配制度上，以按劳分配为主体，其他分配方式为补充，兼顾效率与公平。运用包括市场在内的各种调节手段，既鼓励先进，促进效率，合理拉开收入差距，又防止两极分化，逐步实现共同富裕。
	党的十四届三中全会（1993）	个人收入分配要坚持以按劳分配为主体、多种分配方式并存的制度，体现效率优先、兼顾公平的原则；劳动者的个人劳动报酬要引入竞争机制；允许属于个人的资本等生产要素参与收益分配。
	党的十五大（1997）	坚持按劳分配为主体、多种分配方式并存的制度；把按劳分配和按生产要素分配结合起来，坚持效率优先、兼顾公平；允许和鼓励资本、技术等生产要素参与收益分配。

续表

阶　段	中国特色社会主义按劳分配理论发展与实践探索	
	时　间	分配政策的主要内容与特征
逐步完善期	党的十六大（2002）	确立劳动、资本、技术和管理等生产要素按贡献参与分配的原则；完善按劳分配为主体、多种分配方式并存的分配制度；坚持效率优先、兼顾公平；初次分配注重效率，再分配注重公平。
	党的十七大（2007）	要坚持和完善按劳分配为主体、多种分配方式并存的分配制度；健全劳动、资本、技术、管理等生产要素按贡献参与分配的制度；初次分配和再次分配都要处理好效率和公平的关系，再分配更加注重公平；逐步提高居民收入在国民收入分配中的比重，提高劳动报酬在初次分配中的比重；创造条件让更多群众拥有财产性收入。
日渐成熟期	党的十八大（2012）	要完善按劳分配为主体、多种分配方式并存的分配制度；深化收入分配体制改革，努力实现居民收入增长和经济发展同步，劳动报酬增长和劳动生产率增长同步，提高居民收入在国民收入分配中的比重，提高劳动报酬在初次分配中的比重；初次分配和再分配都要兼顾效率与公平，再分配更加注重公平；完善劳动、资本、技术、管理等要素按贡献参与分配的初次分配制度，加快健全以税收、社会保障、转移支付为主要手段的再分配调节机制；多渠道增加居民财产性收入。
	党的十九大（2017）	坚持按劳分配原则，完善按要素分配的体制机制，促进收入分配更合理、更有序；鼓励勤劳守法致富，扩大中等收入群体，增加低收入者收入，调节过高收入，取缔非法收入；坚持在经济增长的同时实现居民收入同步增长、在劳动生产率提高的同时实现劳动报酬同步提高；拓宽居民劳动收入和财产性收入渠道；履行好政府再分配调节职能，加快推进基本公共服务均等化，缩小收入分配差距。
	党的二十大（2022）	完善分配制度。分配制度是促进共同富裕的基础性制度。坚持按劳分配为主体、多种分配方式并存，构建初次分配、再分配、第三次分配协调配套的制度体系。

度范畴，而且对分配问题的理解更加充实和全面，对中国特色社会主义分配制度理论具有开创性和发展性的重大意义。将分配制度上升为基本经济制度，表明中国特色社会主义分配制度理论已日渐成熟、自成体系。

党的二十大明确提出完善分配制度。“分配制度是促进共同富裕的基础性制度。坚持按劳分配为主体、多种分配方式并存，构建初次分配、再分配、第三次分配协调配套的制度体系。努力提高居民收入在国民收入分配中的比重，提高劳动报酬在初次分配中的比重。坚持多劳多得，鼓励勤劳致富，促进机会公平，增加低收入者收入，扩大中等收入群体。完善按要素分配政策制度，探索多种渠道增加中低收入群众要素收入，多渠道增加城乡居民财产性收入。加大税收、社会保障、转移支付等的调节力度。完善个人所得税制度，规范收入分配秩序，规范财富积累机制，保护合法收入，调节过高收入，取缔非法收入。”[1]

四、在高质量发展中扎实推进共同富裕

共同富裕是中国特色社会主义的本质要求，也是中国式现代化的重要特征。以中国式现代化推进中华民族伟大复兴，归根结底是要让

1　习近平：《高举中国特色社会主义伟大旗帜　为全面建设社会主义现代化国家而团结奋斗——在中国共产党第二十次全国代表大会上的报告》，《求是》2022 年第 21 期。

人民群众过上更美好的生活，实现全体人民共同富裕。坚持把实现人民对美好生活的向往作为现代化建设的出发点和落脚点，着力促进全体人民共同富裕。但是实现共同富裕是一个长期历史过程，不能急于求成，要充分认识其长期性、艰巨性和复杂性。实现共同富裕，既不能无所作为，“等着天上掉馅饼”，也不能急躁冒进，“跑步进入共产主义”。没有坚实的物质技术基础，就不可能全面建成社会主义现代化强国，也不可能实现共同富裕。

目前，关于共同富裕话题的讨论正在成为关注的热点，但是也存在认识不清和认识片面的误区，例如片面认为共同富裕就是分配问题，甚至将重点放在第三次分配上，或者倡导学习北欧福利国家模式而进行共同富裕社会建设，等等。这些认识误区如不加以澄清和校正，会影响共同富裕的推进和实现。因此，有必要基于马克思主义政治经济学原理，从系统视角看待共同富裕的内涵特征，并提出扎实推进共同富裕的实现路径。

（一）共同富裕是一个总体概念

在全面建成小康社会，开启第二个百年奋斗目标的新发展阶段，共同富裕有着深刻的时代内涵。共同富裕是社会主义的内在本质要求，也是中国式现代化的重要特征。因此，必须着眼于全面建设社会主义现代化国家的根本要求来理解共同富裕的内涵。“小康社会”的全面建成意味着我国消除困扰几千年的绝对贫困问题，正在迈向社会主义现代化新征程。因此，扎实推进共同富裕，是提档升级、更高发展阶段的社会主义现代化建设，是在“全面小康社会”的基础上，建成具有中国特色的“共同富裕社会”。正如习近平总书记总结的，“像全面建成小康社会一样，全体人民共同富裕是一个总体概念，是对全社会而言的”[1]。

强调共同富裕是一个总体概念，是相对于两极分化而言，是着眼全局性、整体性的统筹推进；就富裕领域而言，共同富裕不是单一的经济发展概念，而是经济、政治、文化、社会和生态“五位一体”的全面跃升、整体有机辩证地推进。卢卡奇认为“总体范畴，整体对各个部分的全面的、决定性的统治地位”[2]，即对人类社会的整体性认识是马克思主义方法论的本质。习近平总书记强调：“人民美好生活需要日益广泛，不仅对物质文化生活提出了更高要求，而且在民主、法治、公平、正义、安全、环境等方面的要求日益增长。”[3]

新发展阶段扎实推进共同富裕的起止时间、阶段性目标与全面建设社会主义现代化国家的阶段性目标是对应的，即到2035年，基本实现社会主义现代化，全体人民共同富裕取得更为明显的实质性进展；到本世纪中叶，建成社会主义现代化强国，全体人民共同富裕基本实现。可见，中国建成社会主义现代化强国的过程就是总体上建成共同富裕社会的过程。因此，新发展阶段共同富裕是状态和过程的统一，不仅是居民消费和生活水平从“小康型”向“富裕型”的转变过程，更是一种与“全面小康社会”接续的、提档升级的、中国社会主义现代化建设新阶段的奋斗目标，即“共同富裕社会”。

---

1 习近平：《扎实推动共同富裕》，求是网，2021年10月15日，http://www.qstheory.cn/dukan/qs/2021-10/15/c_1127959365.htm。

2 格奥尔格·卢卡奇：《历史与阶级意识——关于马克思主义辩证法的研究》，杜章智等译，商务印书馆1996年版，第76页。

3 习近平：《决胜全面建成小康社会　夺取新时代中国特色社会主义伟大胜利——在中国共产党第十九次全国代表大会上的报告》，人民出版社2017年版，第11页。

（二）共同富裕强调生产与分配的更好结合

马克思在《〈政治经济学批判〉导言》中阐释了分配被理解为独立于生产的研究对象是一种谬误，因为分配的对象和形式取决于生产的成果和生产方式。同时，分配也对生产和交换有着能动的影响。一是分配不仅是产品的分配，还包含着在生产过程中的生产工具的分配、社会成员在各类生产之间的分配[1]；二是分配最直接地与人民的物质生存条件相联系，分配上的对立催生新的生产方式和交换形式。正如土地公有的氏族社会中分配不平等的积累导致公社开始解体。[2]在政治经济学史上较早关注财富分配问题的经济学家威廉·汤普逊认为，为了最大的社会幸福，分配财富与生产财富同等重要。他从文明人区别于野蛮人的生产动机入手，提出最有效且可持续地激励生产的方法是“使生产者在完全享用他们的劳动产品上获得保障”[3]。而这种保障不能是资本主义提供的少数占有者支配大多数劳动者的劳动产品的“虚伪”的保障制度，应该是保障财富的公平分配。这样的公平分配会完成双重目的：最大可能促进享受上的平等和最大可能促进生产。[4]

共同富裕既不是唯生产力论，更不单纯是分配结果的目标，而是生产与分配更好地结合。首先，正如汤普逊所强调的“分配财富

1 马克思、恩格斯：《马克思恩格斯选集》第2卷，人民出版社2012年版，第695—696页。

2 马克思、恩格斯：《马克思恩格斯选集》第3卷，人民出版社2012年版，第527页。

3 威廉·汤普逊：《最能促进人类幸福的财富分配原理的研究》，何慕李译，商务印书馆2010年版，第52页。

4 威廉·汤普逊：《最能促进人类幸福的财富分配原理的研究》，何慕李译，商务印书馆2010年版，第92页。

的目的和用劳动来生产财富的目的一样”[1]，共同富裕是最大的人民幸福，是生产与分配有机结合。其次，生产要素按贡献分配体现了生产与分配的有机结合。财富的创造需要劳动、资本、土地、技术、管理等多种要素共同参与生产，资本要素将土地和劳动力等要素并入生产过程，在技术要素的驱动加速和管理要素的协调中执行生产运动。因此，共同富裕遵循新创造价值的分配依照对财富增长的贡献实现各要素所有者的经济报酬，从而激励不同的要素所有者更加积极地将生产要素投入再生产过程中，保证生产活动正常、高效运转。再次，分配的不公平会阻碍生产的发展。西斯蒙第提出《政治经济学新原理》，就是强调他的理论与亚当·斯密和大卫·李嘉图古典政治经济学的原理不同，就是创造性地分析资本与收入的关系而谴责资本主义的矛盾，并断言收入随着生产增长而按比例减少，“真正的灾难绝不是由于机器的改进，而是由于我们对机器的产品所进行的不公平的分配”[2]。收入分配的不平等会造成国内市场的缩小，资本主义生产过剩危机“挤压生产者的资本，甚至使生产陷于停顿”[3]。而财富分配的公平是促进社会生产稳定增长和平衡社会利益结构的有机统一。

（三）全面准确理解共同富裕的内涵特征

1. 全民性和全面性

就富裕范围而言，共同富裕不是少数人、某个地区、某个利益集

---

1 威廉·汤普逊：《最能促进人类幸福的财富分配原理的研究》，何慕李译，商务印书馆2010年版，第39页。

2 西斯蒙第：《政治经济学新原理》，何钦译，商务印书馆2016年版，第15页。

3 西斯蒙第：《政治经济学新原理》，何钦译，商务印书馆2016年版，第73页。

团的富裕，而是全体意义上的中国人民的富裕，即全民富裕。在脱贫攻坚和全面建成小康社会的基础上，富裕主体从贫困群众拓展到全体人民，“共同富裕路上，一个不能掉队”。其一，共同富裕的全民性指向不同区域、不同行业、不同阶层的全体人民共享发展成果，在全生命周期中实现“幼有所育、学有所教、劳有所得、病有所医、老有所养、住有所居、弱有所扶”。其二，共同富裕的全民性指向“共同体意识”。备受马克思赞赏的启蒙思想家亚当·弗格森曾指出对财富的追求可能导致“共同体分崩离析”，引致的道德失范“既是国家衰败的标志，又是衰落的原因”。[1] 而共同富裕的主体是作为共同体的“全民”，避免了财富的普遍增长使既得利益者变成“自私的逐利之徒”，从而使被牺牲者充满嫉妒和奴性。

就富裕领域而言，共同富裕是全体人民“普遍达到生活富裕富足、精神自信自强、环境宜居宜业、社会和谐和睦、公共富裕普及普惠”[2] 的一种社会状态。不能将“富裕”窄化为物质上的享受、资源上的占有，而应当将富裕重点从物质生活拓展到人民对美好生活的向往的方方面面。共同富裕社会是政治、经济、文化、社会、生态等多维度系统化地实现人的全面发展和文明全面跃升的社会。政治方面，如果没有人人参与、民主集中的社会主义民主政治制度作为保障，共同富裕进程将受制于平衡和协调各方既定利益的泥潭。文化方面，我们应警惕物质富裕而精神空虚带来的物质主义，要以社会主义核心价值观为指引，加快培育文化产业，提供满足人民文化需求和增强精神力量的文

1　彼得·盖伊:《启蒙时代(下):自由的科学》，王皖强译，上海人民出版社 2016 年版。

2　邓泽球、李开明:《共同富裕的实现路径》，《光明日报》2021 年 9 月 16 日第 6 版(2021 年 12 月 27 日)，https://m.gmw.cn/baijia/2021-09/16/35167458.html。

化产品。社会方面，一是将公共财政体系的主要功能从保障经济发展转向保障均等的公共服务；二是要健全社会保障体系，让医疗、养老、失业、救助的“安全网”解除劳动者为共同富裕目标而奋斗的后顾之忧。生态方面，将生态文明纳入共同富裕的框架方能实现更高层次、更可持续的共同富裕，经济价值和生态价值并重是实现代内共同富裕和代际共同富裕的必要之举。因此，不能片面地理解共同富裕，共同富裕的全面性特征要求在推进共同富裕进程中要更加注重系统性和整体性。

2. 共创性和共享性

首先，共享性是共同富裕的本质特征。习近平总书记在省部级主要领导干部学习贯彻党的十八届五中全会精神专题研讨班上指出：“共享理念实质就是坚持以人民为中心的发展思想，体现的是逐步实现共同富裕的要求。”[1]党的十八届五中全会首次提出“着力践行以人民为中心的发展思想”[2]，随后习近平总书记将“推动人的全面发展、全体人民共同富裕取得更为明显的实质性进展”纳入“践行以人民为中心的发展思想”的阐释中。[3]2021年8月，习近平总书记在中央财经委员会第十次会议上仍然把以人民为中心的发展思想同共同富裕联系在一起，指出坚持“以人民为中心的发展思想”就要“在高质量发展中促进

---

1 习近平：《在省部级主要领导干部学习贯彻党的十八届五中全会精神专题研讨班上的讲话（2016年1月18日）》，人民出版社2016年版，第25页。

2 习近平：《在省部级主要领导干部学习贯彻党的十八届五中全会精神专题研讨班上的讲话（2016年1月18日）》，人民出版社2016年版，第24页。

3 习近平：《在庆祝中国共产党成立100周年大会上的讲话》，求是网，2021年7月1日，http://www.qstheory.cn/dukan/qs/2021-07/15/c_1127656422.htm。

共同富裕”。[1]以人民为中心的发展思想回答了发展是为了谁、发展依靠谁、发展成果由谁共享的问题。共享性要求加快构建对共同富裕具有推动作用的制度体系：一是共同富裕的根本性制度保障，即坚持和巩固社会主义初级阶段的基本经济制度；二是有利于推动公平正义的具体制度，即构建和完善基于权利公平、机会公平和规则公平的公共服务体系、社会保障机制和阶层利益表达机制。[2]

共同富裕绝不是坐享其成的共享，而应是共创和共享的有机统一。以人民为中心的发展思想在推进共同富裕过程中体现为人人参与、人人尽力、人人享有，人民不仅是共同富裕的共享者，也是共同富裕的共创者。只有将共创性和共享性并举，共同富裕才能为广大人民群众带来更有保障、更可持续的获得感、幸福感和安全感。“不劳动者不得食”在共同富裕阶段也是按劳分配原则的体现，不能让劳动者为不劳动者买单，这是一个鼓励勤劳致富的社会的基本原则。共同富裕的基本路径应当从“先富带动后富”拓展到“共建共享共富”，全体人民共同创建的根本目的是共同享有社会发展成果和幸福美好生活。共同富裕是全体人民积极作为、共同奋斗、共同创建，而不是“等靠要”“养懒汉”，不是一部分人持续为另一部分人买单，不是“劫富济贫”，更不是国家福利的过度化。

共创性和共享性深刻揭示了实现共同富裕的起点与终点、出发点与落脚点的内在连接，体现全体人民“共同”“公平”“平等”的元素。

---

1 新华社：《习近平主持召开中央财经委员会第十次会议》，中国政府网，2021 年 8 月 17 日，http://www.gov.cn/xinwen/2021-08/17/content_5631780.htm。

2 王淑荣、许力双：《共享发展理念的重大意义与实践指向》，《红旗文稿》2016 年第 4 期，第 3 页。

恩格斯在《共产主义原理》中对共享做出了富有洞见的阐释，即在未来社会里，“通过消除旧的分工，通过产业教育、变换工种、所有人共同享受大家创造出来的福利”[1]。共同富裕不是劫富济贫的财富分配。生产力的持续发展、高度发展才是共同富裕的根本基础。没有生产力发展，共同富裕就是一个大大的画饼；仅仅注重现有财富的分配，就会造成生产力的破坏和倒退，从根本上动摇共同富裕的基础。财富是创造出来的，而不是分配出来的，必须警惕单方面强调共同富裕是分配，甚至只是第三次分配的误导性。

3. 渐进性

共同富裕不是同步实现的富裕，而是分阶段全过程促进的全程富裕。推进共同富裕不能齐步走。不是所有人都同时富裕，也不是所有地区同时达到一个富裕水准，不同人群实现富裕的时间上会有先有后，不同地区实现富裕的速度也会有快有慢。共同富裕目标的长期性、艰巨性和复杂性决定了其渐进性的特征，这就要求我们将阶段性目标与最终目标有机结合，在动态发展中实现共同富裕。

作为最终目标的“共同富裕”是只有在共产主义社会的高级阶段，生产力增长和“集体财富的一切源泉都充分涌流之后”才能实现的“各尽所能，按需分配”的共同富裕。[2]马克思在《哥达纲领批判》中阐释了共产主义社会的高级阶段是无产阶级夺取政权后社会发展的第三个阶段，在此之前需要经历从资本主义社会向共产主义社会的过渡阶段和共产主义社会的第一阶段。随后，列宁基于对“共产主义社会”长期性和艰巨性的认识，将其细分为第一阶段的社会主义社会和更高

1　马克思、恩格斯：《马克思恩格斯选集》第 1 卷，人民出版社 2012 年版，第 308 页。

2　马克思、恩格斯：《马克思恩格斯选集》第 3 卷，人民出版社 2012 年版，第 364—365 页。

阶段的共产主义社会。经过对“左”倾错误的反思总结，党的十三大提出“社会主义初级阶段”理论；党的十五大深入讨论了社会主义初级阶段的实质并做出“中国处于并将长期处于社会主义初级阶段”的重大论断。社会主义初级阶段的长期性和连续性也决定了共同富裕是一个具有长期性、艰巨性、复杂性的系统工程。因此，必须通过一个个程度不同的共同富裕阶段性目标，才能逐步实现，它有一个动态发展的过程。

在落后的社会主义国家，国内国际的资源不足以达到全体人民的同时同步富裕，先让一部分地区、一部分人民富起来是历史条件下最有效的途径。更何况，共同富裕不是福利过度化的社会，一个国家的福利水平必须同经济实力和财政能力的水平相适应，否则会陷入高福利的陷阱。因此，作为阶段性目标的“共同富裕”有三方面的特征：从时间上看，共同富裕不是所有人都同时富裕，而是先富人群带动后富人群。从空间上看，共同富裕不是所有地区同时达到一个富裕水准，而是先富地区带动后富地区。从程度上看，共同富裕不是所有人无差别的同等富裕和平均主义，而是不同人群实现富裕的程度有高有低。

习近平总书记在《扎实推动共同富裕》一文中强调：“要深入研究不同阶段的目标，分阶段促进共同富裕。”[1]可见，共同富裕是阶段性目标和最终目标的有机结合。一方面，共同富裕的最终目标引导阶段性目标的制定，阶段性目标需要遵循最终目标规定下的原则。一是循序渐进、尽力而为、量力而行的原则。邓小平同志提出社会主义初级阶段共同富裕的“三步走”战略步骤，逐步实现我国人民从温饱到小康，

1　习近平：《扎实推动共同富裕》，求是网，2021 年 10 月 15 日，http://www.qstheory.cn/dukan/qs/2021-10/15/c_1127959365.htm。

继而达到中等发达国家水平。新一代共产党人并没有忘记实现共同富裕需要持续推进、久久为功，从2015年中共中央政治局会议审议通过《关于打赢脱贫攻坚战的决定》，到2020年7月832个国家级贫困县摘帽、9899万农村贫困人口实现脱贫，消除绝对贫困的“中国奇迹”让全体人民坚定推进共同富裕的道路自信。在完成全面建成小康社会的阶段性目标基础上，党的十九大明确和细化了第二个百年奋斗目标的时间节点和任务指标，即2035年基本实现社会主义现代化，从人民生活宽裕程度、中等收入群体比例、城乡区域差距、基本公共服务均等化程度等方面达到“全体人民共同富裕迈出坚实步伐”的阶段性目标；到本世纪中叶达成“全体人民共同富裕基本实现”的阶段性目标。二是鼓励勤劳创新致富的原则。习近平总书记将鼓励勤劳创新致富的原则放在首位，强调“幸福生活都是奋斗出来的，共同富裕要靠勤劳智慧来创造”[1]。人民不仅是共同富裕的共享者，更是共同富裕的共创者、共建者，因此共同富裕的阶段性目标需要在重视人力资本投资，提高劳动者就业创业能力的同时，畅通向上流动通道，形成人人参与、鼓励利用自己的比较优势勤劳创新致富的社会氛围，避免过度竞争和“养懒汉”现象。

另一方面，阶段性目标的完成为最终目标提供动力。一是物质动力。阶段性目标的完成是“先富带动后富”的社会生产力发展和物质积累。先富地区通过劳动生产率提高和社会必要劳动时间减少而降低的单个商品的价格有利于“后富”人民生活质量提高。此外，先富起来的个人和地区带来的财政税收增长是建设全体人民共享的基础设施的资

1 习近平:《扎实推动共同富裕》，求是网，2021年10月15日，http://www.qstheory.cn/dukan/qs/2021-10/15/c_1127959365.htm。

金来源。先富地区通过资金、人才、技术等方面的投资带动后富地区的产业发展和充分就业。二是精神动力。阶段性目标的完成向世界展示了中国实现第一个百年奋斗目标的成功和进军第二个百年奋斗目标的决心和信心。全面建成小康社会使人民生活更有幸福感、满足感和获得感，阶段性目标的实现生动诠释了在共同富裕道路上中国共产党为什么“能”、马克思主义为什么“行”、中国特色社会主义为什么“好”。

4. 差异性

共同富裕不是整齐划一、排斥绝对差异性的同等富裕，而是承认相对差异的共同富裕。历史告诉我们，搞平均主义，吃“大锅饭”，只会让勤劳者积极性受挫，出工不出力的人占便宜，终将陷入共同落后、共同贫穷的泥潭。要遵循按劳分配的客观规律，不能追求片面的“绝对公平”。促进共同富裕，不是简单的“削峰填谷”，是普遍富裕基础上的差别富裕。不同人群实现富裕的程度有高有低，不同地区富裕程度还会存在一定差异。归根结底，共同富裕的差异性特征蕴含的是效率与公平有机统一，体现的是促进效率、体现公平。

首先，共同富裕是更高效率基础上的公平。效率是公平的前提和基础，没有效率，无以谈论公平。共同富裕不是平均主义，片面强调财富分配过程的公平和结果的平等，导致的只能是对劳动者生产积极性的压抑和对生产效率的损害。历史经验和教训证明，干多干少一个样的平均主义只会带来普遍贫穷。可见，共同富裕的实现基础是高度发达的社会生产力。具体来说，效率的理解分为技术效率（或生产效率）、资源配置效率和制度效率。[1] 共同富裕过程中，以公平促进效率

1　洪银兴：《新编社会主义政治经济学教程》，人民出版社 2018 年版，第 192 页。

体现在三个方面：其一，生产效率的提升既取决于科技作用下劳动工具的进步，更取决于劳动者的积极性、主动性和创造性。共同富裕关注的起点公平、机会公平与结果公平，有助于全方位地保障劳动者的公平权利，催生自觉的生产积极性和创造性。其二，资源配置效率在于公平的市场竞争机制。共同富裕价值导向下确立的明晰产权关系、各经济主体参与经济活动的规则和程序的机会公平，有利于释放市场经济的活力。其三，资源投入和产出的效率与收入分配密切相关。共同富裕强调收入分配的公平，按劳分配为主体和劳动要素按贡献参与分配都体现了公平原则，是激励各类生产要素投入的根本途径。

其次，共同富裕是将差异性控制在合理范围内的公平。在共同富裕语境下，公平的评判标准取决于一定历史阶段的生产方式与生产关系。"公平正义"本身具有历史性，不同社会发展阶段追求的公平正义制度不同，但是其内在逻辑是相同的。只有让绝大多数社会成员满意、受到激励而进行创造性劳动，促进经济效率提高的制度，才是应然和必然的公平正义制度。就生产资料所有制而言，混合所有制作为我国基本经济制度的实现形式，利用股权形式搞活国有资本、鼓励非公有资本参与国企改革，在更大范围内优化资源配置和提高效率的基础上，促进了国有资本和民营资本的公平发展。就分配制度而言，"权利决不能超出社会的经济结构以及由经济结构制约的社会的文化发展"[1]。社会主义初级阶段还不具备按需分配的物质基础，共同富裕的公平取向体现在分配的公平权利以及分配结果的不公平程度被控制在合理区间内。

---

1 马克思、恩格斯：《马克思恩格斯选集》第 3 卷，人民出版社 2012 年版，第 364 页。

再次，共同富裕的差异性是公平与效率动态平衡的结果。公平和效率是共同富裕的两个内在要求，它们并非是二元对立的，而是相辅相成、相互促进的。我国收入分配政策从“初次分配注重效率、再分配注重公平”到“初次分配和再分配都要兼顾效率和公平，再分配更加注重公平”，表明了对公平与效率更深入的认识。然而，效率与公平并重并不意味着没有重点地完全等量齐观，而是要求在不同时期、三次分配的不同环节实现公平与效率的动态平衡。不同历史时期面临的主要问题可能不同，新中国成立初期平均主义问题突出，因此更强调效率具有必要性和合理性。在初次分配环节，更强调分类完善劳动、资本、技术、管理、数据等各种要素市场化配置体制机制，消除权利和规则的不平等，以公平竞争促进效率；在再分配环节，更强调健全税收、社会保障和转移支付等调节机制，是激励再生产效率和迈向共同富裕的基本保障。

5. 防止高福利陷阱

马克思在《资本论》中深刻指出资本积累的一般规律是资产阶级财富积累与工人阶级贫困的两极分化，并且“社会财富愈大，运用的资本愈大，这种资本增大的范围愈大，无产阶级的绝对数及其劳动生产力愈大，则产业预备军也愈大”[1]，形成贫困的恶性循环。1955年库兹涅茨公开发表的论文《经济发展与收入不平等》中，提出收入分配不平等随着经济发展呈倒U形的假说，然而皮凯蒂在《21世纪资本论》中用更翔实可靠的数据论证了收入差距不是在缩小，反而是在扩大，揭示了在资本收益率大于经济增长率的分化机制下，“那些长期存在

1　马克思：《资本论》第1卷，上海三联书店2011年版，第472页。

的促进不稳定和不平等的力量并不会自动减弱或消失”[1]。西方福利国家理论是致力于破除贫富差距难题的方案。福利经济学第一定理认为竞争性市场均衡配置达到帕累托最优就可以解决效率问题，第二定理加入公平目标，认为调整初始禀赋就可以在竞争性市场中自动兼顾公平和效率。但现实是西方福利国家往往陷入以高税收、高财政赤字来维持高福利的“福利陷阱”。

20 世纪中叶欧洲国家运用福利国家理论实现了黄金年代的发展，走出了“中等收入陷阱”。20 世纪 70 年代后，经济层面的“滞胀”危机叠加人口老龄化导致社会福利开支剧增，西方福利国家陷入入不敷出的福利危机。以英国撒切尔主义和美国里根主义为代表的新自由主义将危机根源归结于“福利国家”制度，因此通过一系列私有化改革削减福利政策，强调多元化社会福利，限制政府作用来恢复经济活力。可想而知，随之而来的是贫富差距的再次扩大，1990 年安东尼·吉登斯提出的“第三条道路”倡导“积极的”福利国家，成为西方社会福利思想的第四次变迁。可见，“福利国家”方案在破除贫富差距世界难题上实属捉襟见肘，这种“心有余而力不足”究其根源在于资本主义生产方式内生的矛盾和缺陷，福利方案只能是对周期性矛盾的缓冲、对劳资关系的暂时修复，并不能从根本上解决资本主义生产资料私有制与社会化大生产这一基本矛盾的内在冲突。

西方高福利模式不可能成为解决贫富差距的中国方案，共同富裕需坚决防止落入“福利主义”陷阱。鼓吹“从摇篮到坟墓”的西方高福利政策，作为资本主义制度的产物，是不可持续的“福利陷阱”，无法

1　托马斯·皮凯蒂：《21 世纪资本论》，巴曙松等译，中信出版社 2014 年版，第 22 页。

从根本上解决贫富两极分化，导致新的社会撕裂，也往往出现“养懒汉”现象。当前，要预防高福利陷阱，不过度强调物质享受，不轻易冒进急于求成，不盲目追赶吊高胃口，避免运动式共同富裕。唯其如此，全体人民推动发展的积极性、主动性、创造性才能被充分调动起来，国家发展才能具有最深厚的伟力，党的执政基础才能更加巩固。第一，中国式现代化是人口规模巨大的现代化，14 亿人口的共同富裕客观上无法通过模仿几百万人口的北欧国家的福利模式而实现。第二，北欧国家高福利模式的基础是高税收，在中国特色社会主义财政体系下照搬高税收模式不具有现实可行性。第三，制度属性的根本不同。北欧国家实行资本主义私有制，高福利和缩小收入差距只是缓解阶级矛盾和维护社会稳定的手段；而社会主义基本经济制度决定着共同富裕的出发点和落脚点都是以人民为中心，高福利既不符合中国发展的基本国情，也不是共同富裕的中国模式。因此，共同富裕要防止陷入高福利模式的陷阱。

（四）在高质量发展中扎实推进共同富裕

发展是解决一切问题的关键，高质量发展有利于扎实推动共同富裕的实现。十九届六中全会在总结中国共产党百年历史经验时指出：“发展不能简单以生产总值增长率论英雄，必须实现创新成为第一动力、协调成为内生特点、绿色成为普遍形态、开放成为必由之路、共享成为根本目的的高质量发展，推动经济发展质量变革、效率变革、动力变革。”[1]高质量发展就是从“有没有”转向“好不好”，是不断满足人民日益增长的美好生活需要的发展，是更高质量、更有效率、更加公

1 《中共中央关于党的百年奋斗重大成就和历史经验的决议》，《人民日报》2021 年 11 月 17 日。

平、更可持续、更为安全的发展，是实现全体人民共建共创共享的发展。因此，高质量发展不仅可以解放生产力、发展生产力，不断优化产业体系，提供更多高质量的产品和服务，满足广大人民群众多样化、多层次的需求升级，解决供需上的结构矛盾，实现“做大蛋糕”的目标；而且高质量发展有助于调整生产关系，形成全体人民共同享有的合理分配格局，能够保障和改善民生，解决社会不公平问题，实现“分好蛋糕”的目的。

一是通过科技创新和制度创新“双轮驱动”，为共同富裕奠定坚实动力基础。一方面，通过科技创新实现社会生产力的质的飞跃，为共同富裕积累物质财富。攻克关键核心技术有助于提高资源配置效率和投入产出效率，即全要素生产率，从而转变经济发展方式。另一方面，通过制度创新调整生产关系，使其与生产力互促互进。深化科技体制改革，破除科技创新链条上的体制机制关卡；更加重视知识产权制度，加快科技成果转化为经济效益；确立竞争政策的基础性地位，打破平台垄断和行业壁垒。高质量的制度供给和制度创新有助于增强市场主体的活力，拓展科技创新和管理创新的空间。习近平总书记深刻指出，科技创新和制度创新要“两个轮子”一起转，协同发挥作用，才能从根本上推动经济发展方式的转变。[1]

二是优化经济结构，缩小区域差别和行业差别。针对中东西部地区经济发展和居民收入水平的区域差别，不能仅仅依靠“西气东输”“西油东送”“东数西算”等东西部资源项目，还要充分挖掘和利用西部地区的资源禀赋，提高科技研发和自身内生能力，通过具有正外部

---

1 中共中央文献研究室编：《习近平关于社会主义经济建设论述摘编》，中央文献出版社 2017 年版，第 140、150 页。

性和带动效应的大项目大举措实现地区发展的平衡性。[1] 针对行业差别，马克思在《资本论》中论述了不同行业利润趋于平均化的逻辑。现在我国金融业、互联网和房地产行业收入畸高现象仍然较为突出，应该引起高度关注和重视。例如，金融牌照审批的规范性制度、互联网平台垄断的监管制度以及租赁住房市场等供给侧结构性改革举措。正如习近平总书记强调，“转方式调结构和扩大中等收入群体是同一个过程的两个侧面”[2]。因此，高质量发展强调加大人力资本投资，提升教育的普惠性、公平性和适配性[3]，有利于扩大中等收入群体规模，在共建共创的基础上实现最大多数人的福利最大化，进而推动实现共同富裕。

三是建设现代化经济体系，为推进共同富裕奠定经济发展基础。建设现代化经济体系是一篇大文章，既是一个重大理论命题，更是一个重大实践课题。建设现代化经济体系就是以经济建设为中心，解决好不平衡、不充分发展问题，以奠定社会主义现代化的坚实经济基础。建设现代化经济体系，必须把发展经济的着力点放在实体经济上，把提高供给体系质量作为主攻方向，显著增强我国经济质量优势。一方面，要继续坚持“三去一降一补”，夯实现代化经济体系建设的宏观基础。通过去产能、降成本和补短板，增加有效供给，切实提升供给体系质量，解决实体经济内部供需结构失衡。与此同时，推进经济去杠

1　厉以宁等：《共同富裕：科学内涵与实现路径》，中信出版集团 2021 年版，第 6—7 页。

2　中共中央文献研究室编：《习近平关于社会主义经济建设论述摘编》，中央文献出版社 2017 年版，第 107 页。

3　赖德胜：《在高质量发展中促进共同富裕》，《北京工商大学学报》（社会科学版）2021 年第 6 期，第 10—16 页。

杆，防范化解金融风险，实现金融与实体经济再平衡；推进去库存，建立房地产市场平稳健康发展长效机制，在实体经济质量效益得到提升基础上，实现房地产与实体经济再平衡。另一方面，要促进创新创业，建立现代化经济体系建设的长效机制。此外，加快建设制造强国，夯实现代化经济体系建设的产业支撑，也是题中应有之义。在新一轮工业革命、建设现代化经济体系背景下，推进制造强国建设，需要面向新技术发展趋势，推动互联网、大数据、人工智能和制造业深度融合；推动现代服务业发展，促进制造和服务的融合与协同发展；支持传统产业转型升级，推动传统产业的存量重组、增量优化和动能转换；培育若干世界级先进制造业集群，构建和增强我国制造业的集群优势或产业配套优势。

四是以乡村振兴着力补齐共同富裕的“短板”。党的二十大报告指出，面建设社会主义现代化国家，最艰巨、最繁重的任务仍然在农村。[1] 推进共同富裕的中国式现代化道路不是西方的“串联式”发展过程，而是工业化、城镇化、农业现代化、信息现代化“并联式”叠加发展，而目前亟须改变农业经济现代化成为“四化同步”和推进共同富裕的短板问题，补齐这个短板的核心战略就是乡村振兴。首先，在全面实施“乡村振兴战略”中释放促进共同富裕的“加速度”。一方面，解放和发展农村地区的生产力为社会生产力发展带来“加速度”。一是要设立保证农业用地数量和质量的“硬杠杠”，加快培育新型农业经营主体，积极建设农业基础设施和技术装备；二是要发挥市场决定性作用，建设现代农业产业体系。通过提高农业资源配置效率和

1 习近平：《高举中国特色社会主义伟大旗帜 为全面建设社会主义现代化国家而团结奋斗——在中国共产党第二十次全国代表大会上的报告》，《求是》2022 年第 21 期。

调整优化农业结构，实现农产业的有效供给。另一方面，调整农村地区的生产关系是能动促进生产力发展的“加速度”。要突出抓好农村基本经营制度，包括三方面的要求：坚持农村土地农民集体所有，坚持家庭经营基础性地位，以及坚持稳定土地承包关系。其次，发展壮大新型集体经济。邓小平同志在1990年提出中国社会主义农业的发展需要实现“两个飞跃”，第一个飞跃是家庭联产承包责任制，第二个飞跃则是“适应科学种田和生产社会化的需要，发展适度规模经营，发展集体经济”[1]。习近平总书记在担任宁德地委书记期间曾强调不能只有“分”，而弱化“统”，发展“大农业”是富起来的重要抓手。[2]以共同富裕为目标的更高质量的新型集体经济需要适应社会主义市场经济的要求，在深化农村集体产权制度改革的基础上，挖掘利用当地资源条件发展特色产业，扩大集体层经营规模，丰富经营模式，在集体资产、成员管理方面引入现代企业制度提高经营水平，利用现代股份制度最大化集体资金使用效率。

五是大力推动民营经济发展，巩固和拓展共同富裕的覆盖面。民营经济与共同富裕具有内在逻辑统一性。如果仅仅将共同富裕理解为只有公有制经济，或者以推进共同富裕为借口遏制民营经济发展甚至主张消灭民营经济，既不有利于民营经济发展，也不利于实现共同富裕。党的十八届三中全会在“两个毫不动摇”基础上深化认识，强调民营经济等非公有制经济同样是社会主义市场经济的重要组成部分，更是财富的社会基础。国有经济是共同富裕的支柱，而民营经济是共同富裕的重要基础。浙江省作为发展建设共同富裕示范区，最突出的

---

1 冷溶：《邓小平年谱（1975—1997）（下）》，中央文献出版社2004年版，第310—311页。

2 习近平：《摆脱贫困》，福建人民出版社1992年版，第6、11页。

优势之一就是民营经济的蓬勃发展。鼓励发展民营经济，就是鼓励更多社会财富的涌现。民营经济是社会主义经济的重要组成部分，大力发展民营经济既是提高生产力的充分条件，也是保障公平的重要抓手，因此发展民营经济与共同富裕是内在统一的。从效率维度看，打破民营经济的发展约束是市场经济下各类市场主体公平竞争，从而达到资源配置效率最大化的前提条件。同时，民营经济对于启动国内投资需求和转向创新驱动型发展方式扮演关键角色。[1]从公平维度看，民营经济是就业吸纳和税收贡献的主力军。2020 年民营经济主体超过 1 亿，带动就业人口超 2 亿，缴纳税收高达 60%。进而，民营经济也成为推动形成中间大、两头小的橄榄型分配结构的主要实践者。中国民营企业的发展大大“增加劳动者特别是一线劳动者劳动报酬，提高劳动报酬在初次分配中的比重”[2]。民营经济发展是提高低收入者收入，使其转化为中等收入者的重要路径。只有中等收入群体倍增，才能使国内消费市场更具有稳定性和持续扩大规模的可能性，为构建以国内大循环为主体的新发展格局提供持续优势。

---

1 魏杰、施戍杰：《民营经济与共同富裕的逻辑统一》，《经济问题探索》2014 年第 6 期，第 8 页。

2 政武经：《基本经济制度探索与共同富裕道路》，《人民日报》2021 年 11 月 4 日第 9 版。

第四讲

政府与市场关系问题

政府与市场关系是中国特色社会主义政治经济学的重要理论问题。如何处理好政府与市场关系，也是中国经济体制改革的核心。从整个经济学说的发展史可以看出，如何看待市场和政府的关系，也是西方经济学发展的主线以及划分成若干学派的主要依据。

西方经济学和马克思主义政治经济学同脉分流，都是以古典政治经济学为起源。只是随着发展，同一学派衍生出不同的发展方向。本讲主要立足《资本论》与政府和市场关系的相关问题，厘清经济学思想在时代长河之中不断动态演进的方向，理解现代西方主流经济学与马克思主义政治经济学分野，并以当代视野、时代眼光将《资本论》与中国特色社会主义政治经济学的理论与实践结合，从而在理论上更好地总结和提炼有效市场与有为政府结合的中国经验，在实践上更好地推进和探索市场与政府有机结合的中国方案。

一、马克思对政府与市场关系的论述

马克思、恩格斯对经济中的政府与市场关系并无专门论述，且对

“政府”语焉不详。因此本部分通过梳理马克思对国家职能、市场调节的相关论述，分析马克思对政府与市场关系的观点。

首先要注意的是马恩经典著作中在不同语境下对国家职能的阐述。“民族国家”之“国家”，国家是利益共同体；而使用“国家机器”这一词汇代替“国家”，则凸显出“国家是阶级统治的工具”这一理论。对内和对外，“国家”具有不同的职能。“国家”与“政府”存在密不可分的联系而又并不是同义语，政府是国家进行统治和社会管理的机关，是国家表示意志、发布命令和处理事务的机关，可以理解为国家的代理组织和执行机构。

要研究马克思对政府与市场关系的观点，“国家”是不可回避的关键点。在讨论经济问题的同时，政治因素不容忽略，但并非研究重点，可以视作鲜明的底色，无须被强调但发挥出重要作用。因此，经济问题中“国家”与“政府”多数时候无须咬文嚼字，做特别区分。与此同时，国家的经济职能只能由政府这一实体机构履行和实现。最后，通过对市场这一调节主体（或调节方式）进行阐述剖析，以展示马克思对政府与市场关系的观点。

（一）马恩经典作家对国家职能的阐述

严格来讲，马克思、恩格斯对经济发展中的政府职能阐述得相对比较简单，没有相对完整翔实和系统的论述。因此，本部分只能寻章摘句，按照主题整理马克思相关论述并进行进一步的讨论。

1. 国家职能的根本出发点：走向现实世界的政治经济学

马克思写作《资本论》的主要目的是揭示资本主义社会的本质及其规律，在《资本论》第一版序言中，他指出“我要在本书研究的，是资本主义生产方式以及和它相适应的生产关系和交换关系”，“问题本身并不在于资本主义生产的自然规律所引起的社会对抗的发展程度的高低。问题在于这些规律本身，在于这些以铁的必然性发生作用并且正在实现的趋势”[1]，“本书的最终目的就是揭示现代社会的经济运动规律”[2]。

同时《关于费尔巴哈的提纲》中提到“哲学家们只是用不同的方式解释世界，而问题在于改变世界”[3]，这句话恰恰表明了马克思的研究转向，从青年马克思到成熟马克思的转变，从研究哲学到经济学，考察现实世界的转变，哲学只能解释世界而不能改变世界，要改变世界必须研究政治经济学。

正是因为这些原因，马恩对政府语焉不详。当然，也有所提及。在《共产党宣言》关于有产阶级的描述中，马克思如此论述：“他将各个利害法律，政府，税则不同的独立区域或勉强团结的区域，团结起来合做一个政府，一样法典，一致利害，一个国境，一样税则的国民。”[4] 生产机关集中，政治的中央集权则形成一个政府，虽论及政府，但并未特意突出政府经济职能，而是强调了政府的集体属性。

社会科学有鲜明的阶级性，马克思主义政治经济学亦是如此，以唯物主义历史观与剩余价值学说为立论基础，马克思主义政治经济学是走入现实世界的政治经济学，并以宏大的视野、超前的眼光审视经济运行的内在逻辑。

2. 国家职能分析的基础：无产阶级立场

政治经济学研究虽然不是政治研究，但是绝不能脱离阶级立场研

1　马克思：《资本论》第 1 卷，人民出版社 2018 年版，第 8 页。

2　马克思：《资本论》第 1 卷，人民出版社 2018 年版，第 10 页。

3　马克思、恩格斯：《马克思恩格斯全集》第 3 卷，人民出版社 2009 年版，第 3—6 页。

4　马克思、恩格斯：《共产党宣言》，陈望道译本，1920 年 8 月，第 9 页。

究经济问题。在马克思、恩格斯之前，政治经济学就作为一个经济学研究学派或一种经济学研究理论存在，马克思、恩格斯的政治经济学其政治立场与旧的政治经济学理论相比，有着巨大的区别，无产阶级立场是马克思主义经济理论的鲜明底色。

探讨国家职能无法避开阶级和所有制。恩格斯指出，国家和阶级、私有制一样，不是从来就有的，而是在经济发展的一定阶段上产生的。由于劳动生产率的发展，产生了私有财产，也因此形成了阶级和阶级对立；由于各阶级的冲突导致以血亲家族为基础的旧社会被炸毁，被组成国家的新社会所取代。

马克思在《关于费尔巴哈的提纲》中指出："旧唯物主义的立脚点是市民社会，新唯物主义的立脚点则是人类社会或社会的人类。"[1]马克思所说的新唯物主义，既不同于一切唯心主义的立场，也不同于旧唯物主义的立场，其立场设定为人类社会或社会化的人类，指向的就是共产主义社会以及世界共产主义运动的现实主体——无产阶级。对于美好未来社会的畅想构成了马克思关注的一个主题。

3."国家"概念的消亡与国家职能的消散："自由人联合体"

在"自由人联合体"的社会形态中，阶级、实体国家不复存在，"国家"的概念已然消亡，国家职能也随之消散。马克思在《资本论》中，更简明地把共产主义称为"自由人联合体"，是比资本主义社会"更高级的、以每个人的全面而自由的发展为基本原则的社会形式"[2]。

马克思关于"自由人联合体"的论述，鲜明地揭示了政府的作用：单个人是无法实现社会劳动力的使用的，必须要依靠政府；而政府的

1 马克思、恩格斯：《马克思恩格斯选集》第1卷，人民出版社2012年版，第136页。

2 马克思：《资本论》第1卷，人民出版社2004年版，第683页。

作用会随着社会的发展而不断进行调整。“最后，让我们换一个方面，设想有一个自由人联合体，他们用公共的生产资料进行劳动，并且自觉地把他们许多个人劳动力当作一个社会劳动力来使用。在那里，鲁滨逊的劳动的一切规定又重演了，不过不是在个人身上，而是在社会范围内重演。鲁滨逊的一切产品只是他个人的产品，因而直接是他的使用物品。这个联合体的总共产品是社会的产品。这些产品的一部分重新用作生产资料。这一部分依旧是社会的。而另一部分则作为生活资料由联合体成员消费。因此，这一部分要在他们之间进行分配。这种分配的方式会随着社会生产机体本身的特殊方式和随着生产者的相应的历史发展程度而改变。”[1]

这一部分的论述具有十分重要的启发意义。马克思虽然没有详细地解释“把许多个人劳动力当作一个社会劳动力来使用”的具体实现形式，但市场活动的自发性和政府调节调控的约束性隐含其中；生产和分配是泾渭分明的，不可混淆。最终要实现“自由人联合体”社会形态的生产和分配，“国家”虽已不复存在——全人类的命运共同体思想也是来源于此，但国家的管理职能却仍需要通过政府机构进行实现，国家的阶级统治职能也随着阶级的消灭而消散。

4. 国家的政治经济职能

在马克思政治经济学中，社会生产力决定着社会形态的发展，从而影响政府职能的发挥——政府的作用会随着社会的发展而不断进行调整。“国家”在此过程中扮演着领导和指挥者的角色。

国家的政治经济职能，首要的是进行政治统治。在《家庭、私有

1　马克思：《资本论》第 1 卷，人民出版社 2018 年版，第 96 页。

制和国家的起源》一书中，恩格斯指出，国家是阶级矛盾不可调和的产物，是经济上占统治地位的阶级进行政治统治的工具，是凌驾于社会之上而且日益与社会脱离的特殊公共权力，其作用是协调各阶级的矛盾。“由于国家是从控制阶级对立的需要中产生的，由于它同时又是在这些阶级的冲突中产生的，所以，它照例是最强大的、在经济上占统治地位的阶级的国家，这个阶级借助于国家而在政治上也成为占统治地位的阶级，因而获得了镇压和剥削被压迫阶级的新手段。”[1]

其次，当国家抽除暴力机器的职能时，即生产力高度发达，社会形态达到共产主义，国家是自行消亡的。“当国家终于真正成为整个社会的代表时，它就使自己成为多余的了。当不再有需要加以镇压的社会阶级的时候，当阶级统治和根源于至今的生产无政府状态的个体生存斗争已被消除，而由此二者产生的冲突和极端行动也随着被消除了的时候，就不再有什么需要镇压了，也就不再需要国家这种特殊的镇压力量了。国家真正作为整个社会的代表所采取的第一个行动，即以社会的名义占有生产资料，同时也是它作为国家所采取的最后一个独立行动。那时，国家政权对社会关系的干预在各个领域中将先后成为多余的事情而自行停止下来。那时，对人的统治将由对物的管理和对生产过程的领导所代替。国家不是‘被废除’的，它是自行消亡的。”[2]

这段论述揭示了国家职能：当不再需要国家作为暴力机器时，真正形成生产资料公有制；生产力发展到极高水平，达到共产主义时国家就自然消亡。国家的职能是复杂而多样的，当需要单独阐述国家的经济职能时，则需要剥离出国家在其他方面的职能。

1 马克思、恩格斯：《马克思恩格斯全集》第 21 卷，人民出版社 1972 年版，第 196 页。

2 马克思、恩格斯：《马克思恩格斯全集》第 25 卷，人民出版社 1995 年版，第 409—410 页。

5. 国家经济职能：干预之必要性

随着经济的发展、社会生产力的不断提高，资本主义社会就会出现生产资料私有与生产社会化之间的矛盾，矛盾日益恶化造成经济危机，也就说明了为什么社会主义要推行计划经济，根据实有资源和整个社会需要而制定计划。剥离出国家在其他方面的职能，国家进行经济活动的干预就显得十分必要。

例如实行计划经济。“在这个全新的社会组织里，工业生产将不是由相互竞争的单个的厂主来领导，而是由整个社会按照确定的计划和所有人的需要来领导。”[1] 以社会为规划统筹，进行统一筹谋。“由于社会将剥夺私人资本家对一切生产力和交换手段的支配权以及他们对产品的交换和分配权，由于社会将按照根据实有资源和整个社会需要而制定的计划来管理这一切，所以同现在的大工业经营方式相联系的一切有害的后果，将首先被消除。”[2]

在《共产党宣言》中，马克思充分说明了国家干预社会经济的必要性。比如剥夺地产，把地租用于国家支出，征收高额累进税，还有银行和运输业国有化等，这些都是走社会主义道路进行的国家干预。“无产阶级将利用自己的政治统治，一步一步地夺取资产阶级的全部资本，把一切生产工具集中在国家即组织成为统治阶级的无产阶级手里，并且尽可能快地增加生产力的总量。”[3] 这段话在早期陈望道译本中是这样表述的：“劳动家就用他的政权渐次夺取资本阶级的一切资本，将一切生产工具，集中在国家底手里，就是集中在组织权力阶

1　马克思、恩格斯：《马克思恩格斯文集》第 1 卷，人民出版社 2009 年版，第 682—683 页。

2　马克思、恩格斯：《马克思恩格斯文集》第 1 卷，人民出版社 2009 年版，第 687 页。

3　马克思、恩格斯：《马克思恩格斯文集》第 2 卷，人民出版社 2009 年版，第 52 页。

级的劳动者手里；这样做去，那全生产力就可以用最大的速度增加了。”[1] 这段论述阐述了共产党的革命，即劳动阶级的革命，是要将生产工具集中在无产阶级手中。“国家”被视为“组织权力阶级的劳动者”的集合。两段话的翻译存在细微差别，表达的意思是一致的：需要国家进行生产方面的干预和调节。

在消灭阶级差别的具体举措中，《共产党宣言》里是如此表述的：“废止土地私有权将所有的地租用在公共的事业上”，“征收严重累进率的所得税”，“用国家资本，设立完全独占的国民银行，将信用机关集中在国家手里”，“交通及运输机关，集中在国家手里”，“扩张国有工场及国有生产机关：开辟荒地，改良一般土地使适于共通计划”。无不显示出马克思对国家职能在公共领域的期待和认可——国家在经济领域进行干预调节之必要和可行。

（二）国家的经济职能

关于国家的经济职能，从马克思、恩格斯经典著作里可以概括出以下三个方面：

第一，国家职能的二重性。马克思指出国家职能具有二重性，一方面具有经济管理职能，管理整个国家的共同事务；另一方面又具有阶级统治职能，是阶级统治的工具。“政府的监督劳动和全面干涉包括两个方面：既包括由一切社会的性质产生的各种公共事务的执行，又包括由政府同人民大众相对立而产生的各种特有的职能。”[2] 而西方经济学中将国家的经济职能单一化，只有社会管理没有经济职能，将经济职能全部剥离给市场，没有辩证全面地看待经济职能。

1 马克思、恩格斯：《共产党宣言》，陈望道译本，1920 年 8 月，第 34 页。

2 马克思：《资本论》第 3 卷，人民出版社 2004 年版，第 431—432 页。

第二，资本原始积累时期的国家经济职能。资本主义国家利用国家权力，通过集中的、有组织的社会暴力，促进和缩短了从封建生产方式向资本主义生产方式转化的过程和时间，具体包括殖民制度、国债制度、现代税收制度和保护关税制度。在资本原始积累时期，国家暴力是资本主义经济发展的强力助推器。从这个意义上，马克思说暴力是“助产婆”，“暴力本身就是一种生产力”。[1]

第三，国家对经济生活的调节。首先，对劳动力市场的调节。国家运用权力规定工作日的长度。在资本主义发展初期，从 14 世纪到 17 世纪末，主要是借助国家政权力量来延长工作日的长度，保护资本吮吸足够数量剩余劳动的权利。故绝对剩余价值必须依靠国家规定来实现。在资本主义生产方式确立以后，从 19 世纪下半叶开始，为了节制资本家无限制榨取劳动力的渴望，国家通过工厂法对工作日的长度进行限制。此外，国家还规定了工资率。为了保护利润，把工资强制地限制在有利于资本家赚钱的界限内。从 14 世纪到 19 世纪，资本主义国家普遍规定了工资的最高界限，但从不规定工资的最低限度。其次，对金融市场的调节。国家发行纸币并强制流通。国家根据流通中需要的货币量来确定纸币的发行量，国家银行既是发行的银行，也是管理的银行。国家信用对金融体系提供了重要的支撑，国家发行纸币提供了金融市场的流通性，并通过国债的形式来提供信用工具。再次，国家修筑公共工程。最后，允许合法的垄断。早期的股份公司，如著名的东印度公司就是国家特许垄断公司，以国家的名义对外殖民和贸易。

1　马克思：《资本论》第 1 卷，人民出版社 2004 年版，第 861 页。

在社会主义市场经济的条件下，国家的经济职能主要是进行经济调节、市场监管、社会管理和公共服务四个方面。首先，经济调节的职能。所谓“宏观调控”职能，政府通过制定和运用财政税收政策和货币政策，对整个国民经济运行进行间接的、宏观的调控。其次，提供公共产品和服务职能。政府通过政府管理、制定产业政策、计划指导等方式对整个国民经济实行间接控制；同时，还要发挥社会组织和企业的力量，与政府一道共同承担提供公共产品的任务。再次，市场监管职能。政府为确保市场运行畅通、保证公平竞争和公平交易、维护企业合法权益而对企业和市场进行的管理和监督。最后，社会管理的职能。通过制定社会政策、法规，依法管理和规范社会组织、社会事务，调节收入分配，维护社会公正、社会秩序和社会稳定。国家经济职能涉及生产、交换、分配、消费各个环节。

（三）市场职能

马克思在《资本论》中对市场职能有完整翔实的论述。理解市场职能，首先要明确三个概念：市场、市场调节、市场经济。目前普遍认为“市场”是进行交易的场合，“市场调节”作为一种经济手段，而“市场经济”则是“商品经济”的高级阶段。

首先，把“商品”作为分析的起点，马克思以商品作为资本主义社会的基本细胞。“商品交换过程最初不是在原始公社内部出现的，而是在它的尽头，在它的边界上，在它和其他公社接触的少数地点出现的。”[1]马克思认为市场经济中商品交换的起源在于外部，即“市场经济外生论”，市场经济起源于社会系统各个要素之间而非社会内部。这

1 马克思、恩格斯：《马克思恩格斯全集》第13卷，人民出版社1995年版，第39页。

一观点为市场经济与社会主义制度的结合提供了有力支撑。

其次，马克思提出“消灭私有制”。马克思在对资本主义制度进行批判的同时，提出了对未来社会的构想，在“自由人联合体”的社会形态之前，是社会主义。在他所构想的社会主义社会形态中，具有消灭商品经济、实行计划经济的特征，并以生产资料公有制为基础。社会主义社会“必须预先计算好，能把多少劳动、生产资料和生活资料用在这样一些产业部门而不致受任何损害”[1]。

总而言之，马克思对市场经济既存在一定质疑，表现为资本主义私有制条件下商品生产、市场经济产生的种种弊端，例如商品拜物教，进而扩展到资本拜物教，因此将其视为需要革除的弊病；同时也由于社会历史条件的限制对市场经济产生相对负面的看法，也正是因此，才有了为新的社会历史条件下社会主义实行市场经济提供理论支撑的可能。消除资本主义私有制并不等同于消除市场经济，其一，尽管资本主义私有制与市场经济二者有高度的关联性，但是私有制不是市场经济的天然土壤；其二，从历史逻辑来看，市场经济的起源远比资本主义私有制要早。与此同时，由于受社会历史条件的限制，再加上马克思不可能也没有亲身参加社会主义实践，因此马克思对未来社会的设想不可能做到尽善尽美，对市场经济的认识也只能达到那个时代的高峰。但是，马克思主义并不是僵死的教条，在实践过程中，运用马克思主义立场、观点和方法分析现实问题，才是马克思主义理论的精髓所在。“坚持和发展马克思主义，必须同中国具体实际相结合。我们坚持以马克思主义为指导，是要运用其科学的世界观和方法论解决中

1　马克思:《资本论》第 2 卷，人民出版社 1972 年版，第 277 页。

国的问题，而不是要背诵和重复其具体结论和词句，更不能把马克思主义当成一成不变的教条。”[1] 正是因如此，在改革开放的伟大实践中，市场经济在与中国特色社会主义的结合中不断焕发出生机和活力，中国特色社会主义不断开辟出马克思主义中国化时代化新境界。

二、政府与市场关系的理论演进

通过梳理经济学说发展史，可以从历史演进的角度串联起如何处理市场和政府关系的思想演变。所有的经济思想植根于特定的经济时代，因此政策实践、理论主张需要结合时代背景加以理解。

（一）重商主义：利益导向的政府与市场关系

经济思想源远流长，而经济科学之滥觞则要从民族国家与重商主义讲起。“重商主义”是 18 世纪以后才开始使用的名词，发明人是重农主义者米拉波，而推广人则是众所周知的亚当·斯密，亚当·斯密对西欧各国在封建社会的晚期所推行的政策进行考察，将其统称为“重商主义”。他在《国富论》第四编“论政治经济学体系”中写道：“不同时代不同国民的不同富裕程度，曾产生两种不同的关于富国裕民的政治经济学体系，其一，可成为重商主义；其二，可称为重农主义。”[2]“重商主义”是西欧封建制度瓦解和资本主义生产方式萌芽和形成时期反

1　习近平：《高举中国特色社会主义伟大旗帜　为全面建设社会主义现代化国家而团结奋斗——在中国共产党第二十次全国代表大会上的报告》，《求是》2022 年第 21 期。。

2　亚当·斯密：《国民财富的性质和原因的研究（下卷）》，郭大力、王亚南译，商务印书馆 1974 年版，第 3 页。

映商业资产阶级利益的经济思想和政策体系。关于“重商主义”，布鲁和格兰特在其著作《经济思想史》中，将其描述为一个取代封建、提倡民族主义、赋予商人新贵身份和重要性、为经济和军事扩张辩护的学说。[1]然而与其说是一种学说，毋宁说是一种政策导向。亚当·斯密对“重商主义”的经典描述则是：趋向于有利的国际收支平衡的某种政策体系——刺激出口，不鼓励进口，对殖民贸易施加管制等。

“重商主义”产生于15世纪末，全盛于16世纪，17世纪下半叶开始瓦解。欧洲历史上民族国家则兴起于16世纪到18世纪，是现代意义上的政治实体。一种观点认为，民族国家成型始于《威斯特伐利亚和约》，标志着以国家作为利益共同体的开端。伴随着民族国家的出现，世界呈现出国家间相互竞争的格局，而重商主义则是为国家争夺利益摇旗呐喊的颇具影响力的思潮。在重商主义影响下，“经济学”取得相对独立的地位。在此阶段，政府与市场关系完全是利益导向，自由贸易还是政府管制取决于如何满足当权者的利益诉求。

重商主义者关于民族国家建设的目标和他们有关国家政治经济力量的扩大要求获得用金银支付的贸易剩余的观点结合在一起，于是造就了政府政策对经济事务的广泛管制。重商主义把政治和经济政策统一在国家的旗帜下。[2]重商主义者开启了一种新的理念：将独立的经济事务、政治家根据独立的经济领域内运行法则施加统治二者交织的理念。

1 斯坦利·L.布鲁、兰迪·R.格兰特：《经济思想史》，邸晓燕译，北京大学出版社2014年版，第14页。

2 张旭：《政府和市场的关系：一个经济学说史的考察》，《理论学刊》2014年第11期，第54—62、127—128页。

（二）从古典政治经济学到新古典经济学：政府职能的缺位

关于政府调节与市场调节，最早可以追溯到古典政治经济学。1776年出版的《国富论》，象征着古典政治经济学理论的开端。亚当·斯密、李嘉图完成了古典政治经济学的构建。在亚当·斯密的理论框架里，自由化的市场是无形之手，经济活动不是靠政府在引导，是靠无形之手。“看不见的手”作为一项具有重大意义的术语，出现在亚当·斯密1759年出版的著作《道德情操论》中：“尽管他们的天性是自私的和贪婪的，虽然他们只图自己方便，虽然他们雇用千百人来为自己劳动的唯一目的是满足自己无聊而又贪得无厌的欲望，但是他们还是同穷人一样分享他们所作一切改良的成果。一只看不见的手引导他们对生活必需品作出几乎同土地在平均分配给全体居民的情况下所能作出的一样的分配，从而不知不觉地增进了社会利益，并为不断增多的人口提供生活资料。”[1]

当然，《国富论》中，亚当·斯密再次提及“看不见的手”：“他受着一只看不见的手的指导，去尽力达到一个并非他本意想要达到的目的。也并不因为事非出于本意，就对社会有害。他追求自己的利益，往往使他能比在真正出于本意的情况下更有效地促进社会的利益。”[2]

“看不见的手”正是亚当·斯密经济自由思想的体现，他主张实施自由放任的政策，而市场则是让“看不见的手”运作的渠道。亚当·斯密认为，存在着无形之手的市场体制可以自发实现市场的功

1 亚当·斯密：《道德情操论》，蒋自强、钦北愚、朱钟棣、沈凯璋译，商务印书馆1997年版，第230页。

2 亚当·斯密：《国民财富的性质和原因的研究（下卷）》，郭大力、王亚南译，商务印书馆1974年版，第27页。

能，而政府对自利个体的干预反而会阻碍国民财富的增长。“关于把资本用于哪类能够生产最有价值的产品的国内产业上面这一问题，显然每一个身临其境的人都能做出比政治家或立法家更好的判断。如果政治家企图指导私人应如何运用他们的资本，那不但是自寻烦恼，而且是沽名钓誉，想要得到一种权力，一种不能放心地委托给任何人、也不能放心地委托与任何委员会或参议院的权力。把这种权力交给一个大言不惭而又自认为有资格行使权力的人，是再危险不过的了。”[1]

针对交易活动，亚当·斯密另一句为人所熟知的名言是“请给我所需要的东西，同时，你也能得到你所需要的东西：这就是交易的通义”[2]。亚当·斯密认为交易源于市场分工，而分工取决于市场规模，所以分工越深市场规模就越大。总之，亚当·斯密理论最核心的部分就在市场方面，经济活动由市场进行调节。

大卫·李嘉图继承了亚当·斯密的经济自由主义思想，传承和发展了古典政治经济学。他认为：“在交易完全自由的制度下，按照自然趋势，各国都把资本劳动，投在最有利的用途上。个人利益的贪图，极有关于全体幸福。”[3]与亚当·斯密的核心思想一脉相承，崇尚自由市场，反对政府干预市场的经济行为，而政府则充当“守夜人”的角色即可。此外，在国际贸易领域，李嘉图提出“比较优势原理”，即不同国家之间贸易的基础是生产技术的相对差别，两国之间劳动生产率的差

1　夏尔·季德、夏尔·利斯特：《经济学说史》，徐卓英译，商务印书馆 1986 年版，第 327 页。

2　亚当·斯密：《国民财富的性质和原因的研究（上卷）》，郭大力、王亚南译，商务印书馆 1972 年版，第 14 页。

3　大卫·李嘉图：《政治经济学及赋税原理》，郭大力、王亚南译，上海三联书店 2014 年版，第 74 页。

距并不是在任何产品上都相同的，因此各国只生产具有比较优势的产品用以交换，贸易双方均有利可图，李嘉图将亚当·斯密"看不见的手"推向了世界。

马歇尔作为新古典学派的标志性代表人物，1890 年发表的《经济学原理》将各学派理论兼收并蓄，在融合了供求理论、生产费用理论、边际效用理论、边际生产力理论等的基础上，建立了以均衡价格论为核心的经济学体系。与古典政治经济学相比，他抛弃了自由放任的观点，提倡慎重的改革，同时将单个小型"代表性"厂商作为经济研究的重点。然而，无论研究方法如何更新换代，在市场均衡理论的研究中，政府经济职能始终缺位，即默认在经济方面政府仅作为旁观者。

沿着从古典政治经济学到新古典经济学的线索，从理论发展的历史逻辑来看，西方经济学家所崇尚的是市场调节，只有市场没有政府。马歇尔的《经济学原理》、亚当·斯密的《国富论》以及李嘉图的《政治经济学及赋税原理》，都没有涉及政府的阐述。古典政治经济学和新古典经济学缺乏政府的经济职能：把政府所有的经济职能剥离给市场，而政府承担的只能是社会职能以及公共职能。所以，从古典政治经济学到新古典经济学，都不讨论政府，而只研究市场。

其后，弗莱堡学派把市场推向极致。最具代表性的人物就是哈耶克，他认为人类秩序是自发的、拓展的，不是人为打造出来的。所谓"自发秩序"，即"人文行动的结果，而非人文设计的结果"[1]。市场秩序是许多代人的行动共同影响的结果，是一种"理性不及"的秩序结构——既不是理性，也不是非理性。哈耶克批判计划经济，是市场经

1 弗里德里希·冯·哈耶克：《个人主义与经济秩序》，邓正来编译，复旦大学出版社 2012 年版，第 7 页。

济的坚定捍卫者，他认为计划者永远不会获取足够的信息和知识以正确地配置资源，因此推崇市场决定资源配置。在其1944年出版的著作《通往奴役之路》中，哈耶克提出：应当重视产权在经济中的主导地位；竞争应当占据主导地位。[1]在竞争能够发挥作用的地方，要尽量让竞争发挥主导作用。即使在公用事业和公共服务领域，他也反对垄断，他认为至少应该允许市场主体平等地进入这些领域，展开公平的竞争。市场竞争和政府计划在此呈现出二元对立的状态。

（三）凯恩斯革命：政府作用的再提出

从经济自由主义思想占据主流地位，直到后来1929年到1933年世界经济危机的爆发，使人们更多地看到了市场本身所带来的问题，尤其是给世界经济带来的波动。经济自由主义的政策主张此时已经无法有效解决大萧条所带来的惨痛后果。为挽狂澜于既倒，扶大厦之将倾，世界呼唤新的理论。“凯恩斯主义”应运而生。

1936年，凯恩斯发表《就业、利息和货币通论》这一具有划时代意义的著作，创立了宏观经济学。进行以需求管理为中心思想的政府干预收入、分析宏观经济的经济学领域的深刻变革，即“凯恩斯革命”。所谓凯恩斯革命，说得更直接更通俗一点，就是革“萨伊经济学”的命。萨伊认为，经济均衡由市场来决定，即供给自动创造需求，只要产品生产出来，就一定会消费掉，不会存在经济危机问题。萨伊在1803年出版的《政治经济学概论：财富的生产、分配和消费》一书中提出了后来被西方广泛接受的“萨伊定律”：“仅仅鼓励消费并无益于商业，因为困难不在于刺激消费的欲望，而在于供给消费的手段。所以，

1　弗里德里希·奥古斯特·冯·哈耶克：《通往奴役之路》，王明毅等译，中国社会科学出版社1997年版，第42—44页。

激励生产是贤明的政策，鼓励消费是拙劣的政策。”[1]萨伊定律主要说明，经济一般不会发生任何生产过剩的危机，更不可能出现就业不足。

自1875年资本主义社会发生第一次经济危机以来，经济危机就成为资本主义社会难以治愈的社会顽症。1929年到1933年，资本主义世界爆发规模空前的经济危机，产品大量过剩，企业倒闭或停产比比皆是，失业人数暴增，打破了萨伊的教条，宣告了“自由放任”、不干预政策的破灭。在这一历史背景下，凯恩斯的国家调节经济的宏观经济调节理论和政策主张应运而生，并掀起了凯恩斯革命。按照萨伊的理论，供给自动创造需求，然而问题是，当需求小于供给时，有效需求不足，大量供给的生产产品卖不掉，形成社会剩余，进而导致经济波动。所以凯恩斯提出，尽管供给可以创造需求，但是供给创造的需求会存在有效需求不足。因此需要政府采取财政政策刺激经济，扩大财政支出，用以实现有效需求的扩大。按照凯恩斯的解释，资本主义危机的根源在于有效需求不足。正是由于有效需求不足，充分就业不是资本主义“常态”，非充分就业才是常态，这也是凯恩斯将自己的著作定名为《通论》的原因。根据凯恩斯有效需求原理，总就业量决定于总需求，失业是由总需求不足造成的。而有效需求不足的原因在于“三个基本心理规律”，即消费倾向、灵活偏好和未来资本收益预期。由于消费边际递减、心理上的灵活偏好和资本收益边际递减，当收入增加时，消费也会增加，但不如收入增加快。同时，私人投资也会出现不足，因此经常引起需求不足。

针对有效需求不足，凯恩斯提出只有通过政府赤字财政，扩大政

1　萨伊：《政治经济学概论：财富的生产、分配和消费》，陈福生、陈振骅译，商务印书馆1963年版，第149页。

府投资以弥补私人投资不足，才能刺激经济发展。“二战”后，罗斯福新政与凯恩斯理论不谋而合。正是由于理论得以运用于实践并获成功，让凯恩斯及其经济学说名声大振，享誉世界。当然，凯恩斯并不是完全否定整个新古典经济学，而只是提出对新古典经济学的补充和完善。这种理论上的不彻底性也同时注定了凯恩斯主义经济学的局限性。到20世纪80年代中期，面对越来越严重的经济滞胀，凯恩斯主义失去了解释力，由此新自由主义渐成主流，英美等发达国家开始纷纷推崇新自由主义政策主张，“华盛顿共识”一时风行拉美和东欧。直到2008年金融危机，凯恩斯主义也曾短暂“回光返照”，但仍然无力回天，难返当年的风光和辉煌。

（四）政府失败与回归市场：古典学派的复归

“二战”后凯恩斯主义在西方资本主义国家大行其道，各国政府对经济活动加强干预和调节，更重要的问题在于，对于所有政府和人民而言，强干预是一种让人“上瘾”的政策激励，不利于长期发展——在推动经济繁荣的同时也造成了隐患，无异于埋下不稳定的定时炸弹。20世纪70年代后“滞胀”的发生，即经济发展停滞和通货膨胀并存，就被认为是政府过度干预的后果。

历史从来是螺旋式上升，曲折中前进，在经济世界，这样的规律也不例外。此后，西方经济学中政府与市场关系的争论再度兴起，人们意识到政府也不是万能的，政府同样存在失败。因此，西方主流经济学界又出现了货币学派、新结构学派等流派，实际上是对古典政治经济学的回归，市场调节重新占据主导地位。货币学派将“滞胀”归因于政府长期推行凯恩斯主义政策，因而反对国家干预经济。代表人物弗里德曼认为政府应当完全不干预经济，只要中央银行管制货币供给，经济就会实现自动的平衡。理性预期学派、供给学派、公共选择学派、新自由主义学派等等，在政府与市场关系的观点上也都支持自由市场，反对政府干预。

首先是反对政府干预。针对凯恩斯提出的为实现“充分就业”和“经济增长”，政府必须加大干预，扩大政府开支的理论，弗里德曼认为，政府干预是错误的，正是政府干预导致经济波动。“经济大萧条像大多数其他严重失业时期一样，是由于政府管理不当造成，而不是由于私有制经济的任何固有的不稳定性。”[1] 而且政府干预影响了市场竞争的公平性，直接或者间接成为垄断的重要来源。弗里德曼甚至错误地认为，政府干预会扼杀个人行动的多样化和差异化。“哥伦布并不是由于响应议会大多数的指令才出发去寻找通向中国的道路”，“牛顿和莱布尼茨，爱因斯坦和博尔，莎士比亚……爱迪生……南丁格尔……没有一个是出自响应政府的指令。他们的成就是个人天才的产物”。[2]

其次是鼓吹完全市场化。弗里德曼崇尚和迷信市场的程度，只有哈耶克可以同他比肩，他们都是斯密的忠实信徒。弗里德曼相信，自由是人类进步的动力，而市场机制提供了自由尽善尽美发挥的基础。即使是市场存在缺陷，这种缺陷也比政府干预带来的危害小。对此，有人批评说，弗里德曼是个天才，但是这个天才“错得离谱”[3]。

再次是美化资本主义。他认为，资本主义和自由企业制度会造成更大范围的不均等只是一个推论，并且经常被错误解释。相反，“资本

---

1 弗里德曼：《资本主义与自由》，张瑞玉译，商务印书馆 2009 年版，第 43 页。

2 弗里德曼：《资本主义与自由》，张瑞玉译，商务印书馆 2009 年版，第 6—7 页。

3 张五常：《弗里德曼和科斯错得一塌糊涂，但不代表他们不伟大》，转引自澎湃新闻，https://www.thepaper.cn/newsDetail_forward_1291544。

主义比其他的制度造成更少程度的不均等，而资本主义发展还大大减少不均等的范围。……国家愈加资本主义化，在任何意义上的不均等看来是越少：英国少于法国，美国少于英国”[1]。事实上，恰恰是弗里德曼自己在进行错误的逻辑推导，因为他把资本主义现实中的不均等简单地归因于市场不完全性，进而把这种市场的不完全性说成是政府行动所造成的。

梳理整个经济学说史的逻辑线索可以看到，对于如何处理好市场和政府关系，莫衷一是，永远没有历史定论：从自由放任到强调政府干预，再到崇尚自由市场的复归，呈现出摇摆的状态。在西方经济学中，无论市场与政府的争论如何纷繁复杂，总体上市场与政府的替代关系成为常态，甚至将私有化所有制视作市场经济的天然属性，这也是资本主义经济理论的局限所在。

三、不同经济体制下的政府与市场关系

政府与市场关系是经济体制中的核心问题，本部分将梳理计划经济体制、资本主义市场经济体制和社会主义市场经济体制中的政府与市场关系。与此同时，将理论研究和现实实践相结合，尽可能全面而客观地展示政府调节和市场调节在资源配置中的功能定位及其效果。

首先是计划经济体制。无论在理论逻辑还是实践逻辑中，计划经济已经成为过去时，或者说目前鲜有国家实行计划经济体制。资本

1 弗里德曼：《资本主义与自由》，张瑞玉译，商务印书馆 2009 年版，第 182 页。

主义国家并未在实践上推行计划经济体制，有的仅仅是计划调节的手段。所谓计划经济体制应当是以社会为单位对经济进行计划性调控。

其次是市场经济体制。现实中没有绝对纯粹的市场经济体制，必须区分资本主义市场经济和社会主义市场经济。第一，所有制决定基本经济制度，经济体制属于经济制度的一个方面，因此需要从根本上区分不同基本经济制度下的经济体制；第二，从推行市场经济体制的国家来说，应该分为资本主义市场经济体制和社会主义市场经济体制；第三，区分不同所有制或者说社会性质下的市场经济，并不意味着需要考证谁是真正的市场经济，资本主义市场经济体制和社会主义市场经济体制不应当存在谁是“正统”的争论，只存在政府经济职能的变迁以及政府与市场关系的变化。

（一）计划经济体制

1. 计划经济

计划经济，或计划经济体制，又称指令性经济。在计划经济体制下，由政府制定政策措施，计划安排经济活动，调节经济运行，有规划、有计划地发展经济。这种体制下，国家再生产、资源分配以及产品消费各方面，都是由政府事先进行计划。由于几乎所有计划经济体制都依赖政府的指令性计划，因此计划经济也被称为“指令性经济”。计划经济体制的特征是产品无偿调拨，没有市场中间环节，没有真正的产品平等交换。

在计划经济体制下，只有政府没有市场，市场交易严格来说不能叫“交换”，只能叫“调拨”。因为只有政府行为，没有市场调节，而且不是平等的交换关系。

（1）苏联模式。苏联模式是苏联工业化和经济发展过程中所采用的，并且延续70多年的一种经济体制。这种经济体制是一种高度集中的计划经济模式，即通过国家权力，全面干预和管理国民经济各部门，通过指令性计划集中进行资源配置，进行社会生产活动。具体表现为经济运行排斥市场和价值规律；政府通过计划确定全社会的产、供、销和企业的人、财、物等。由于苏联是在斯大林取得领导权后开始全面执行计划经济，斯大林还从理论上对计划经济进行了概括，并使其成为苏联乃至于其他一些社会主义国家实行工业化的指导思想，所以，通常人们把计划经济体制称为斯大林模式。

苏联模式是一个以国家为核心的高度集中的行政命令、计划管理体制，它限制了商品货币关系的发展，否定了价值规律和市场机制的作用，用行政命令甚至粗暴的手段管理经济，把一切经济生活置于指令性计划之下，并片面发展重工业，过多剥夺农民和限制居民生活，实行高积累，多投资。但是这种高度集权不仅以市场的不发达作为自己存在的理由，而且为了保全自身，通过经济资源的绝对垄断，限制市场因素的发展来巩固自身。随着过度集中的体制和日益发展的市场因素的对抗性矛盾走向顶点，苏联模式体制最终走向崩溃。

客观评价苏联模式，有积极和消极两个方面的影响。在积极方面，它使苏联进入工业化国家行列，为后来取得反法西斯战争胜利奠定物质基础。但是它在消极方面的影响也很突出，这种高度集权模式阻碍了经济持续发展和社会主义优越性的充分发挥。通过高度集权模式推动经济空前增长，却掩盖着经济效率极低的现实，这表现在：第一，优先发展重工业，使农业和轻工业长期处于落后状态；第二，在计划经济体制下，片面强调产值和产量，造成了产品品种少、质量差；第三，国家从农民手中拿走的东西太多，严重地损害了广大农民的利益，农民没有生产积极性，农业产量长期停滞不前；第四，经济发展粗放，经济效益低下，大量消耗和浪费了资源；第五，国家对经济资源的垄断，造成国家机关内腐败滋生。随着时间的推移，斯大林模式的一系列弊端日益暴露出来。从长远看，它严重阻碍了苏联的进一步发展，并最终造成了苏联于 1991 年解体。

（2）中国社会主义计划经济体制形成。新中国成立初期，中国在苏联模式的影响下建立了高度集中的计划经济体制，在一定程度上促进了工农业的迅速发展。中国的社会主义是在工业基础极端薄弱的情况下建立的，党和人民都迫切地想要改变当前的落后面貌，加快工业化的发展速度，建立起重工业的国家基础，巩固新生的国家政权，而当时国家缺乏工业化的积累资金，只有选择计划经济才能最大限度调配国内一切资源，保证工业化特别是重工业发展的需要。当时苏联在高度集中的计划经济体制下在工业和国防建设等方面取得了一系列的重要成就，这无疑对社会主义的中国形成了巨大的吸引力，选择计划经济也是理所当然。

从思想观念上来讲，传统的社会主义理念认为，社会主义的经济基础应为单一的生产资料公有制，应取消一切私有经济的存在，商品、货币、市场是与社会主义不相容的，应以国家计划来指挥整个生产、分配系统的运转。受思想认识局限性的影响，当时我们党认为计划经济是社会主义的题中应有之义，新民主主义经济只不过是暂时的，只要条件具备，就必然通过社会主义改造实现单一的公有制，顺理成章地建立起社会主义计划经济体制。

中国高度集中的计划经济体制经历了新中国成立初期国民经济恢复时期的奠基及“三大改造”完成后的最终确立。在国民经济恢复时期，通过没收官僚资本，统一全国财政收支等措施保持了经济稳定，为“三大改造”的顺利开展和国家有计划的社会主义建设奠定了基础。1953 年，我们党提出了过渡时期总路线，提出了“基本上实现国家工业化和对农业、手工业和资本主义工商业的社会主义改造”的任务。在农业和手工业方面，是通过合作化道路实现的社会主义改造，将分散的小农经济改造成为社会主义集体经济，将个体私有制转变为社会主义公有制。国家对资本主义工商业的社会主义改造是采取国家资本主义的方式实现的。

“三大改造”基本完成后，公有制占国民经济的比重达到 95% 以上，国家实现了生产资料、生活资料、劳动力的统一调拨和分配，全社会被纳入计划管理之下，高度集中的计划经济体制建立起来。这种高度集中的计划经济体制在社会主义建设初期对于国民经济的迅速恢复和建立起独立完整的工业体系发挥了一定的积极作用，全国工业总产值 1957 年达到 783.9 亿元，比 1952 年增长 128.3%，平均每年增长 18%；全国农业总产值 1957 年达到 604 亿元（按 1952 年不变价格计算），比 1952 年增长 25%，平均每年增长 4.5%。[1] 但随着计划经济体制的固定僵化，各种弊端也逐渐暴露出来。在生产上，违背客观经济规律；在分配上，产品由国家统购包销，无视企业效益，造成了企业和职工缺乏活力和创造力，对中国国民经济的发展造成了严重的影响。

2. 传统计划经济体制的主要弊端：政府完全代替市场

计划经济思想最初来源于马克思、恩格斯对未来社会主义经济的构想。1917 年俄国十月革命之后，当时迫于国内外政治经济形势，列

1　数据来源：徐光春主编：《马克思主义大辞典》，崇文书局 2017 年版，第 1014 页。

宁断然实行了“战时共产主义”政策，通过实行生产资料国有制对国民经济各部门进行严格的集中管理，同时取消商品货币关系，这成为计划经济体制的最初实践。在传统计划经济体制下，资源配置的决策权主要集中于中央计划当局手中；中央计划当局依靠纵向信息传导机制来确定计划产量和计划价格，并主要通过行政命令、政治动员和精神鼓励等手段促使基层生产组织完成计划目标。由此可见，传统计划经济体制与现代市场经济体制的资源配置方式存在着明显的差异。在后一种经济体制下，资源配置的决策权主要掌握在微观经济主体（厂商和消费者）的手中；微观经济主体依靠横向信息传导机制并利用市场价格反映出的信息来进行生产和消费决策；拥有独立产权的微观经济主体在市场供求、价格、竞争和风险机制的调节下从事经济活动以实现自身经济利益的最大化。

不可否认，传统计划经济体制在其建立的初期曾经取得过巨大的成就，主要体现为集中动员人力、物力资源促进经济的快速增长，建立起国家的工业化基础。然而社会主义国家的实践表明，计划经济体制本身是一种低效率的体制，它严重压抑了个人的自由选择和体制内创新的动力；计划经济体制虽然在短期内促进了国家的工业化进程，但却是以严重的经济结构扭曲和资源消耗为代价的。因此，从长期来看，计划经济体制既不是一种有效的资源配置机制，也不是一种可持续的经济发展模式。

（1）决策权高度集中。在传统计划经济体制下，中央的权力过分集中，地方机构遇事必须请示中央决定，即使有些事由地方解决更为有利。而中央机构不可能事无巨细全都了解，因而失误必然越来越多。另外，传统计划经济体制下决策权的高度集中也体现在，一切生产计划都由中央决定，企业没有自主权。即使上级下达的计划任务无科学根据，与企业的实际和市场的需要严重脱节，企业也必须无条件地完成。评价企业工作好坏的标准，是指令性计划任务完成情况，其结果必然造成企业为计划而生产，而不管产销是否对路，产品是否符合消费者的需要。产销严重脱节，造成资源的巨大浪费。

（2）市场的作用受到严格限制。在传统计划经济体制下，价值规律的作用未受到应有的重视，产品的价格由国家统一规定，价格的形成缺乏依据且严重僵化，长期固定不变，既不反映价值，也不反映供求，价格在资源配置中的合理导向功能丧失殆尽。

（3）企业缺乏活力。在传统计划经济体制下，由于国家财政实行统收统支，企业利润几乎全部上缴，企业所需资金由财政预算无偿拨付，企业只考虑完成计划指标，缺乏改进技术、发展生产的内在动力，从而侵蚀了企业的效率，窒息了企业的活力，造成生产过程中资源的大量浪费。

总体上看，传统计划经济体制的主要弊端是：政府完全代替市场。政企职责部分，条块分割，国家对企业统得过多过死，权力过于集中，忽视商品生产、价值规律和市场机制的作用，分配中平均主义严重。这就造成了企业缺乏应有的自主权，企业吃国家“大锅饭”，职工吃企业“大锅饭”的局面，严重压抑了企业和广大职工群众的积极性、主动性、创造性，使本来应该生机盎然的社会主义经济在很大程度上失去了活力。

（二）资本主义市场经济体制

资本主义国家虽无计划经济体制，但市场调节和政府调控的争论从未停止。从凯恩斯主义到新自由主义，发生从政府调节到市场调节的转向。经济思潮的涌动，也伴随着经济体制变革的发生。资本主义市场经济，即资本主义的社会制度之下，通过市场配置社会资源的经济形式。“资本主义市场经济体制”，即在这种经济形式下的经济体制。

1. 资本主义市场经济体制

资本主义私有制是资本主义市场经济体制的前提，但是资本主义与市场经济不具备天然等同性，市场经济远比资本主义起源早。从历史的先后来看，是先有市场经济，后有资本主义；而不是先有资本主义，才有市场经济。市场经济的调节机制，并非天然有着资本主义属性，市场对资源配置的调节，与资本主义制度的兼容，共同构成资本主义市场经济体制。

首先，根据马克思的理论，资本主义生产方式是以社会化的机器大生产为物质条件、以生产资料的资本家私有制为基础和主要特征的社会经济制度。18 世纪以来，资本主义的发展经历了从以自由竞争为特征的自由资本主义到逐渐向垄断过渡，并逐渐代替自由竞争的垄断资本主义或帝国主义的转变，其涉猎的版图也由商业、产业拓展到金融领域。随着资本主义发展阶段的变迁，资本主义市场“无形之手”也伸向更远更深处——从局部向全国，再向整个世界。

其次，资本主义生产方式的基本特征之一是商品经济高度发达，或者称之为“交换经济的最高形式”。关于市场经济——以市场为基础手段进行资源配置的经济，强调的是交换经济的体制。事实上，市场是商品交换的场所，一切服务于以交换为目的的经济都属于市场经济。显然，市场经济的产生和发展源于分工的出现和发展，是分工和交换扩大的结果。市场经济的起源远比资本主义早，市场经济并不是天生于资本主义，也不等同于资本主义经济。因此，市场经济并不是天然就需要以资本主义生产方式为前提。“资本主义生产方式迫使每一个企业实行节约，但是它的无政府状态的竞争制度却造成社会生产资料和劳动力的最大的浪费，而且也产生了无数现在是必不可少的、但就其本身来说是多余的职能。”[1]在生产资料私有制的基础上，宏观调控难于操作，市场必然“野蛮生长”。

另外，马克思在《共产党宣言》中论及“贸易自由”“买卖自由”，实质上是市场经济的体现。“现代资本家的生产制度里所谓自由，不过是贸易自由，买卖自由。如果买卖消灭，买卖自由也是要消灭的。资本家所说关于买卖自由和一般自由底大议论，如果把他同中世买卖底束缚，商人底束缚对比，或是很有意义；拿他来反对共产党所主张的买卖废止，资本家的生产制度废止，资产阶级本身废止，这就毫无意义了。”[2]归根结底，真正的市场经济需要消灭资本主义私有制，即所谓“废止私有制”。马克思解释为“共产主义要剥夺的，不是社会的生产分配权，只是用这种分配方法来压迫别人劳动的权力”[3]。政府与市场关系的核心是在特定社会经济制度下各方利益关系调整的实现形式。因此，在资本主义私有制下，无论资源配置方式如何调整，市场始终只是在同一维度的轨道上变换寻求“优化”，只是为特定利益群体谋福利。

从对经济利益的追求来看，除了在市场经济制度背景下，通过市场交易和市场竞争——家庭和企业分别追求自己的利益、做出决策这一种途径以外，必须要看到政治因素的存在。一是影响日常政治活动的方式，以影响有利于自身的经济政策，例如现实生活中，西方选民

1　马克思、恩格斯：《马克思恩格斯文集》第5卷，人民出版社2009年版，第605页。

2　马克思、恩格斯：《共产党宣言》，陈望道译本，1920年8月，第26页。

3　马克思、恩格斯：《共产党宣言》，陈望道译本，1920年8月，第27页。

投票给中意的候选人，候选人为了拉选票一般会做出承诺；二是改变社会的基本制度规则与环境的方式，比如有时采取暴力革命的手段。如果要完整、全面分析人们对利益追求的行为，需将以上三方面的因素考虑在内。

西方经济学把资本主义社会看作稳定的社会形态，而马克思主义理论从历史唯物主义的角度则认为，社会的最终形态是共产主义社会。马克思在《资本论》第一卷第一版的序言中指出："我的观点是：社会经济形态的发展是一种自然历史过程。"[1]《资本论》的法文版中，则是："我的观点是：社会经济形态的发展同自然的进程和自然的历史是相似的。"[2]社会形态处于不断的演进之中，生产力和生产关系交相推动变革。西方经济学强调由于资源稀缺，通过竞争达到稳定状态，其"资源配置"限定在资本主义的社会形态。私有制的所有制制度之下，框架限定层层叠叠，能够配置的资源也相对局限，如政治权利就不在其中，但对经济产生深远影响；而马克思主义政治经济学强调竞争中存在的冲突性、矛盾性，寻求变革的机会。

2. 资本主义市场经济体制中的政府职能

在资本主义市场经济条件下，资产阶级政府的经济职能，在马克思看来，是为了维护统治阶级即资本家的利益，为了维护资本主义生产方式和生产关系而存在，就是保障资本的不断增殖和发展。

马克思指出国家职能的二重性：一方面是经济管理职能，另一方面是阶级统治职能。资本主义市场经济体制中的政府为资产阶级代言，加强政治统治的同时，在经济方面取得话语权和管制权。

1　马克思：《资本论》第1卷，人民出版社1975年版，第12页。

2　马克思、恩格斯：《马克思恩格斯全集》第43卷，人民出版社1995年版，第19页。

资本主义国家经济发展历程同样是政府与市场关系在理论上与实践中发生变革和改变的历程。从强调自由放任的市场经济到凯恩斯主义，资本主义国家的角色也从“守夜人”转换到强干预的角色。20 世纪 70 年代滞胀危机、21 世纪以来资本主义世界的金融危机以及金融衰退显示了资本主义国家不断在“市场失灵”和“政府失灵”之间摇摆。资本主义市场经济体制始终没有跳脱政府与市场二元对立的局限。

2020 年全球新冠疫情暴发，引发了人们对以“华盛顿共识”为代表的自由化市场经济的深刻反思。正如法国总统马克龙所言，过度强调私有化和自由市场的资本主义模式可能已经走不通了，“有必要超越去监管化以及对国家干预的敌视”，需要建立一个新的共识，其原则不是削弱国家、减少公共部门数量。[1]市场与政府关系及其边界的变化反映了西方发达资本主义国家市场经济发展中所暴露出的局限，即市场调节和政府调控的两种手段无法有机统一。

历史事实已经证明：西方主流经济学对于发展中国家的现代化起了误导作用。早期很多发展中国家由于深受西方理论影响，简单化地照搬和复制西方模式，非但没有让这些国家成功走向现代化，反而饱尝西方模式带来的苦果，导致发展不断退化甚至落入发展“陷阱”，一些国家甚至党争纷起、战祸不断、社会动荡。[2]遵循“华盛顿共识”的拉美国家就是鲜活的例证。“华盛顿共识”作为应对 20 世纪 80 年代拉美国家出现的严重债务危机与恶性通货膨胀问题而提出来的政策主

1　赵峰、周慧珍：《有效市场、有为政府与党对经济工作的集中统一领导》，《学习与探索》2021 年第 6 期，第 2、86—97、196 页。

2　周文、宁殿霞：《中国特色社会主义政治经济学：渊源、发展契机与构建路径》，《经济研究》2018 年第 12 期，第 20—33 页。

张，其学术背景是复兴的新古典和新自由主义经济学。“华盛顿共识作为一个学说，其成功之处在于它的简明性：经济学家仅仅利用简单的会计原理就能执行它的政策建议。几项经济指数，即通货膨胀、货币供应增长、利率、预算和贸易赤字，可以作为一整套政策建议的基础。”[1] 然而“华盛顿共识”却混淆了目标和手段，把私有化、自由化等使市场更有效率、更有竞争性的手段当成了改革的目标本身。

（三）社会主义市场经济体制

社会主义市场经济体制是中国改革开放所建立的市场经济体制。本部分梳理新中国成立以来我国从计划经济到社会主义市场经济的改革和探索。以党的中央领导人讲话和重要文件为纲领，以时间为序呈现我国政府与市场关系的理论与实践的演进。改革开放40多年来，我们党带领全国各族人民坚定不移推进经济体制以及其他方面的改革，使我国成功实现了从高度集中的计划经济体制向充满生机和活力的社会主义市场经济体制的伟大转变，极大调动了亿万人民的积极性、创造性，极大促进了社会生产力发展，极大增强了党和国家的生机活力。

党的十八大以来，以习近平同志为核心的党中央以更大力度推进全面深化改革，经济体制改革全面发力、多点突破，有效破解了经济社会发展中诸多深层次矛盾和问题，推动经济社会发展取得历史性成就，发生历史性变革。40多年改革开放的一条主线，就是逐步探索、建立和不断完善社会主义市场经济体制。完善社会主义市场经济体制是一项事关实现中华民族伟大复兴的关键性、系统性工程，全党全社会必须统一思想、形成合力，坚持不懈、久久为功。

---

1 斯蒂格利茨：《后华盛顿共识》，《国外社会科学文摘》1999年第1期、第2期。

1. 社会主义市场经济体制的探索与确立

1949年新中国成立伊始，国家一穷二白。党的第一代中央领导集体做出了走工业化发展道路的战略部署，选择了计划经济。随着经济日益复杂化，计划经济体制难以有效处理信息，做出决策，进而有效配置资源，同时微观经济主体的积极性也受到严重影响。[1]针对出现的问题，以毛泽东为代表的中央领导人意识到需要对计划经济体制进行改进，探索如何在计划经济体制内建立有计划的商品经济。“必须肯定社会主义社会的商品生产和商品交换还有积极作用”[2]，“不能把商品生产与资本主义混为一谈。……不能孤立地看商品生产”[3]。但是经济体制仍然限定在计划经济体制的框架之下。

1978年，党的十一届三中全会在北京召开。全会的中心议题是讨论把全党的工作重点转移到社会主义现代化建设上来，提出了改革开放的任务。“要采取一系列新的重大的经济措施，对经济管理体制和经营管理方法着手认真的改革，在自力更生的基础上积极发展同世界各国平等互利的经济合作。”[4]在指出计划经济的缺点在于权力过于集中的基础上，明确指出应该有计划地下放权力给基层，改革的方向是要“充分发挥中央部门、地方、企业和劳动者个人四个方面的积极性”[5]。对计划经济体制改革的序幕由此拉开。

关于社会主义和市场经济的兼容性，邓小平在提出“社会主义的

1　张宇：《中国特色社会主义政治经济学》，人民出版社2017年版，第128页。

2　毛泽东：《毛泽东文集》第7卷，人民出版社2009年版，第436页。

3　毛泽东：《毛泽东文集》第7卷，人民出版社2009年版，第439页。

4　《中国共产党第十一届中央委员会第三次全体会议公报》，中共中央文献研究室编：《三中全会以来重要文献选编（上）》，人民出版社1982年版，第6页。

5　《改革开放以来历届三中全会文件汇编》，人民出版社2013年版，第8页。

市场经济”时就已经明确指出。在1979年，邓小平就指出：“说市场经济只存在于资本主义社会，只有资本主义的市场经济，这肯定是不正确的。社会主义为什么不可以搞市场经济？这个不能说是资本主义。我们是计划经济为主，也结合市场经济，但这是社会主义的市场经济。虽然方法上基本上和资本主义社会的相似，但也有不同。”[1]改革开放的春风吹向经济体制的变革。1982年，党的十二大在十一届三中全会决议基础上，提出社会主义经济体制是“计划经济为主，市场调节为辅”，其实质是对经济生活中不断增强的市场调节的反映。

1992年邓小平“南方谈话”时提出要建立社会主义市场经济体制，他指出：“计划多一点还是市场多一点，不是社会主义与资本主义的本质区别。计划经济不等于社会主义，资本主义也有计划；市场经济不等于资本主义，社会主义也有市场。市场经济是中性，在外国它就姓资，在中国就姓社。”[2]政府计划和市场调节两种资源配置的经济手段，在社会主义制度下发挥作用。“计划和市场都是经济手段。社会主义的本质，是解放生产力，发展生产力，消灭剥削，消除两极分化，最终达到共同富裕。就是要对大家讲这个道理。”[3]“社会主义优越性最终要体现在生产力能够更好地发展上。”[4]社会主义制度和市场经济是统一的，市场经济作为资源配置方式可以和社会主义制度结合。理论的突破需要实践的跟进，我国社会主义市场经济的探索发展也正伴随着实

1 邓小平：《社会主义也可以搞市场经济》，《邓小平文选》第2卷，人民出版社1994年版，第236页。

2 邓小平：《邓小平文选》第3卷，人民出版社1993年版，第373页。

3 邓小平：《邓小平文选》第3卷，人民出版社1993年版，第373页。

4 邓小平：《邓小平文选》第3卷，人民出版社1993年版，第148页。

践不断推进。

党的十四大正式提出建立社会主义市场经济体制的目标，确定了我国经济体制改革的方向。1993 年党的十四届三中全会做出了《关于建立社会主义市场经济体制若干问题的决定》[1]。《决定》共分为十个部分，其中第三、第四部分分别为“培育和发展市场体系”“转变政府职能，建立健全宏观经济调控体系”，政府、市场协调发挥作用，并不断发展完善这一协调机制。2013 年党的十八届三中全会做出了《中共中央关于全面深化改革若干重大问题的决定》，《决定》明确指出，“市场决定资源配置是市场经济的一般规律”。这一规律，既适用于资本主义市场经济，也适用于社会主义市场经济。这些论述，既是理论的拨乱反正，也是实践探索上升到学理高度的落地。

实践上，我国的经济体制改革是不断推进的，政府的经济职能也发生相应变化。计划经济是“指令性”经济，社会主义市场经济体制仍然有计划，市场经济也需要从宏观上顶层设计和系统擘画国家经济社会发展。但是市场经济体制中的计划已不再是原来的计划，而是已经实现从指令性向指导性转变，从强调政府公共政策向强调为市场服务转变。政府更多的是帮助市场功能正常发挥，例如向私人投资者提供信息服务，增进企业和政府的互动，在共识的基础上帮助政府制定政策，而不是取代市场。

2. 中国特色社会主义市场经济体制

从逐步明确建立社会主义市场经济体制的改革目标，到经过长时间的改革实践和理论探索，完善和发展中国特色社会主义市场经济体

1 中共中央文献研究室编：《十四大以来重要文献选编（上）》，人民出版社 1996 年版。

制，中国走出了一条符合本国国情的社会主义市场经济发展道路。

“中国特色社会主义市场经济体制”是“中国特色社会主义市场经济”的重要组成部分，也是中国特色社会主义经济制度的重要实现形式。2019 年，党的十九届四中全会审议通过了《中共中央关于坚持和完善中国特色社会主义制度、推进国家治理体系和治理能力现代化若干重大问题的决定》，《决定》明确现阶段基本经济制度包括公有制为主体、多种所有制经济共同发展，按劳分配为主体、多种分配方式并存以及社会主义市场经济体制三部分。基本经济制度的实现形式解剖为所有制、分配制度以及经济体制。其中经济体制，即社会主义市场经济体制的研究的核心内容就是政府与市场的关系分析。

而“中国特色社会主义经济”又是“中国特色社会主义”的重要成分。中国特色社会主义，是由中国改革开放的总设计师邓小平同志所提出。党的十八大报告指出：“中国特色社会主义道路，就是在中国共产党领导下，立足基本国情，以经济建设为中心，坚持四项基本原则，坚持改革开放，解放和发展社会生产力，建设中国特色社会主义市场经济、社会主义民主政治、社会主义先进文化、社会主义和谐社会、社会主义生态文明，促进人的全面发展，逐步实现全体人民共同富裕，建设富强、民主、文明、和谐的社会主义现代化强国。”[1] 历史和现实已证明，“中国特色社会主义道路，是党和人民 100 年奋斗、创造、积累的根本成就，是引领中国进步、增进人民福祉、实现民族复兴的康庄大道”[2]。明确中国特色社会主义的内涵，“中国特色社会主义经济体制”

1 胡锦涛：《坚定不移沿着中国特色社会主义道路前进 为全面建成小康社会而奋斗——在中国共产党第十八次全国代表大会上的报告》，人民出版社 2012 年版，第 12 页。

2 宣言：《中国没有辜负社会主义》，《人民日报》2021 年 6 月 8 日第 1 版。

也就有了立足之根基。

“中国特色社会主义”“中国特色社会主义市场经济”“中国特色社会主义市场经济体制”，词语的叠加不是简单的名词串联，而是逻辑清晰的名词限定：从发展道路到具体的经济领域，再到经济领域中具体的制度体系。所谓“体制”是抽象发展路径的实现框架，是为经济细胞活跃运动搭建的支柱、通道。三个词语共同的前缀“中国特色”既是明确了“中国”广袤大地上的生动实践，也是理论突破中的标志性称谓。中国特色社会主义是科学社会主义的基本原则与中国实际相结合的产物，具有鲜明的时代特征和中国特色。从时间跨度来讲，自邓小平理论以来的系列理论共同构筑了中国特色社会主义理论体系，是马克思主义中国化的系统性、阶段性成果。2017 年 10 月 18 日，习近平同志在中国共产党第十九次全国代表大会报告中强调，中国特色社会主义进入新时代。中国特色社会主义市场经济体制就是我国社会主义市场经济体制改革推进的最新成果，并处于不断发展的状态中。

3. 中国特色社会主义市场经济体制的制度优势

中国特色社会主义市场经济体制的制度优势，第一是既超越传统计划经济，又超越资本主义市场经济，实现二者优势的“有机结合”；第二是“党 + 政府 + 市场”的同频共振，协调发挥作用。

首先，“双超越”。传统计划经济体制的主要弊端是政府完全代替市场。而资本主义市场经济体制的弊端在于，资本主义制度存在生产社会化与资本主义生产资料私有制的基本矛盾，过度金融化、贫富差距过大、资源环境破坏等后果普遍存在，政府职能不断受侵蚀、被削弱，从而丧失对现代经济的调控和治理能力。中国特色社会主义市场经济体制既摒除了计划经济体制下僵化死板调控的弊端，又能够将强有力的政府职能有效发挥。此外，马克思认为资产阶级政府的经济职能是为了维护资本家的利益，而中国特色社会主义制度安排下的政府则是以人民为中心的政府，立场不同，利益取向也因此不同。

其次，"三协同"。中国特色社会主义市场经济体制中"党 + 政府 + 市场"协调发挥作用。党的职责是驾驭市场和政府关系，党的坚强有力领导是政府发挥作用的根本保证，也是政府有效作为的"约束条件"。构建"党 + 政府 + 市场"的三维谱系，形成社会主义市场经济的宏观调控体制优势。

第一，党的领导对中国特色社会主义市场经济体制发挥作用有着至关重要的作用。《中国共产党章程》总纲明确，"党政军民学，东西南北中，党是领导一切的"，"党必须集中精力领导经济建设，组织、协调各方面的力量，同心协力，围绕经济建设开展工作，促进经济社会全面发展"。党章规定，党是领导一切的，坚持党对一切工作的领导，经济领域也不是例外。《中华人民共和国宪法》规定了社会主义基本经济制度，第十五条："国家实行社会主义市场经济。国家加强经济立法，完善宏观调控。"[1]遵循此条，需要完善市场调节与政府调控的双重机制，更好地发挥两种经济调节的功能性互补协调作用。坚持党对经济工作的集中统一领导，确保经济发展的正确方向，驾驭经济发展大局。中国共产党对经济工作的集中统一领导是社会主义市场经济体制下有效市场和有为政府有机统一的根本制度保障。

第二，充分发挥中国特色社会主义市场经济体制的制度优势。论及中国特色社会主义市场经济体制的制度优势，首先应当阐述什么是

1 《中华人民共和国宪法》，共产党员网，2018 年 3 月 22 日，https://news.12371.cn/2018/03/22/ARTI1521673331685307.shtml。

中国特色社会主义的制度优势。党的十九大报告指出："中国特色社会主义最本质的特征是中国共产党领导，中国特色社会主义制度的最大优势是中国共产党领导。"党的十九届四中全会提出，"中国特色社会主义制度是党和人民在长期实践探索中形成的科学制度体系"，强调"我国国家制度和国家治理体系具有多方面的显著优势"，列出了13个方面的显著优势，大致可以分为根本制度、基本制度、重要制度几个层面。首要的就是"党的集中统一领导"，在经济领域则是"坚持公有制为主体、多种所有制经济共同发展和按劳分配为主体、多种分配方式并存，把社会主义制度和市场经济有机结合起来，不断解放和发展社会生产力的显著优势"，把产权制度、分配制度、调节制度结合起来，共同促进发展社会生产力。因此，简单来看，中国特色社会主义市场经济体制本身就是一种优势。

第三，党、国家、政府之间存在密切联系。在我国，"党和国家""国家和政府""党和政府"，这些词语组合都很常见。国家、政府之间的关系就如一个利益共同体及其代理执行者。而党和政府，从实体机构而言，党政机关的组织架构确实关联紧密，绝不是泾渭分明，例如纪委监委就是一套人马，两块牌子。中国共产党是执政党，而中国人民政府则是在党领导下的政府，是受政党约束的政府。最后，"党和国家"，从抽象概念上分析，中国共产党始终代表最广大人民的根本利益，国家是人民的国家。党、国家、政府不是"三位一体"，但是同频共振，协调作用。

第四，中国特色社会主义市场经济体制是"有效市场+有为政府"有机结合的新型政府与市场关系。社会主义市场经济体制是既超越传统计划经济，又超越资本主义市场经济，实现二者优势的"有机结合"

的制度安排，也是党的十九届四中全会站在新的历史交汇点在调节制度方面对社会主义基本经济制度做出的新概括和规定，将社会主义市场经济体制纳入基本经济制度范畴。习近平总书记指出，在市场作用和政府作用的问题上，要讲辩证法、两点论，“看不见的手”和“看得见的手”都要用好，努力形成市场作用和政府作用有机统一、相互补充、相互协调、相互促进的格局，发挥市场与政府双重调节的作用。[1]

围绕社会主义和市场经济紧密结合的大主题，我国着力构建“有效市场 + 有为政府”的新型政府与市场关系。我国社会主义市场经济体制改革实践经历了不同发展阶段，是历史逻辑、实践逻辑、理论逻辑的辩证统一，紧密围绕社会主义和市场经济相结合展开。党的十八大报告指出：“经济体制改革的核心问题是处理好政府和市场的关系，必须更加尊重市场规律，更好发挥政府作用。”党的十八届三中全会首次提出“使市场在资源配置中起决定性作用和更好发挥政府作用”。党的十九届四中全会将社会主义市场经济体制作为调节制度，纳入社会主义基本经济制度范畴。党的十九届五中全会强调要建设更高水平的社会主义市场经济体制，推动有效市场和有为政府的更好结合。

社会主义市场经济中“有效市场 + 有为政府”的政府与市场关系，突破了西方主流经济中市场与政府二元对立论的局限性——资本主义制度及其基本矛盾决定了它不可能实现政府与市场的有机统一。“有效市场 + 有为政府”的本质是通过市场与政府两种利益协调机制协同作用，达到各方利益协调统一，推动社会主义市场经济有效运转。中国经济高速发展的奇迹，就是在政府与市场关系的理论突破与实践探

1 《“看不见的手”和“看得见的手”都要用好》，新华网，2014 年 5 月 27 日，http://www.xinhuanet.com/politics/2014-05/27/c_1110885467.htm。

索中不断被创造出来。

四、我国对政府与市场关系的实践探索和改革深化

（一）政府与市场关系的相关理论研究进展

马克思主义经典作家基于历史背景对未来社会主义社会做过诸多科学设想，认为在社会占有生产资料的基础上，将全面消除商品、货币交换，取而代之的是政府全面的计划调节。囿于时代的局限，他们尚未认识到在社会主义初级阶段生产力不发达的情况下，仍然需要运用市场的手段解放和发展生产力。

但马克思主义是一个不断丰富发展的理论。列宁在领导世界上第一个社会主义国家的具体实践中，虽然在战时共产主义政策时期尝试消灭商品经济，但在遭受挫折时开始实施新经济政策，利用商业、市场来恢复经济、稳定群众，利用市场和商品货币关系来扩大生产，改善和巩固工农联盟，逐步过渡到社会主义。列宁逐步突破马克思主义经典作家的局限，开始意识到提高劳动生产率等重大措施应当以市场、商业作为“社会经济基础”，实质上是在思考社会化生产、社会主义建设初期的经济同市场的关系问题。列宁逝世后，斯大林停止实施新经济政策，逐步形成斯大林模式，即“苏联模式”。苏联模式排斥和限制商品、市场关系，以高度集中的计划经济为特征，价值规律只在一定范围内被利用。实践证明，这种完全排斥市场的模式最终导致生产力畸形化，也为我国正确运用政府和市场关系提供了反面教训。当然，苏联模式下计划经济的贡献依然是不可忽视的，它为整个国家的

经济发展奠定了坚实的基础。

新中国成立以来，党和国家的历代领导集体对政府与市场的关系做了艰辛的探索，经历了从限制、取消市场到利用、发展市场的反反复复的演变过程，大体可分为四个阶段：

一是政府实施高度集中的计划经济体制、市场遭到取消和限制阶段（1949—1978 年）。新中国成立初期，要在一穷二白的情况下发展经济，需要大量的资本积累来推动工业发展，因此我国在计划经济体制下利用工农剪刀差，降低要素价格，以满足中国工业化发展需要的资本积累。

二是政府实施有计划的商品经济体制、市场发挥辅助作用阶段（1978—1992 年）。经济体制改革是改革开放的主线，在这一阶段，我国对市场经济与社会主义的关系在认识上不断深入，在改革过程中逐渐肯定市场对发展生产力的作用。

三是社会主义市场经济体制中“使市场在国家宏观调控下对资源配置起基础性作用”阶段（1992—2013 年）。以党的十四大正式提出建立社会主义市场经济体制为标志，我国对政府与市场关系的认识实现了一次重大突破。

四是社会主义市场经济体制中“使市场在资源配置中起决定性作用和更好发挥政府作用”阶段（2013 年至今）。党的十八大以来，我们对政府与市场关系的认识有了进一步的深化，提出在政府与市场关系上坚持两点论和辩证法，标志着我国对政府与市场关系的认识又迈上一个大台阶。

坚持“中学”为体，认真研究中国特色社会主义发展中面临的重大问题，不断强化问题意识和问题导向，积极面对和化解前进中遇到的矛盾，把认识和化解矛盾作为打开工作局面的突破口。新中国成立以来，我国对政府与市场关系的探索，经历了高度集中的计划经济体制、有计划的商品经济体制、市场在资源配置中起基础性作用、市场在资源配置中起决定性作用等阶段，既坚持了问题意识和问题导向，又化解了前进中的矛盾，既破解了社会主义市场经济体制中束缚市场主体活力、阻碍市场和价值规律充分发挥作用的弊端，又支撑了国民经济又好又快发展，使我国的社会主义市场经济体制不断完善。

（二）围绕政府与市场关系的主要争论

回顾和厘清新中国成立以来理论界对政府与市场相关理论问题的争论和研究进展，有利于准确把握政府与市场关系理论的实质，进一步推动理论创新，促进社会主义市场经济体制的不断完善。新中国成立以来，理论界对政府与市场关系的发展和创新，主要是基于历史背景和时代背景，围绕社会主义要不要建立和怎样建立、健全社会主义市场经济，市场经济有无社会主义属性，市场如何起决定性作用和政府如何更好发挥作用等理论问题展开。

一是社会主义要不要建立和怎样建立社会主义市场经济的问题（新中国成立后到20世纪90年代）。新中国成立以后，我国经济研究基本上是以苏联经济理论为模式，把商品经济作为暂时被“保留”并将逐步过渡为产品经济的生产形式。随着我国社会主义现代化建设的稳步推进，一些经济学家逐步认识到计划经济体制的弊端和商品经济体制的优越性，并对计划和市场的关系做了大量的探索。有学者认为，作为资源配置方式，计划经济是与市场经济相对立的，而从运行状态的角度来讲的计划经济与从运行方式的角度来讲的市场经济不属于同一层次，二者就不存在彼此对立、相互排斥的关系。[1] 也有学者提出传统的、以指令性计划为主的那种计划经济与市场经济是不能兼容的，甚至是互相排斥的，而指导性计划实际上是被市场改造过的计划形式，它与市场经济是可以兼容的。[2] 一些学者认为发展社会主义市场经济并不意味着排斥计划经济，相反，这恰恰为计划经济准确科学的实施提供了新的客观依据和条件，应该要使两种调节手段有机结合起来。[3]

总体来看，大部分学者都认同将计划和市场结合起来，只不过问题在于结合的方式。学界在讨论计划与市场如何结合问题时，主要有三种看法，即板块式结合、渗透式板块结合和胶体式结合。“板块式结合”是指，为了缩小指令性计划范围、扩大指导性计划和市场调节范围，把一部分经济活动交给了市场调节，形成一块是计划调节，另一块是市场调节的板块结构。“渗透式板块结合”是指，一方面，通过国家调控市场，把计划调节渗透到市场调节领域，意味着市场调节的那部分经济也要受计划指导；另一方面，通过企业自身活动对指导性计划的信息反馈，把市场调节的作用渗透到计划调节领域，意味着计划调节也要考虑市场需求。“胶体式结合”指的是计划调节与市场调节有机融合，在不同层次上调节国民经济运行。胶体式是较为成熟、完善的计划与市场相结合的模式。计划经济体制分指令性计划和指导性计划，在指令性计划经济中，计划要调节市场机制而市场则反馈于计划；

1　吴敬琏：《计划与市场关系的讨论和我国经济体制的取向》，《改革》1991 年第 1 期，第 19—29 页。

2　赵石宝：《对市场经济的理论思考》，《光明日报》1992 年 8 月 1 日。

3　张朝尊、文力：《论社会主义市场经济》，《中国社会科学》1992 年第 4 期，第 3—13 页。

但在指导性计划经济体制下，计划和市场在同一经济领域中共同起作用，两者是有机结合而不是块块的关系，因此不存在谁是主体，谁是补充或辅助的问题。[1]

二是市场经济有无社会主义属性的问题。1984年党中央第一次提出“社会主义经济是在公有制基础上的有计划的商品经济”，是社会主义经济理论的一个重大突破。1991年2月至4月，《解放日报》先后发表了四篇署名“皇甫平”的评论文章，提出市场经济在中国的存在和发展的问题，强调计划和市场是与社会制度“剥离下来”的资源配置机制，再次引发了市场经济姓“资”姓“社”和社会主义本质的大讨论。1992年邓小平在“南方谈话”中指出：“计划多一点还是市场多一点，不是社会主义与资本主义的本质区别。计划经济不等于社会主义，资本主义也有计划；市场经济不等于资本主义，社会主义也有市场。计划和市场都是经济手段。”这个精辟论断，大大解放了人们的思想束缚，从根本上破除了社会主义只能与计划经济匹配，市场经济只能与资本主义匹配的陈旧观点，使我们在计划与市场关系问题上的认识有了新的重大突破。

学界关于计划和市场都是经济手段、本质是发展生产力基本达成共识。资本主义和社会主义首先是一种经济关系，区分两者的标准应该是所有制的不同。[2]计划经济、市场经济原本只是由生产力发展水平所决定的，适应不同的生产力基础、经济形态和经济结构的不同的

1　卫兴华：《论计划经济与市场调节的有机结合》，《中国人民大学学报》1990年第1期，第1—11页。

2　卫兴华：《关于姓“资”姓“社”与生产力标准问题》，《中国工商管理研究》1992年第2期，第18—22页。

经济运行形式和资源配置方式，既不为特定的社会所属，更不带有特定的社会性质。[1]对于“社会主义市场经济”这一提法，有学者认为在市场经济前面加上社会主义这个词，就意味着我国改革中形成的市场经济是姓“社”的。[2]也有学者认为市场经济是一种资源配置手段，总是要存在于一定的社会制度中，社会主义市场经济指的是依存于社会主义制度下的市场经济。无论是存在于社会主义制度之中，还是存在于资本主义制度之中，市场经济都不具有社会主义和资本主义的社会属性。[3]

三是市场如何起决定性作用和政府如何更好发挥作用的问题。2013年以来，党的十八届三中全会做出“使市场在资源配置中起决定性作用和更好发挥政府作用”的论断之后，理论界对市场起决定性作用的范围及市场与政府作用的结合、“市场决定”背景下的政府地位、市场起决定性作用的机制、如何实现市场起决定性作用和更好发挥政府作用等问题展开讨论。党的十八届三中全会以来，有人片面理解“市场起决定性作用”，认为有为政府也是由市场决定的，把政府视为市场发挥决定性作用的主要障碍。

已有文献中学者们紧密结合中央精神，对市场如何起决定性作用、“市场决定”背景下的政府地位问题、如何实现市场起决定性作用和更好发挥政府作用等进行了阐释，批判了“市场决定的有为政府”论、政府改革核心说等错误观点。有学者指出市场主要是对微观领域

1 范恒山：《论社会主义市场经济体制建设》，《光明日报》1992年8月8日。

2 于光远：《市场经济姓“资”姓“社”的问题》，《经济学家》1992年第3期，第9—11页。

3 刘仁华、陈亚平：《对社会主义市场经济的几点看法》，《中国特色社会主义研究》1995年第6期，第43—45期。

的资源配置起决定性作用，并且区分社会生活的不同领域，例如政治思想领域、公益领域、精神生产领域不能完全听任市场的摆布。[1] 有学者对中国特色社会主义“市场决定性作用论”的内涵进行了系统的阐释，提出了市场与政府的“双重调节体系”，这种双重调节表现在宏微观的不同层次上、决定性作用的物质资源范围上、非物质生产领域资源配置方面、资源配置的所有制层面以及分配领域。[2] 有学者提出“微观宏观层次说”，按照资源配置的微观层次和宏观层次，划分市场与政府或计划的功能，市场在资源配置中起决定性作用，应该限制在微观层次的领域，宏观层次上以及微观经济活动中对宏观产生重大影响领域的资源配置问题，政府要加强计划调控和管理。[3]党的十八届三中全会以来理论界关于政府与市场关系的论争，关系到如何全面正确地坚持社会主义市场经济体制的改革方向问题。这方面的研究和论争还会继续下去，社会主义市场经济理论将在实践中进一步深化。

（三）社会主义市场经济体制改革历程

第一阶段（1978—1983 年）计划经济为主，市场调节为辅。改革开放初期，我们党打破僵化的、高度集中的计划配置资源体制，主动进行经济体制改革，主动选择引入市场机制。党的十一届三中全会指出，应该坚决实行按经济规律办事，重视价值规律的作用，大力发展商品生产和商品交换。1979 年 11 月，邓小平会见外宾时首次提出“社

1　周新城：《怎样理解“使市场在资源配置中起决定性作用”》，《思想理论教育导刊》2014 年第 1 期，第 4—8 页。

2　程恩富：《完善双重调节体系：市场决定性作用与政府作用》，《中国高校社会科学》2014 年第 6 期，第 43—52、153—154 页。

3　刘国光：《资源配置的两个层次和政府市场的双重作用》，《社会科学报》2014 年 6 月 5 日。

会主义也可以搞市场经济”的论断，陈云也提出市场调节部分是计划调节部分的有益补充，我们党逐渐打破社会主义与市场经济对立的传统思想束缚，经济体制改革不断向市场化的方向深入。1981 年党的十一届六中全会提出“必须在公有制基础上实行计划经济，同时发挥市场调节的辅助作用”[1]。1982年党的十二大提出“以计划经济为主，市场调节为辅”的原则，区分了指令性计划和指导性计划及其方向、范围与界限，同时承认个体经济对公有制经济的补充地位，并以宪法的形式予以确认。这一原则被正式确立为经济体制改革的指导思想。从否定社会主义存在商品生产和商品交换，发展到承认社会主义是商品经济，这是我国经济体制改革迈出的一大步。

第二阶段（1984—1987 年）有计划的商品经济。1984 年党的十二届三中全会通过的《中共中央关于经济体制改革的决定》提出了“社会主义经济是公有制经济基础上的有计划的商品经济”[2]。不再区分计划调节和市场调节的主辅关系，明确承认了商品经济是社会主义经济不可逾越的阶段，社会主义是计划指导下的商品经济，计划经济与商品经济具有统一性，计划经济可以和市场经济相结合。“有计划的商品经济”这一论断的提出标志着中国经济体制改革进入新阶段，从 1984 年年底开始，经济体制改革的重心从农村转到城市，并进行了具有明显的市场取向的改革。

第三阶段（1987—1992 年）社会主义商品经济。1987 年 10 月召

1 《中国共产党中央委员会关于建国以来党的若干历史问题的决议》，中共中央文献研究室编：《十一届三中全会以来重要文献选读（上）》，人民出版社 1987 年版，第 294—352 页。

2 《中共中央关于经济体制改革的决定》，中共中央文献研究室编：《十二大以来重要文献选编（中）》，人民出版社 1986 年版，第 558—587 页。

开的党的十三大进一步发展了有计划的商品经济理论，提出“社会主义有计划商品经济的体制，应该是计划与市场内在统一的体制”[1]。社会主义市场体系不仅包括商品市场，还包括生产要素市场，作为经济体制改革的目标，要建立“国家调节市场，市场引导企业”的经济运行模式。1989 年党的十三届五中全会提出，计划经济和市场调节相结合的经济运行机制是改革的核心问题，强调两者相结合的程度、结合方式及范围界限的动态调整性。社会主义商品经济与资本主义商品经济相比，区别不在于市场与计划的多少，强调社会主义商品经济应该是计划与市场内在统一的机制，计划调节与市场调节应有机结合。

第四阶段（1992 年后）社会主义市场经济。1988 年价格闯关失败造成通货膨胀以及 1989 年国内外政治局势使有些人质疑“市场取向”的改革，更有人把发展市场经济上升到瓦解公有制、否定党的领导及社会主义制度、搞资本主义自由化、和平演变的高度进行批判，甚至提出重回计划经济时代。在这关键历史转折点上，邓小平在党的十三届七中全会召开前夕就明确提出：“社会主义也有市场经济，资本主义也有计划控制。”[2] 将计划控制和市场经济看作独立于经济制度之外的手段或方法，廓清了长期困扰人们认知上的迷雾，是理论上的重大突破。邓小平在1992 年“南方谈话”中再次强调计划和市场与制度无关，两者都是发展经济的手段，“南方谈话”具有的巨大政治感召力和话语影响力，为党的十四大明确提出建立社会主义市场经济体制的改革目标奠定了基础。

1　赵紫阳：《沿着有中国特色的社会主义道路前进》，中共中央文献研究室编：《十三大以来重要文献选编》，人民出版社 1993 年版，第 4—61 页。

2　邓小平：《邓小平文选》第 3 卷，人民出版社 1993 年版，第 364 页。

1992年党的十四大在总结改革开放以来实践经验的基础上明确提出我国经济体制改革的目标是建立社会主义市场经济体制，“要使市场在社会主义国家宏观调控下对资源配置起基础性作用”，从根本上肃清了社会主义和市场经济不兼容以及计划和市场具有制度属性的僵化教条，扩展了对市场经济概念内涵和外延的认识，特别是把经济制度问题和市场经济运行体制区分来，标志着我们党对政府与市场关系认识的一次重大突破。1993年党的十四届三中全会全面系统地阐明了建立社会主义市场经济的基本框架和战略部署，大大推进了市场化改革进程。从党的十五大到党的十七大，市场配置资源的作用、范围不断扩大，始终强调了使市场在资源配置中起基础性作用。党的十五大进一步确认：“建设有中国特色的社会主义经济，就是在社会主义经济条件下发展市场经济，不断解放和发展生产力。”党的十六大重申：“坚持社会主义市场经济的改革方向，是市场在国家宏观调控下对资源配置起基础性作用。”党的十七大强调：“要深化对社会主义市场经济规律的认识，从制度上更好发挥市场在资源配置中的基础性作用。”然而，无论如何渲染市场经济的地位，都只是政府宏观调控下的市场，市场经济的主体地位没有得到应有的尊重，还存在诸如市场竞争不充分，市场规则不统一，市场主体地位不平等，要素市场发展滞后，政府行政行为干预过多、越位、缺位与错位并存等一系列问题，仍需要进一步深化改革以解决深层次的体制机制问题，适应经济高质量发展的需要。[1]

中国对政府与市场关系的认识经历了一个不断深化、完善的过

1 周文、刘少阳：《社会主义市场经济体制形成、发展与高水平构建》，《长安大学学报》（社会科学版）2020年第4期，第1—9页。

程。进入新时代，党对政府与市场关系及作用进行重新认识和定位。党的十八大报告提出：“经济体制改革的核心问题是处理好政府和市场的关系，必须更加尊重市场规律，更好发挥政府作用。”[1]2013年党的十八届三中全会对市场的作用进行了重新定位，明确“使市场在资源配置中起决定性作用和更好发挥政府作用”[2]，从基本经济制度、现代市场体系、政府职能、财税体制改革、城乡发展一体化体制、开放型经济等方面进一步规划了新时代社会主义市场经济体制任务目标。在党的十九大报告中，又有了新的调整，“使市场在资源配置中起决定性作用，更好发挥政府作用”[3]，把“和”变成了“逗号”，更加突出两者的作用及其边界的差异性，呈现出强政府作用和强市场作用的双强模式。党的十九届四中全会将社会主义市场经济体制上升为基本经济制度，充分肯定了社会主义市场经济体制是我国必须长期坚持的改革方向，不但标志着具有中国特色的社会主义市场经济体制在实践中取得伟大成功，更是对社会主义市场经济的认识在理论上的重大突破。新时代的社会主义市场经济体制强调政府和市场的深度有机融合。社会主义市场经济体制上升为基本经济制度层面，从根本上是由社会主义所有制所决定并且是与所有制、分配制度结合的必然结果。[4]党的二十大明

1　胡锦涛：《坚定不移沿着中国特色社会主义道路前进　为全面建成小康社会而奋斗》，《人民日报》2012年11月18日第1版。

2　《中共中央关于全面深化改革若干重大问题的决定》，《人民日报》2013年11月16日第1版。

3　习近平：《决胜全面建成小康社会　夺取新时代中国特色社会主义伟大胜利》，《人民日报》2017年10月28日第1版。

4　顾海良：《社会主义市场经济体制是如何上升为基本制度的》，《红旗文稿》2020年第2期，第4—11页。

确提出，构建高水平社会主义市场经济体制，充分发挥市场在资源配置中的决定性作用，更好发挥政府作用。[1]

（四）克服两种错误观

在认识政府与市场关系上存在两种典型的错误观，一是社会主义经济非市场论，即教条主义和本本主义；二是完全市场化论，即市场学派，或者更为极端地被称为市场原教旨主义。社会主义市场经济体制是中国特色社会主义制度体系中一项伟大的创造，在处理政府和市场关系上体现了中国哲学的“中庸之道”，不搞极端化，强调市场和政府的有机结合，不存在极端的市场派或政府派。

我国在马克思主义中国化的路程上走过一些弯路，新中国成立初期实行的计划经济体制在很大程度上是受到苏联的影响。列宁在马克思和恩格斯对未来社会的构想基础上，认为马克思在《哥达纲领批判》中讲的共产主义第一阶段即是“社会主义”，社会主义社会的基本经济特征包括生产资料公有制、计划经济和按劳分配。列宁认为：“没有一个使千百万人在产品的生产和分配中最严格遵守统一标准的有计划的国家组织，社会主义就无从设想。”[2] 列宁始终认为计划经济和市场经济是两种对立的经济制度，在他的领导下苏联先后实施了军事共产主义政策和新经济政策，按照计划经济的原则来调整国家的产品生产和分配。但是新经济政策实施了几年后就被废除了，之后的苏联在斯大林的领导下走上了高度集中的、指令性的、军事动员型的计划经济体制。具有强烈计划性的苏联模式在当时取得了一定的成功，但随着历史的发展，这种

---

1 习近平：《高举中国特色社会主义伟大旗帜 为全面建设社会主义现代化国家而团结奋斗——在中国共产党第二十次全国代表大会上的报告》，《求是》2022 年第 21 期。

2 列宁：《列宁选集》第 3 卷，人民出版社 2012 年版，第 525—526 页。

模式的弊端逐渐显现，越来越严重地阻碍着社会经济的发展。

我国受到苏联模式的影响，通过社会主义改造也迅速建立了高度集中的计划经济体制，然而由于计划经济的封闭性，统得过多、过死，严重束缚了生产力的发展，导致社会主义经济丧失活力和生机。实践证明，囿于马恩经典作家的理论建设社会主义，一味排斥市场的作用是不适应我国的基本国情，且不符合生产力发展要求的。社会主义基本经济制度就是在继承马克思主义基本理论的基础上，突破了马恩经典作家对社会主义的设想，立足于我国处于社会主义初级阶段这一国情，使市场参与经济活动，克服了传统计划经济体制统得过多、过死等弊端，大力推动了生产力的发展，使社会主义焕发生机和活力，实现了对西方资本主义国家在经济总量上的赶超。

另一种极端的错误认识以西方新自由主义经济学派为代表，认为政府与市场是二元对立、此消彼长和相互替代的关系，在市场经济中，政府只能消极地发挥有限作用。[1]在社会主义初级阶段初步建设社会主义市场经济时，我国与西方的矛盾和冲突并不大，经过了30多年的经济体制改革，现如今中国已经成了世界第二大经济体，并且不断创造新的突破。在这一历史背景下，西方对中国的防范、敌视情绪增强，不断指责中国的社会主义市场经济不是真正的市场经济。新自由主义经济学的代表人物哈耶克曾激进地指出，社会主义与市场的结合必定是一件赝品，私有制才是市场经济运行的微观经济基础，社会主义公有制只能实行计划经济，不可能与市场经济相结合。[2]2018年以来，美

1　周文：《中国经济学的创新发展与历史使命》，《人民日报》2019年6月24日第9版。

2　弗里德里希·奥古斯特·冯·哈耶克：《通往奴役之路》，王明毅等译，中国社会科学出版社1997年版，第4页。

国不断掀起对华经贸冲突，同时贸易保护主义逆潮流喧嚣尘上，还给中国经济体制贴上了“国家资本主义”的标签，认为中国是一个国家主导的实行保护主义和重商主义的经济体，其主要依据是中国实行国有经济、政府干预、产业政策等。[1]

针对西方对中国特色社会主义市场经济体制的质疑，我们必须打破西方话语的陷阱。长久以来，“市场经济”都是一个西方语境下的概念范畴，西方学者根据他们对市场经济的概念界定来裁定社会主义市场经济，必然得出“中国的社会主义市场经济不是真正的市场经济”这样的结论。

事实上，中国特色社会主义市场经济是对市场经济的丰富和发展，不能用资本主义市场经济的标准裁定中国特色社会主义市场经济，作为基本经济制度范畴，社会主义市场经济更是对资本主义市场经济的扬弃。[2]社会主义市场经济是社会主义制度下的市场经济，它与资本主义市场经济有着本质不同。社会主义基本经济制度决定和确保了市场经济发展的正确方向，保障了市场经济发展的大局，正是社会主义与市场经济的有机融合，才更好地推动市场经济的健康稳定发展。社会主义市场经济在中国的成功实践，走出了一条完全不同于西方市场经济的道路，充分发挥了社会主义市场经济制度的优越性，中国之治与西方之乱充分展现了社会主义市场经济体制对西方自由市场经济体制的超越。

1　秋石：《认清“国家资本主义”问题的真相》，《求是》2018 年第 17 期。

2　周文、刘少阳：《再论社会主义市场经济》，《社会科学战线》2020 年第 9 期，第 47—55 页。

五、全面准确理解政府与市场的关系

政府与市场的关系不仅是一个重大理论命题，又是一个重大实践命题。社会主义市场经济是中国特色社会主义政治经济学的伟大创造，“使市场在资源配置中起决定性作用，更好发挥政府作用”，在理论上，破解了政府与市场协调的世界性难题；在实践上，实现了改革开放40多年经济发展的历史性飞跃和赶超。无论是经济发展的奇迹还是超越，都可以用政治与市场关系的理论来解释。

（一）关于正确处理政府与市场关系的两大关键理解

1. 社会主义市场经济是“社会主义”与“市场经济”的有机融合

“社会主义市场经济”是一个完整的概念，是不容割裂的有机统一体。用一个形象的比喻来说，西方经济学中政府和市场的关系是“马铃薯”状态，一袋马铃薯是由一个一个马铃薯来组成的，每个部分是分离的、离散的；而中国政府和市场的关系是“混凝土”状态，是一种有机融合，每个部分都无法分离。

社会主义市场经济不是传统的计划经济，是对传统社会主义计划经济模式的超越。在理解“社会主义市场经济”时，要把它看作一个完整的概念、一个有机的统一体。党的十四大报告第一次提出社会主义市场经济的改革目标时，就明确在“市场经济”一词的前面加上一个前置词“社会主义”，还有一个前提条件，就是“在国家宏观调控下”，让市场在资源配置中发挥重要作用。资源配置有宏观、微观不同层次，还有许多不同领域的资源配置。在资源配置的微观层次，即多种资源在各个市场主体之间的配置，市场价值规律可以通过供求变动和竞争机制促进效率，发挥非常重要的作用，也可以说是“决定性”的作用。但是在资源配置的宏观层次，如供需总量的综合平衡、部门地区的比例结构、自然资源和环境的保护、社会资源的公平分配等方面，以及涉及国家社会安全、民生福利（住房、教育、医疗）等领域的资源配置，就不能都依靠市场来调节，更不用说“决定”了。市场机制在这些宏观层次和重要领域存在很多缺陷和不足，需要国家干预、政府管理、计划调节来矫正、约束和补充市场的行为，用“看得见的手”来弥补“看不见的手”的缺陷。

过去邓小平同志在提出社会主义也可以搞市场经济的时候，从来没有否定计划，一再说计划和市场都是手段、都可以用。党的十四大报告特别明确指出“国家计划是宏观调控的重要手段之一”[1]。社会主义市场经济就是有计划的市场经济，肯定了在社会主义市场经济体制中，计划和市场两种资源配置的手段都要用。由于新自由主义经济思想的影响，逐渐出现了突出市场、淡化计划的倾向。有人认为，我们现在搞市场化改革，只要市场，不要政府。但是，党的十七大报告还提出“发挥国家发展规划、计划、产业政策在宏观调控中的导向作用”[2]。党的十八届三中全会通过的《中共中央关于全面深化改革若干重大问题的决定》，提出“使市场在资源配置中起决定性作用”和“更好发挥政府作用”。《关于〈中共中央关于全面深化改革若干重大问题的决定〉的说明》指出：“市场在资源配置中起决定性作用，并不是起全部作用。”[3]可见，市场的

1　江泽民：《快改革开放和现代化建设步伐，夺取有中国特色社会主义事业的更大胜利》，中共中央文献研究室编：《改革开放三十年重要文献选编（上）》，中央文献出版社2008年版，第660页。

2　胡锦涛：《高举中国特色社会主义伟大旗帜　为夺取全面建设小康社会新胜利而奋斗》，人民出版社2007年版，第11页。

3　习近平：《论坚持全面深化改革》，中央文献出版社2018年版，第31页。

“决定性作用”是有限制的。在发挥市场的“决定性作用”的同时，也强调了政府和国家计划的作用，政府和国家计划要在资源配置中起“导向性作用”。在宏观层次上以及微观经济活动中对宏观产生重大影响的资源配置问题，政府要加强计划调控和管理，不能让市场这只“看不见的手”盲目操纵，自发“决定”。当然，对市场提供服务、实施监督、做“守夜人”的责任，政府还是责无旁贷的。

2.“看得见的手”和“看不见的手”都要在资源配置中发挥重要作用

党的十八届三中全会《决定》指出：“市场决定资源配置是市场经济的一般规律。”[1]马克思认为，在共同的社会生产即以公有制为基础的社会生产中，国民经济要实行有计划按比例的发展。马克思说过：“时间的节约，以及劳动时间在不同的生产部门之间有计划的分配，在共同生产的基础上仍然是首要的经济规律。这甚至在更加高得多的程度上成为规律。”[2]有计划按比例发展就是人们自觉安排的持续、稳定、协调发展，它不等同于传统的行政指令性的计划经济，更不是某些人贬称的“命令经济”。“有计划”主要是指导性、战略性、预测性的计划，用以从宏观上导向国家资源的配置和国民经济的发展。

在社会主义初级阶段，社会主义可以很好地发展市场经济，成为社会主义的市场经济，而不是什么纯粹的市场经济，或者其他性质的市场经济。习近平同志多次指出：“应当吸收西方经济学有关市场经济理论的研究成果”，但“不能照抄照搬西方的市场经济理论”。作为

1 《中共中央关于全面深化改革若干重大问题的决定》，《人民日报》2013年11月16日第1版。

2 马克思、恩格斯：《马克思恩格斯全集》第46卷上册，人民出版社1979年版，第120页。

一个完整的理论体系，西方经济学经历了重商主义、重农学派、古典政治经济学、凯恩斯主义、新古典经济学、新凯恩斯主义、新自由主义等经济学派，每个学派对政府和市场关系均有不同的见解。随着资本主义制度的产生、发展、完善及逐步走向衰落，西方经济学关于政府和市场关系的理论也相应地随之发展，在应对市场调节、市场失灵和宏观经济不稳定、对微观经济和宏观经济进行政府调节以及实行微观经济政策和宏观经济政策等方面，积累了若干具有实际意义的经验和成果。但是，一些学者言必称西方，崇拜西方的“自由市场制度”“民主政治制”。这些学者要么弱化政府的作用，倡导西方的“守夜人”理论，要么忽视政府的作用，倡导新自由主义市场化的改革道路，对此我们要提高警惕。

任何理论和流派都是时代的产物。不能照抄照搬西方经济学理论，一方面是基于国情的不同。我国实行的是社会主义制度，坚持公有制为主体、多种所有制经济共同发展的基本经济制度，国有企业是壮大国家综合实力、保障人民共同利益的重要力量，必须理直气壮做强做优做大国有企业，不断增强国有企业的活力、影响力、抗风险能力，实现国有资产保值增值。这一点是与西方经济制度完全不同的。另一方面是基于西方经济学的阶级性。我们应当认识到西方经济学本质上是为资产阶级利益辩护和服务的经济学，具有明显的阶级性，是意识形态斗争的一个重要方面。

（二）关于正确处理政府与市场关系的基本方法遵循

1. 运用社会基本矛盾分析法，是研究和看待政府和市场关系理论的前提

习近平指出：“要学习和掌握社会基本矛盾分析法，深入理解全面

深化改革的重要性和紧迫性。”[1]全面深化改革的根本目的是解决中国的现实问题，而问题是事物矛盾的表现形式，因此，我们必须要承认矛盾的普遍性和客观性，认清矛盾的本质。社会基本矛盾本质上就是生产力和生产关系、经济基础和上层建筑之间的矛盾，全面深化改革就是要不断调整生产关系使其适应生产力的发展，不断完善上层建筑使其适应经济基础的变化。发展的问题只能在发展中解决，社会基本矛盾总是不断发展变化的，我们必须要动态地分析矛盾，通过不断的改革才能化解发展中遇到的问题，进而才能推动经济社会的前进，这也是坚持和发展中国特色社会主义的应有之义。

作为全面深化改革的重点，社会基本矛盾分析法也是分析政府和市场关系的基本方法。目前我国政府和市场关系领域存在的基本矛盾是，政府方面“职能转变还不到位，政府对微观经济运行干预过多过细，宏观经济调节还不完善，市场监管问题较多，社会管理亟待加强，公共服务比较薄弱”[2]，而市场方面主要是“市场秩序不规范，以不正当手段谋取经济利益的现象广泛存在；生产要素市场发展滞后，要素闲置和大量有效需求得不到满足并存；市场规则不统一，部门保护主义和地方保护主义大量存在；市场竞争不充分，阻碍优胜劣汰和结构调整等”[3]。这些问题不解决好，完善的社会主义市场经济体制是难以形成的。

1　习近平：《坚持历史唯物主义不断开辟当代中国马克思主义发展新境界》，《求是》2020年第2期。

2　习近平：《论坚持全面深化改革》，中央文献出版社2018年版，第12页。

3　习近平：《关于〈中共中央关于全面深化改革若干重大问题的决定〉的说明》，中共中央文献研究室编：《十八大以来重要文献选编（上）》，中央文献出版社2014年版，第498页。

2. 坚持两点论、辩证法，是研究政府和市场关系理论的基础

习近平总书记在政府和市场关系上强调："要讲辩证法、两点论，'看得见的手'和'看不见的手'都要用好，努力形成市场作用和政府作用有机统一、相互补充、相互协调、相互促进的格局，推动经济社会持续健康发展。"[1]市场作用和政府作用的职能是不同的，深化改革就是要在实践中不断调整政府和市场各自的作用范围。一方面，要使市场在资源配置中起决定性作用就需要市场机制的有效运行，在保障要素和商品自由流动的情况下，使价格机制充分发挥作用，微观经济主体依据价格机制来决定市场行为，从而实现资源的有效配置；另一方面，要逐步转变政府职能，同时进行科学的宏观调控，全面、正确地履行政府的职能，包括保持宏观经济稳定、保障公平竞争、维护市场秩序、提供公共服务、弥补市场失灵等等。在尊重市场规律的基础上，通过政府的作用促进价格机制有效运行，从而激发市场的活力，充分发挥市场在资源配置中的决定性作用。

运用辩证法看待政府和市场的关系，就意味着发展社会主义市场经济，既要发挥市场作用，也要发挥政府作用，两者是相辅相成、相互促进、互为补充的。"使市场在资源配置中起决定性作用和更好发挥政府作用，二者是有机统一的，不是相互否定的，不能把二者割裂开来、对立起来，既不能用市场在资源配置中的决定性作用取代甚至否定政府作用，也不能用更好发挥政府作用取代甚至否定市场在资源配置中起决定性作用。"[2]如果在这个问题上没有做好主次之分，没有明确战略定位，是处理不好政府和市场关系的。党的十八届三

1 习近平：《在十八届中央政治局第十五次集体学习时的讲话》，《人民日报》2014年5月28日。

2 习近平：《在十八届中央政治局第十五次集体学习时的讲话》，《人民日报》2014年5月28日。

中全会强调使市场在资源配置中起决定性作用，并不是削弱和淡化政府的作用，正如总书记强调的，“政府不是退出、不作为，而是政府和市场各就其位”[1]。

3. 注重系统性、整体性、协同性，是研究政府和市场关系理论的关键

习近平指出：“全面深化改革，要突出改革的系统性、整体性、协同性，使改革成果更多更公平惠及全体人民。”[2]在政府和市场关系上，要把政府和市场关系看作一个系统和一个整体，注重发挥二者的协同作用，同时准确把握客观实际，妥善处理各种重大关系。习近平说：“使市场在资源配置中发挥决定性作用，主要涉及经济体制改革，但必然会影响到政治、文化、社会、生态文明和党的建设等各个领域。要使各方面体制改革朝着建立完善的社会主义市场经济体制这一方向协同推进，同时也使各方面自身相关环节更好适应社会主义市场经济发展提出的新要求。”[3]在政府和市场关系中注重系统性、整体性、协同性，就要正确处理好各种矛盾，协调各方面的关系，统筹兼顾好各个领域的发展，走自己的发展道路。这就要求我们以经济体制改革为核心，发挥市场在资源配置中的决定性作用，同时要更加重视对政治、文化、社会、生态文明等方面不适应经济发展和生产力解放的深层次问题进行全面改革，推动生产关系同生产力、上层建筑同经济基础相

1　习近平：《政府和市场各就其位》，新华网，2013 年 11 月 25 日，http://www.xinhuanet.com//politics/2013-11/25/c_118287219.htm。

2　习近平：《习近平在中共中央政治局第二十次集体学习时强调　坚持运用辩证唯物主义世界观方法论　提高解决我国改革发展基本问题本领》，《人民日报》2015 年 1 月 25 日第 1 版。

3　习近平：《切实把思想统一到党的十八届三中全会精神上来》，《求是》2014 年第 1 期。

适应。

（三）关于正确处理政府与市场关系的重大原则

1. 坚持党的领导，是处理政府和市场关系的理论核心

习近平指出："坚持党的领导，发挥党总揽全局、协调各方的领导核心作用，是我国社会主义市场经济体制的一个重要特征。"[1]中国在经济发展实践中，充分发挥社会主义市场经济制度的优越性，探索出了一条以中国共产党为领导，市场这只"无形的手"和政府这只"有形的手"共同作用于经济发展的道路，实现了市场有效、政府有为的良好局面，形成了中国特色社会主义政治经济学的"党 + 政府 + 市场"的稳定结构。这一种结构被称为经济学的"三维谱系"，既可以保证市场对资源配置的高效率，又可以发挥政府主动作为弥补市场失灵的作用，其中，党的领导是市场和政府发挥作用的政治保证。在政府和市场的关系中，我们发挥市场在资源配置中的决定性作用，但并不是起全部作用，还需要更好地发挥政府的作用，要坚持和发展我们的政治优势，以我们的政治优势来引领和推进改革，调动各方面积极性，推动社会主义市场经济体制不断完善、社会主义市场经济更好发展。

"党必须按照总揽全局、协调各方的原则，在同级各种组织中发挥领导核心作用。总揽全局、协调各方，这是新形势下实现党的正确领导的重要原则，是提高党的执政能力的基本要求，是形成工作合力的体制保证。"[2]党的十八大以来，中国经济发展取得了历史性的成就，从根本上来说，是源于党对经济工作的集中统一领导。坚持党的领导是发展和坚持社会主义市场经济体制的政治优势，党总

1　习近平：《习近平谈治国理政》，外文出版社 2014 年版，第 118 页。

2　习近平：《干在实处走在前列》，中共中央党校出版社 2013 年版，第 401 页。

揽全局，协调各方保证经济发展正确方向，驾驭经济发展大局，可以避免市场的失灵和政府的失效，从而推动经济持续平稳地发展。

2. 坚持以人民为中心，是处理政府和市场关系的理论立场

习近平始终强调以人民为中心的发展思想，把以人民为中心作为执政兴国的根本立场。人民是历史的创造者，从新中国的成立到改革开放取得的成就，都离不开广大人民群众的力量，中国共产党代表最广大人民群众的根本利益，维护好、实现好、发展好人民利益是其一切工作出发点和落脚点，同时也是超越党派和利益集团约束的强大力量。中国共产党的初心和使命，就是为中国人民谋幸福，为中华民族谋复兴，因此，经济体制改革也必须坚持以人民为中心，不断调整政府和市场的关系，促进两者的有机结合，最终的目的也是为了使经济发展成果更好地满足人民日益增长的美好生活需要。社会主义市场经济是对资本主义市场经济的扬弃和超越，可以更好地发挥政府职能，利用市场机制的信息优势和资源配置效率，促进企业不断提供高质量的产品和服务，更好地满足人民日益增长的美好生活需要。[1]

把以人民为中心的发展思想作为处理政府和市场关系的出发点和落脚点，是我们党和政府的宗旨与性质决定的，也是决定改革成败的关键。坚持以人民为中心的发展思想，就要求我们在政府和市场关系中必须把发展经济、促进公平正义、增进人民福祉作为一面镜子，审视我们各方面体制机制和政策规定。哪里有不符合促进公平正义的问题，哪里就需要改革；哪个领域、哪个环节问题突出，哪个领域、哪个环节就是改革的重点。坚持发展为了人民，发展依靠人民，发展成果

1　周文、陈跃：《市场化改革与中国经济长期发展——解释李约瑟之谜的新视角》，《社会科学战线》2014 年第 2 期。

由人民共享。

3. 坚持解放和发展社会生产力，是处理政府和市场关系的理论目标

生产力的发展是人类社会发展的最终决定力量。邓小平同志在1992年的“南方谈话”中提出“三个有利于”的标准，即要把是否有利于发展社会主义社会的生产力、是否有利于增强社会主义国家的综合国力、是否有利于提高人民的生活水平作为判断一切工作是非得失的标准。党的十八大以来，中国经济发展进入新常态，习近平指出：“全面建成小康社会，实现社会主义现代化，实现中华民族伟大复兴，最根本最紧迫的任务还是进一步解放和发展社会生产力。”[1]目前，我国仍处于并将长期处于社会主义初级阶段，立足于我国的这一基本国情和最大实际，党的十九大报告指出，中国社会主要矛盾已转化为人民日益增长的美好生活需要和不平衡不充分的发展之间的矛盾，而要解决这一矛盾的根本出路在于解放和发展生产力。

在政府和市场的关系中，市场在资源配置上充分发挥作用属于生产力范畴，政府职能的转变属于上层建筑的范畴，两者有着密不可分的联系，上层建筑必须不断调整以适应经济基础，进而才能推动生产力的发展。因此，发挥市场在资源配置中的决定性作用和更好发挥政府的作用是相互促进、相互影响的，坚持“看不见的手”和“看得见的手”有机结合、共同作用，顺应了我国经济社会发展的需求，有利于化解当前我国经济领域和上层建筑的矛盾，从根本上解放和发展社会生产力，推动社会经济的发展。生产力是不断发展的，意味着政府和市

1 习近平：《切实把思想统一到党的十八届三中全会精神上来》，《求是》2014年第1期。

场的关系也会随之不断调整，但无论如何变化，都要坚持以解放和发展生产力为目标。

4. 坚持社会主义市场经济，是处理政府和市场关系理论的方向

社会主义基本经济制度的最大成功就是建立社会主义市场经济体制。[1] 习近平指出："坚持社会主义市场经济改革方向，核心问题是处理好政府和市场的关系，使市场在资源配置中起决定性作用和更好发挥政府作用。这是我们党在理论和实践上的又一个重大推进。"[2] 自党的十四大正式提出中国经济体制改革的目标是建立社会主义市场经济体制以来，中国经济体制坚定市场化改革的方向，在实践探索中经历了多次改革，不断发展和完善。可以说，坚持社会主义市场经济改革方向，提出社会主义市场经济体制的改革目标，是我们党在建设中国特色社会主义进程中的一个重大理论和实践创新，解决了世界上其他社会主义国家长期没有解决的一个重大问题。

区别于西方资本主义的市场经济，中国的社会主义市场经济遵循市场经济一般规律和中国特色社会主义市场经济特殊规律的辩证统一，既强调发挥市场在资源配置中的决定性作用，又注重发挥政府的宏观调控作用，避免两极分化，有利于实现共同富裕。全面深化改革，坚持和完善社会主义市场经济是坚持走中国特色社会主义道路、推进社会主义自我完善的必然之举。经济体制改革作为全面深化改革的重点，其核心问题就是处理好政府和市场的关系，因此，处理好政府和市场关系必须坚持社会主义市场经济的改革方向。

1　周文、何雨晴：《国家治理现代化的政治经济学逻辑》，《财经问题研究》2020 年第 4 期，第 12—19 页。

2　习近平：《切实把思想统一到党的十八届三中全会精神上来》，《求是》2014 年第 1 期。

第五讲

中国特色社会主义对外开放问题

当前，世界百年未有之大变局加速演进，新一轮科技革命和产业变革深入发展，国际力量对比深刻调整，我国发展面临新的战略机遇。同时，世纪疫情影响深远，逆全球化思潮抬头，单边主义、保护主义明显上升，世界经济复苏乏力，局部冲突和动荡频发，全球性问题加剧，世界进入新的动荡变革期。特别是2008年金融危机以来，全球贸易增长乏力、经济增长动能不足导致全球经济市场的萎缩，各国经济出现了“零增长”甚至“负增长”。

可以认为，2008年以来的金融危机是资本主义经济危机在当代的主要表现形式。而在经济增长困难时期，西方多国政府通过保护主义和分离主义来保护本国的产业，突出表现是特朗普就任美国总统以来所奉行的“美国优先”策略对世界经济形势特别是中美贸易产生了重要影响，其在外交政策、产业政策、就业政策和能源政策等多方面奉行以邻为壑的法则，单边主义、逆全球化趋势越演越烈，从而使21世纪的经济全球化和全球治理秩序陷入崩溃，资本主义全球危机变得更加尖锐，对全球经济发展产生了消极影响，因此对西方主导的全球化模式提出了严峻的考验。

一、马克思关于世界市场与经济全球化的论述

早在19世纪，马克思、恩格斯在《德意志意识形态》《共产党宣言》《1857—1858年经济学手稿》《资本论》等著作中就详细论述了世界贸易、世界市场、世界历史等问题。1859年6月公开出版的《政治经济学批判》，马克思在该书的《序言》中第一次公开宣布了其政治经济学研究的“六册计划”：“我考察资产阶级经济制度是按照以下的顺序：资本、土地所有制、雇佣劳动；国家、对外贸易、世界市场。”[1]可见，马克思在《资本论》中已将世界市场作为其政治经济学逻辑体系的较高阶段进行研究，足以证明对世界市场问题的高度重视。

马克思、恩格斯在《共产党宣言》中指出：“过去那种地方的和民族的自给自足和闭关自守状态，被各民族的各方面的互相往来和各方面的互相依赖所代替了。物质的生产是如此，精神的生产也是如此。各民族的精神产品成了公共的财产。民族的片面性和局限性日益成为不可能，于是由许多种民族的和地方的文学形成了一种世界的文学。”[2]马克思、恩格斯在此看到了资产阶级的历史进步意义，资产阶级基于自身逐利的主观意图，客观地推动了经济全球化进程，促进了人类文明的融合，带动了各个民族国家的生产力发展。

但是，马克思、恩格斯也认识到，这个由资产阶级推动的经济全球化，造成了资产阶级与无产阶级、发达民族与落后民族、西方国家与东方国家之间的不平等，它所催生的是一种不公正、不合理的国际政治经济秩序，这是一种资产阶级对无产阶级、发达民族对落后民

1 马克思、恩格斯:《马克思恩格斯选集》第2卷，人民出版社2012年版，第1页。

2 马克思、恩格斯:《马克思恩格斯选集》第1卷，人民出版社2012年版，第404页。

族、西方国家对东方国家进行残酷剥削和无情压迫的国际政治经济秩序。马克思、恩格斯在《共产党宣言》中深刻阐述道："资产阶级……它迫使一切民族——如果它们不想灭亡的话——采用资产阶级的生产方式；它迫使它们在自己那里推行所谓文明，即变成资产者。一句话，它按照自己的面貌为自己创造出一个世界。"最终，"正像它使农村从属于城市一样，它使未开化和半开化的国家从属于文明的国家，使农民的民族从属于资产阶级的民族，使东方从属于西方"[1]。

（一）新航路的开辟是世界市场形成的历史条件

14 世纪至 15 世纪，欧洲封建主和商人对金银货币的需求及土耳其扩张导致的东西方贸易危机促成了地理大探险。这一事件对世界市场的形成意义重大。马克思和恩格斯就此指出："美洲和东印度航路的发现扩大了交往，从而使工场手工业和整个生产的发展有了巨大的高涨。从那里输入的新产品，特别是投入流通的大量金银，冒险的远征，殖民地的开拓，首先是当时市场已经可能扩大为而且规模愈来愈大地扩大为世界市场……"[2]新航路的开辟不仅促进了地中海、波罗的海、北海、大西洋沿岸等区域性贸易，也带动了欧洲与美洲、欧洲与亚洲的跨洋贸易，使商品和货物交换的范围越来越广阔，从政治、经济、文化各个方面密切了世界各国的相互交往，改变了世界各地区过去较为封闭的状态。这是世界市场得以最终形成的重要历史条件。

（二）工业革命是世界市场形成的主要原因

18 世纪 60 年代，影响整个世界经济发展的工业革命首先在英国

1　马克思、恩格斯：《马克思恩格斯选集》第 1 卷，人民出版社 2012 年版，第 405 页。

2　马克思、恩格斯：《马克思恩格斯全集》第 3 卷，人民出版社 1960 年版，第 64 页。

兴起，马克思和恩格斯指出："在17世纪，商业和工场手工业不可阻挡地集中于一个国家——英国。这种集中逐渐地给这个国家创造了相对的世界市场……"[1]随后，美国、法国、德国、比利时等国家相继发生了工业革命。机器大工业在促进技术革新、生产发展的同时，还使资本主义获得了极大的推动力和加速力，为世界市场的形成和发展起到了重要作用。马克思和恩格斯指出："大工业建立了由美洲的发现所准备好的世界市场。世界市场引起了商业、航海业和陆路交通工具的大规模的发展。这种发展又反转过来促进了工业范围的扩大……"[2]可见，工业革命与世界市场的形成是相互影响、相互促进的。工业革命成为人类历史上的一次巨大变革，它根本地改变了欧洲乃至整个世界的面貌。

（三）交通运输、通信的发展是世界市场形成的技术条件

以大机器为代表的工业革命在促进了纺织工业、采矿工业和冶金工业发展的同时，也带动了交通运输业的极大进步。电报、铁路、轮船等交通通信工具和运输业的发展也成为世界市场形成的物质基础和重要推动力。恩格斯指出："由于交通工具的惊人发展，——远洋轮船、铁路、电报、苏伊士运河，——第一次真正地形成了世界市场。"[3]又说："前一时期末出现的新的交通工具——铁路和海船——现在已经在国际范围内应用起来；它们事实上创造了以前只是潜在着的世界市场。"[4]国际通信新技术的发明和应用，也促进了世界市场

1　马克思、恩格斯：《马克思恩格斯选集》第1卷，人民出版社2012年版，第193页。
2　马克思、恩格斯：《马克思恩格斯选集》第1卷，人民出版社2012年版，第401—402页。
3　马克思、恩格斯：《马克思恩格斯全集》第25卷，人民出版社1974年版，第554页注释8。
4　马克思、恩格斯：《马克思恩格斯全集》第22卷，人民出版社1965年版，第369页。

的形成。马克思指出："除了原有的世界市场以外，又增加了像河流一样地倾泻出黄金的加利福尼亚和澳大利亚；电报已经把整个欧洲变成了一个证券交易所；铁路和轮船已经把交通和交换扩大了一百倍。"[1] 电报电缆的应用使得世界各地市场的行情可以快速传递，交易变得更加便捷。此后，电话、无线电技术等通信技术的发明和应用都缩短了世界各地在时间和空间上的距离，使世界各地更加融为一体。总之，运输交通工具的发明和国际交通通信条件的改善，将世界各个地区都卷入了世界市场，为世界市场的真正形成提供了必要的物质技术条件。

（四）世界市场是资本主义生产方式的前提和基础

马克思指出："对外贸易和世界市场既是资本主义生产的前提，又是它的结果。"[2]"世界市场是资本主义生产方式的基础和生活条件。"[3] 这其中包含了多重含义。

第一，世界历史与全球化是资本主义生产方式的产物。

首先，世界市场为资本主义生产方式的确立提供了前提和基础。地理大发现后，对外贸易快速发展，世界市场加速形成，这些都成为使封建社会内部产生的资本主义生产得以迅速发展的重要推动力，进而助力资本主义战胜封建主义。因此，对外贸易和世界市场是封建主义瓦解的重要因素，也是资本主义制度发展和胜利的必要前提。同时，资本主义生产方式的特征是商品生产，这决定了资本主义生产方式一方面要有市场提供的原材料、劳动力和资本，另一方面要有市场

1　马克思、恩格斯：《马克思恩格斯全集》第10卷，人民出版社1962年版，第653页。

2　马克思、恩格斯：《马克思恩格斯全集》第26卷第3册，人民出版社1974年版，第278页。

3　马克思、恩格斯：《马克思恩格斯全集》第25卷，人民出版社1974年版，第126—127页。

为生产出的产品提供最终的商品销售场所。世界市场的形成和发展无疑为这些条件提供了坚实的基础。

其次，世界历史的形成，是由资本主义生产方式和大工业所开创的。资本主义来到世间，一开始就是世界历史性的存在，是一种全球性的制度，“资产阶级社会的真实任务就是建立世界市场（至少是一个轮廓）和以这种市场为基础的生产”[1]。早期世界市场是随着美洲新大陆的发现和新航路的开辟而形成的。到18世纪后半期，英国率先发动了以蒸汽机的发明和应用为标志的第一次技术革命和工业革命。随着大工业的发展和工业品的迅速增加，资产阶级在利润驱动下走向全球，“不断扩大商品销路的需要，驱使资产阶级奔走于全球各地。它必须到处落户，到处开发，到处建立联系”[2]，由此推动了国际贸易的迅速发展，形成了在国际分工基础上的世界市场。世界市场的形成，使一切国家的生产和消费都成为世界性的了，非西方社会的广大落后地区被纳入到新的国际分工体系之中。自此，历史由孤立的、民族的、狭隘地域性的历史转变为世界历史。

在《德意志意识形态》中，马克思、恩格斯写道：“各个相互影响的活动范围在这个发展进程中越是扩大，各民族的原始封闭状态由于日益完善的生产方式、交往以及因交往而自然形成的不同民族之间的分工消灭得越是彻底，历史也就越是成为世界历史。”[3]马克思指出，大工业“首次开创了世界历史，因为它使每个文明国家以及这些国家中的每一个人的需要的满足都依赖于整个世界，因为它消灭了各国以往

1 马克思、恩格斯：《马克思恩格斯全集》第29卷，人民出版社1972年版，第346页。

2 马克思、恩格斯：《马克思恩格斯选集》第1卷，人民出版社2012年版，第404页。

3 马克思、恩格斯：《马克思恩格斯选集》第1卷，人民出版社2012年版，第168页。

自然形成的闭关自守的状态。……大工业到处造成了社会各阶级间相同的关系，从而消灭了各民族的特殊性”[1]。“资产阶级社会的真实任务是建立世界市场（至少是一个轮廓）和以这种市场为基础的生产。”[2]18世纪后半期，以蒸汽机为标志的第一次产业革命，使机器时代的曙光升起在人类历史的地平线上。“由于开拓了世界市场，使一切国家的生产和消费都成为世界性的了。”[3]马克思还强调，大机器工业品的低廉价格是用来摧毁一切万里长城，征服“野蛮人”最顽强的仇外心理的重炮。[4]由于工业革命和世界市场不断把落后地区纳入到新的国际分工体系之中，造成了全球的紧密联系，使历史由孤立的、民族的、狭隘地域性的历史转变为世界历史。

第二，世界历史与全球化使人类社会的发展紧密相连。

资本不断扩张的本性使资本主义生产处于不断扩大的运动当中，资本主义生产又使世界市场的范围逐渐扩大，“创造世界市场的趋势已经直接包含在资本的概念本身中”[5]。资本作为产生剩余价值的价值，其自我生存和发展需要通过不断地占有剩余价值来维持，当资本的发展由于国内市场的相对狭小而受到阻碍时，就必定要突破国家的界限寻找更广阔的国外市场。马克思指出：“商业的突然扩大和新世界市场的形成，对旧生产方式的衰落和资本主义生产方式的勃兴，产生过非常重大的影响，那么，相反地，这种情况是在已经形成的资

1　马克思、恩格斯：《马克思恩格斯选集》第1卷，人民出版社2012年版，第194—195页。
2　马克思、恩格斯：《马克思恩格斯全集》第29卷，人民出版社1972年版，第346页。
3　马克思、恩格斯：《马克思恩格斯选集》第1卷，人民出版社2012年版，第404页。
4　马克思、恩格斯：《马克思恩格斯选集》第1卷，人民出版社2012年版，第404页。
5　马克思、恩格斯：《马克思恩格斯全集》第46卷上册，人民出版社1979年版，第391页。

本主义生产方式的基础上发生的。世界市场本身形成这个生产方式的基础。另一方面，这个生产方式所固有的以越来越大的规模进行生产的必要性，促使世界市场不断扩大……"[1]这说明，世界市场的逐步扩大与资本主义生产方式向世界的扩展是紧密关联的。"资产阶级既然榨取全世界的市场，这就使一切国家的生产和消费都成为世界性的了。"[2]

在人类揖别动物后漫长的历史发展中，从起初孤立的发展逐渐走向联系的发展，其间经济的交往、文化的交流乃至民族的融合，都对社会进步和文明发展起到了积极的作用。然而直到世界历史和全球化形成之前，各民族的发展在总体上依然是相对封闭的。世界历史和全球化造就了一个资本主义的世界体系，从此，各国的发展就不可能再孤立地进行，而是相互作用、相互影响、相互制约乃至相互依赖。尤其是落后国家的发展受到世界资本主义体系的强烈影响。马克思指出，资产阶级由于生产工具的迅速改进、交通的便利、商品的低廉价格，把一切民族都卷到文明中来了。由资本主义所开创的世界历史与全球化进程，对落后国家发展的影响一方面是造成了落后国家对资本主义国家的依附性结构，落后国家在相当长的时期只能通过依附途径获得发展，另一方面是西方发达国家向落后国家展示了发展的未来。"工业较发达的国家向工业较不发达的国家所显示的，只是后者未来的景象。"[3]

---

1 马克思、恩格斯：《马克思恩格斯全集》第 25 卷，人民出版社 1974 年版，第 372 页。

2 马克思、恩格斯：《马克思恩格斯全集》第 4 卷，人民出版社 1958 年版，第 469 页。

3 马克思、恩格斯：《马克思恩格斯选集》第 2 卷，人民出版社 2012 年版，第 82 页。

二、全球化与我国对外开放发展的演进历程

（一）中国与全球化

历史是一面最好的镜子，它能够让我们更深刻地理解未来。人类历史经历了五次全球化浪潮，中国在人类全球化历程中做出了相应的突出贡献。

第一次全球化浪潮发生在亚洲地区，汉朝张骞出使西域“凿空拓荒”，从而开辟了丝绸之路，丝绸等中国商品沿着丝绸之路传入西域、中亚和欧洲，胡萝卜、胡椒、胡桃、胡瓜等沿着这条路传回中国。自唐宋明以来东亚地区以中国为中心就已经存在着一个类似于海上丝绸之路区域全球化的贸易网络，宋元和明朝前期中国航海业发达，航海家郑和足迹达到东南亚、印度和东非等地。中国东南沿海多个城市已经成为重要的贸易港口，如广州，泉州、宁波等地、此时大量的中国商品如茶叶、丝绸、瓷器等经过这些港口流通到印度、阿拉伯世界和欧洲等地，相当大一部分流入了西方的上流社会。这一时期，中国是推动区域全球化的主要力量。

第二次全球化浪潮是在新航路开辟—工业革命（1492 年至 19 世纪上半叶）这一阶段，从西方来看，工业资本也在全球范围内确立了统治地位，资本逻辑主导的全球化开始了全球统治，人类社会也开始了资本主义体系的大推进时期。工业革命的推进和世界市场的不断扩张使资本的力量充斥了世界的每一个领域和角落，世界进入大航海时代。但是大航海是由西方人开启和主导的，中国此时不是这一波全球化的主导者和秩序建立者，但也在其中发挥着重要的作用。从东方来看，大航海后西方人发现了美洲以及其丰富的白银矿藏，如波托西银矿，西方人用其

在美洲夺来的白银和中国及周边国家进行贸易，当时环球的贸易大三角主要是中国人提供贸易商品运输到欧洲，欧洲人派出殖民者到美洲开采白银，然后再把白银从美洲运到中国。这个贸易循环构成新航路开辟后到工业革命前的西方民族国家和中国交往的全球化的历史，这个过程用学者贡德·弗兰克的话来说就是“美洲的金银首先使欧洲能够在亚洲经济列车上购买一张三等舱的车票，然后又能够包下一节车厢，最后才是取代亚洲成为经济列车的火车头”。但由于明朝后期的海禁政策和种种原因，中国渐渐从全球化的中心变成了边缘，世界的中心从东亚逐渐转到了欧洲，中国和全球化逐渐拉开了距离。

第三次全球化浪潮发生在第一次工业革命到第二次世界大战期间，这一波全球化源于资本主导的生产力的发展和全球殖民地的建立，这一时期的全球化历程正是资本主义工业文明在全球建立和完善的过程，但同时这段全球化的历程充满了罪恶，也诠释了全球化的历史就是血和火交织的历史。“对世界的征服，如果你仔细看一看，就不觉得是什么光彩的事了，它首先意味着从那些与我们肤色不同，或鼻子稍扁的人手中夺取土地。”[1] 这一阶段资本的扩张性和逐利性使得资本主义强国相继崛起并诉诸武力在全球范围内开辟殖民地谋求民族国家资本利益，宗主国为了实现资本增殖的目的和殖民地之间实行不平等的贸易关系，凭借其自身武力和资本优势获取超额垄断利润对殖民地进行掠夺，资本逻辑主导下的不平等全球化带来了全球性的阶级矛盾和殖民冲突。在这一轮全球化中，西方资本主义国家通过鸦片战争、第二次鸦片战争和多个不平等条约打开了我国的大门，使我国被

1 约瑟夫·康拉德：《黑暗的心》，转引自爱德华·W. 萨义德：《文化与帝国主义》，李琨译，生活·读书·新知三联书店 2003 年版，扉页。

迫卷入西方主导的全球化体系之中，逐渐沦为半殖民地半封建社会，但这种对外开放的方式本质上是不平等的，是以西方掠夺为代价的。

第四次全球化浪潮发生在第二次世界大战之后到20世纪80年代。这一次全球化浪潮主要以美国为主导国家，以美国的跨国公司在全球布局和发展为主要特点。这一次全球化浪潮中，我国在中国共产党领导之下建立了中华人民共和国，同时由于意识形态等多方面因素，被美国主导的全球化体系排除在外，我国人民在党的领导下自力更生、艰苦奋斗地进行了社会主义建设的探索，据统计，1949年到1978年的29年间，共和国社会总产值从557亿元增加到6846亿元，即29年间增长11.3倍，年均增长达到了9%；其中工农业总产值从466亿元增加到1978年的5690亿元，年均增长9.5%，而根据世界银行（WB）统计数据显示，同一时期世界经济增长率为4%左右，从而使中国从数千年延续的农业国变成一个工业国，在“一穷二白”的烂摊子上也建立起门类较为齐全和完整的工业化体系。与此同时，我国依然积极参与国际对话，进行经济合作交流，1973年，我国通过“四三方案”积极引进外资和先进的工业技术，在当时为推动经济社会发展做出了重要贡献，也为改革开放的推进奠定了重要的物质基础。

第五次全球化浪潮从20世纪80年代开始，以全球价值链和全球产业分工布局为主要特点，这也是我国改革开放的起点，改革开放总设计师邓小平同志曾深刻指出：“一个国家要取得真正的政治独立，必须努力摆脱贫困。而要摆脱贫困，在经济政策和对外政策上都要立足于自己的实际，不要给自己设置障碍，不要孤立于世界之外。”[1]40多年

1　邓小平：《邓小平文选》第3卷，人民出版社1993年版，第202页。

来，我国的对外开放贯穿了改革开放以来国民经济发展的各个时期，我国的改革开放事业始终保持着旺盛的生命力和活力，并逐步形成主动性更强且具有自身特色的开放型理论体系。总结改革开放以来我国对外开放演变历程可以看出，我国参与全球经济发展，由融入者到参与者再到完善者、倡导者和引领者，我们的开放和建设对人类文明的发展做出了重要的贡献，积极为全球治理体系变革贡献中国经验和中国智慧，提出了一系列有重要影响的中国方案，深刻融入世界发展潮流，成为全球治理体系变革的重要力量，成为世界经济舞台上的重要的稳定和推动力量。

（二）我国对外开放的发展演进历程

1949 年新中国成立后的对外开放政策以 1978 年为主要转折点，可主要划分为两个阶段，这两个阶段对外开放的政策导向有着鲜明的对比。1949 年到 1978 年，在两大阵营意识形态的影响下，西方国家对我国采取了围堵政策，这一阶段我国对外开放的经贸活动呈现出较大的限制性特点；1978 年改革开放之后，我国实行了全面升级的对外开放政策，积极融入了全球化，沿海开放城市、沿海经济开放区陆续设立，一个多层次、有重点、点面结合的对外开放新格局就此形成。在不同的阶段又呈现出不同的特点，整体来看，“宽领域、多层次、全方位”的全面大开放格局已基本形成，可以说，改革开放为民族复兴积累了坚实的物质基础。

1. 改革开放之前计划经济主导的对外经济管理模式

1949 年新中国成立后，即取消了外国资本在海关、金融、航运、保险、商检、仲裁等领域的垄断和特权，实行了“调剂余缺、出口换汇”的外贸发展的基本原则，同时由于西方国家实行“封锁禁运”政策，世界划分为社会主义和资本主义两大阵营，我国的贸易伙伴主要为苏联等社会主义阵营的国家。1950年到1955年，我国通过政府贷款、设备供应等方式，接受苏联援建的“156项工程”，对新中国工业体系的结构和布局产生了长远的影响；同时期为解决出口货源紧张，增加出口创汇，从1957年开始有计划地实施“以出养进”，即进口部分原材料经过国内加工后再出口，这也是我国加工贸易发展的“雏形”。20世纪60年代后，我国和苏联关系恶化，对外开放的对象逐渐转为部分西方发达国家和日本、东南亚、非洲等国家。1960年到1966年，我国先后与日本、英国、法国、意大利、联邦德国、奥地利等国家签订合同，进口冶金、化纤等技术装备；1973年到1978年，我国从西方重点引进了轧钢、化肥、化纤、发电、石化联产等26个大型成套设备项目，用去外汇约30亿美元。这些技术设备在一定程度上促进了我国工业整体技术实力水平提高。

总的来看，改革开放之前，我国处于计划经济时期，内外多重因素的影响，使得我国对外开放带有浓厚的计划色彩，我国对外开放通过有限的进出口和技术引进为我国实现工业化和经济发展提供了有益的支持，但高度集中的管理体制缺乏经济活力，对外经贸活动也受到诸多限制，两个市场和两种资源未能有效利用，存在着一定的局限性，但这也为改革开放后实行对外开放的基本国策提供了有益参考。

2. 改革开放以来对外开放的全面升级

20世纪70年代末，新一轮产业革命逐渐兴起，邓小平同志指出：“现在的世界是开放的世界。”中国迎来了对外开放的重大历史机遇，具备了对外开放的内在动力和外部条件。我国抓住新一轮科技革命和国际产业结构调整和产业链分工演化的机遇，积极融入全球化，坚持

“引进来”和“走出去”相结合，积极引进外资和先进的技术，加快经济建设，将对外开放确立为基本国策。我国开放范围和领域也在逐步扩大，主要历程如下：经济特区（1980年，深圳、珠海、汕头、厦门）—沿海开放城市（1984年，开放天津、上海、福州、广州等14个城市）—沿海经济开放区（1985年，长江三角洲、珠江三角洲、闽东南地区、环渤海地区）—沿海开放地带（1988年，海南经济区）—沿江和内陆开放城市（1990年，浦东新区，长江沿岸城市、沿边城镇和内地省会城市）—沿边开放城市（1992年，开放长江沿岸5个城市和17个省会内陆开放城市）—自贸港、京津冀协同发展、长江经济带、粤港澳大湾区等（2012年十八大以来）。目前，我国对外开放政策体系逐步完善，对外开放进程不断加快，以上海合作组织为龙头，以“一带一路”为两翼，联动各大沿海、沿边、沿线经济带，东中西联动、南北方呼应的“宽领域、多层次、全方位”的全面大开放格局正在形成。由此，对外开放成为推动我国经济增长、体制变革和国际竞争力提升最重要的因素之一。

1978—1991年：对外开放启动，积极试点，探索推进。党的十一届三中全会提出在自力更生的基础上，大力引进国外的先进技术装备，开展与世界各国的经济交流合作，这是我国经济由内向型发展战略向外向型转变的标志。在中国共产党第十二次全国人民代表大会召开时，邓小平提出：“我们坚定不移地实行对外开放政策，在平等互利的基础上积极扩大对外交流。”党的十二大报告明确指出，实行对外开放是我国坚定不移的战略方针。对外开放符合时代主题和世界发展大势，成为中国现代化建设的必然选择和必须长期坚持的一项基本国策。十三大报告提出，进一步扩大对外开放的广度和深度，不断发展对外经济技术交流与合作。深圳、珠海、汕头、厦门4个经济特区于1980年设立，并给予经济特区多项对外开放的优惠政策，1984年我国进一步开放了上海、天津、大连、青岛、广州等14个沿海城市，1988年批准将海南建设成为最大的经济特区，这一阶段的对外开放体现出明显的“点状式”开放的特征。在这一时期，我国颁布《中外合资经营企业法》（1979）、《国务院关于鼓励外商投资的规定》（1986）等在内的多项政策方案，进一步改善了营商和投资环境，吸引了包括海外华人在内的海外资本，投资领域集中在劳动密集型产业领域，包括宾馆、餐饮、加工贸易等行业项目，产生了良好的窗口示范效应。这一阶段我国对外贸易额和外商投资增长虽然缓慢但是开始逐渐起步，推动了东部沿海地区经济增长和体制变革。

1992—2001年：由点及面，进一步深化对外开放。深化对外开放阶段是中国为加入世界贸易组织（WTO）的积极准备阶段。1992年初邓小平同志发表“南方谈话”成为对外开放提速的重要契机，在确立坚持改革开放原则的同时，明确提出应建立社会主义市场经济体制。社会主义市场经济理论的提出，把坚持对外开放和推动中国经济发展的理念提高到了新的更高的水平，在全国范围内确立了对外开放的理念。十四届三中全会提出要充分利用国内国际两个市场、两种资源，优化资源配置……发展开放型经济。由此，投资者对中国改革开放政策、对中国未来发展的信心更加坚定，中国对外开放步伐进一步加快。十五大报告提出，完善全方位、多层次、宽领域的对外开放格局，发展开放型经济。这一阶段深化对外开放以上海浦东为发力点，抓住了国际产业转移和产业链分工的机遇，中国制造业对外开放程度显著提高，中国轻纺织业、电机等工业品的出口规模迅速扩张，国际市场份额不断扩大。以经济特区建设为核心的对外开放政策使得珠三角、长三角等沿海地区的区位优势凸显，一方面带动了东部沿海地区外向型经济的发展壮大，人民群众的生活水平日益提高，但另一方面，也在一定程度上加剧了我国区位经济发展的不平衡，因此为进一步推动内陆地区开放，1999 年中央推行了西部大开发的战略决策。

1994 年，国务院做出《关于进一步深化对外贸易体制改革的决定》，进一步完善和深化了外贸制度改革，实施了汇率并轨改革，对企业给予了相关政策的优惠和税收减免，进一步扩大了有出口经营权的企业的数量。同时，为了适应外经贸领域市场化改革的需要，1994 年 7 月 1 日，《对外贸易法》正式颁布实施，自此我国对外贸易经营管理步入法制化阶段。1996 年我国实现了外汇在经常项目下可兑换，1997 年，国家利用外资工作从强调引进来到强调引进来和走出去并重，这也标志着中国对外开放进入了一个新阶段。同时，这一阶段也是我国积极争取“复关”和“入世”的重要时期，我国通过加快进出口管理体制改革，调整机构，清理法规等积极的努力，经过艰难谈判，先后与美国、欧盟等发达国家和主要贸易伙伴达成了“入世”协议。2001 年中国加入世界贸易组织，这成为我国对外开放重要的里程碑。

2002—2012 年：中国顺应世界贸易组织规则，进行多层次、宽领域的对外开放。2001 年 12 月，我国正式加入世界贸易组织。加入世界贸易组织使我国从渐进式带有局部性特征的对外开放转为大推进式的、全方位的对外开放。这一阶段，我国对外开放积极履行入市的相关承诺，对标世界贸易组织的相关规则，并以入世为契机，深化国内经济管理体制改革，如对不符合世界贸易组织规则的政策文件进行了全面清理。其中，修订了 2300 多项法律法规，清理了 30 多万份政府下达的红头文件。政府行为的改变充分彰显了对外开放促进改革向纵深发展的事实。进一步释放微观的市场主体活力，有效改善了经济体系运行的效率，可以说，加入世界贸易组织使中国经济对外开放迈上了一个新台阶，也大大促进了国内经济体制从计划经济向市场经济体制转变。

党的十六大报告指出，未来5年开放型经济发展的重点是坚持引进来和走出去相结合。十七大报告认为中国开放型经济进入新阶段，并首次提出“开放型经济体系”。这一阶段，我国进一步深化了金融、外贸、外汇体制改革，并将开放的重点领域由工业转向了服务业，开放区域从东部沿海地区向中西部地区延伸。在与国际接轨的进程中，我国经济与全球经济的融合互动关系不断增强。一方面，跨国公司大规模进入国内产业链使我国要素配置的国际化程度不断提高，经济运行效率不断提升，技术实力也获得了跃升；另一方面，全球经济增长中的“中国特征”也在不断强化，经济快速增长和日益开放的中国经济对全球经济增长的贡献和影响显著增大。2007年，次贷危机席卷全球，欧美经济发展严重受挫，中国等新兴经济体在全球治理舞台上的角色凸显；次年，中国在二十国集团（G20）峰会上提出包括推动国际金融组织改革、改善国际货币体系等在内的重要改革举措。这意味着以中国为代表的新兴经济体不再是既有全球化体系的被动接受者，而逐渐开始成为更加主动的参与者和深化者。

这一阶段，我国对外开放取得了突出成果：一是推出了多项贸易自由化方案；二是从改革开放初期仅重视引进外资到采取引进来和走出去相结合的双向开放策略；三是中国—东盟自由贸易区《货物贸易协议》《服务贸易协议》和《投资协议》陆续签订，开启了区域贸易合作的新篇章，继而将自由贸易区作为我国整个对外开放战略的重要组成部分；四是人民币国际化进程大大加快，实现了金融市场双向开放，在全球金融市场中的话语权和影响力显著增加。

2013年至今：加快形成全面开放新格局，实行更高水平对外开放。党的十八大以来，我国坚持将对外开放作为基本国策。党的十八大提出，要全面提高开放型经济水平。适应经济全球化新形势，必须实行更加积极主动的开放战略，完善互利共赢、多元平衡、安全高效的开放型经济体系。习近平总书记进一步指出："中国将在更大范围、更宽领域、更深层次上提高开放型经济水平"[1]，"共同维护和发展开放型世界经济"[2]。这一阶段我国对外开放的目标是走出去，十八大以来，我国以崛起大国的影响力承担相关责任，创新推出"一带一路"倡议、成立亚洲基础设施投资银行、加快自贸试验区试点、实行负面清单管理等对外开放新的战略举措，追求全球治理的"中国方案"，共建人类命运共同体的目标。

2013年党的十八届三中全会通过《中共中央关于全面深化改革若干重大问题的决定》，明确提出构建开放型经济新体制，"放宽投资准入、加快自由贸易试验区建设、扩大内陆沿边开放"，掀起了深化外贸体制改革、创新外经贸管理方式的新高潮。党的十八届五中全会将"开放"列为五大新发展理念之一，开放是国家繁荣发展的必由之路，也是高水平对外开放的重要遵循，开启了更高质量的新一轮对外开放。

党的十九大将对外开放提升至新的高度，提出必须坚定不移贯

1 习近平：《习近平谈治国理政》，外文出版社2014年版，第114页。

2 习近平：《习近平谈治国理政》，外文出版社2014年版，第337页。

彻创新、协调、绿色、开放、共享的发展理念，发展更高层次的开放型经济，推动形成全面开放新格局。在全球化进程遭遇挫折的复杂国际形势下，中国坚持维护多边贸易体制，主动担负起推动全球化发展的大国历史重任，为全球化向好发展注入了中国力量。2018 年中美"贸易战"以来，面对国际金融危机后世界经济持续低迷导致外需下滑的严峻形势以及贸易保护主义带来的挑战，我国通过外经贸领域供给侧结构性改革，促进贸易便利化，进出口逐步回稳向好，有了稳中有进的发展。我国充分利用各大国际平台，在增强自身制度性话语权的同时，倡导构建人类命运共同体，积极打造更加创新、活力、联动、包容的世界经济体系，为促使全球贸易走出"逆全球化"阴影做出了卓有成效的努力，使得中国对全球经济增长继续发挥"压舱石"的重要作用。这反映了十八大以来，中国开始以更加主动积极的姿态，引领全球开放经济体系的建设和全球治理体系的改革。

2018 年 4 月，习近平主席在博鳌亚洲论坛上宣布了中国将实施大幅度放宽市场准入、创造更有吸引力的投资环境、加强知识产权保护、主动扩大进口等扩大对外开放的新的重大举措，向世界传递出清晰、有力的声音："中国开放的大门不会关闭，只会越开越大。这是中国基于发展需要作出的战略抉择，也是在以实际行动推动经济全球化造福世界各国人民。"[1]2018 年 11 月，首届中国国际进口博览会成功举办，这是中国坚定支持贸易自由化和经济全球化、主动向世界开放市场的重大举措，有利于促进世界各国加强经贸交流合作，促进全球贸易和世界经济增长，推动开放型世界经济发展。截至目前，中

1　习近平：《开放共创繁荣　创新引领未来》，《人民日报》2018 年 4 月 12 日第 1 版。

国国际进口博览会已成功举办五届，此举体现了中国将继续坚定不移推进更高水平对外开放的决心，也彰显了全球治理“中国方案”的“中国担当”，正如习近平主席在首届中国国际进口博览会开幕式上所说，中国开放的大门不会关闭，只会越开越大。中国推动更高水平开放的脚步不会停滞！中国推动建设开放型世界经济的脚步不会停滞！中国推动构建人类命运共同体的脚步不会停滞！

综上，1978 年以来的对外开放是我国发展进步的核心因素，也是积极主动融入全球化的时代选择，更是“中国方案”和“中国担当”的时代体现。从中可以看出，我国对外开放是一个渐进式、由点到面、依次推进的加速和强化过程，从东部沿海的开放城市到中西部开发开放再到逐步辐射全国，从制造业扩展到服务业，从对外有限交流到深入各个层面的国际经济和技术合作。仅仅 40 多年时间里，我国经济社会走向全面开放，在对内改革和对外开放的共同推动下，创造了后起大国实现中国式现代化的增长奇迹，成为世界经济增长的主要稳定器和动力源。

（三）我国对外开放发展的总结与评述

新中国成立 70 多年以来，中国共产党人和中国人民走出了一条全新的通往现代化的道路，一方面摆脱了依附于发达国家成为发达国家经济和政治附庸的命运，另一方面更摆脱了西方资本逻辑主导的现代化的叙事和道路，“国家不分大小、强弱、贫富……都有权自主选择社会制度和发展道路”。因此中国道路“拓展了发展中国家走向现代化的途径，给世界上那些既希望加快发展又希望保持自身独立性的国家和民族提供了全新选择”，为世界广大渴望现代化的发展中国家提供了新的方案选择。尤其自党的十八大以来，以习近平同志为核心的党中央积极推进对外开放理论创新和实践创新，确立开放发展新理念，实施共建“一带一路”倡议，加快构建开放型经济新体制，倡导发展开放型世界经济，积极参与全球经济治理，更高水平的开放格局正在形成。

从国际上看，经济全球化向纵深发展，国际经济合作和竞争格局加速演变。同时西方国家发展失衡、治理陷入困境、公平赤字等问题也更加突出，新一轮科技革命和产业变革方兴未艾，国际力量“东升西降”的态势更加明显，部分西方国家推行保护主义政策，全球面临开放与保守、“全球化”与“逆全球化”、变革与守旧的重要抉择，如何在错综复杂的全球经济形势下抓住机遇实现民族复兴，是我国对外开放工作的重要任务。在这个世界正处于大发展、大变革、大调整时期，我国经济也处在转变发展方式、优化经济结构、转换增长动力的攻关期，如何推动我国经济由高速增长阶段向高质量发展阶段转变，从而实现质量变革是我国对外开放工作必须把握的主攻方向。

对此，中国坚持对外开放的基本国策，坚持打开国门搞建设，积极促进“一带一路”国际合作，努力实现政策沟通、设施联通、贸易畅通、资金融通、民心相通，打造国际合作新平台，增添共同发展新动力，推动建设开放型世界经济。我国经济持续快速发展的一个重要动力就是对外开放。对外开放是基本国策，我们要全面提高对外开放水平，建设更高水平开放型经济新体制，形成国际合作和竞争新优势。要积极参与全球经济治理体系改革，推动完善更加公平合理的国际经济治理体系。“一带一路”倡议和人类命运共同体共同秉承“创新、协同、绿色、开放、共享”的发展观念，所弘扬共商共建共享和合作共赢的全球治理理念也是对西方发达国家全球化治理模式的全面超越，使得新时期的全球治理不再是由少数大国的角逐场和利益分赃场，而是多数国家都能够平等地参与全球治理。这是中国古代“天下大同”和“和而不同，求同存异”思想的写照，为解决世界问题贡献了中国智慧。

当今，对外开放面临的国内外形势正在发生深刻复杂的变化，机遇前所未有，挑战前所未有，机遇大于挑战。中国日益成为世界乱局中的稳定器、变局中的正能量，因此我们更要以更加开放的心态推动经济全球化向纵深发展，在实现中华民族伟大复兴中国梦的同时，也为全球经济增长贡献中国力量，正如习近平总书记所说，“中国开放的大门不会关闭，只会越开越大。以国内大循环为主体，绝不是关起门来封闭运行，而是通过发挥内需潜力，使国内市场和国际市场更好联通，更好利用国际国内两个市场、两种资源，实现更加强劲可持续的发展。从长远看，经济全球化仍是历史潮流，各国分工合作、互利共赢是长期趋势。我们要站在历史正确的一边，坚持深化改革、扩大开放，加强科技领域开放合作，推动建设开放型世界经济，推动构建人类命运共同体”[1]。

三、顺应经济全球化大趋势，发展更高层次的开放型经济

环顾世界，“逆全球化”正在愈演愈烈。全球化的一个主要衡量数据就是贸易总额占据全球经济总量的比重，世界银行的一项研究数

1　习近平：《在企业家座谈会上的讲话》，《人民日报》2020 年 7 月 22 日第 2 版。

据显示，世界贸易总额占世界经济比例自20世纪90年代新一轮全球化以来不断提高，1990为31%，2008年为51.86%，金融危机后各国贸易政策收紧，2015年这个数字降至44.9%。[1]2019年5月联合国发布《2019年世界经济形势与展望》，报告中指出连续3年全球贸易摩擦持续加剧，2018年全球贸易增速由2017年的5.3%降至3.8%，根据测算2019年预计会降至2.7%，与经济危机前不可同日而语，10年前世界贸易增长速度为7.5%左右，超过世界经济增长速度的一倍，现在则大幅度萎缩。[2]

在贸易限制措施方面，世界贸易组织的一项统计研究表明，世贸成员自从2008年全球金融危机以来已经推出了2100多项限制贸易的措施。其中美国的限制贸易的表现尤为激烈，根据研究数据显示，美国在2015年实施贸易保护措施624项，是2009年的9倍。同时2015年美国采取了90项贸易歧视措施，位居各国之首，成为限制贸易自由化最激进的国家。[3]2019年12月世界贸易组织表示，截至当年10月，世贸成员共实行了102项贸易保护的限制措施，预计影响了估值约7470亿美元的贸易和商品等服务，同比增加了27%，这也是2012年至今的年度最高水平，进一步加剧了国际贸易和全球经济增长的不确定性。2019年12月6日《2019年世界贸易报告》中文版发布，根据该报告显示，全球服务贸易不断增长，已经成为全球贸易最有活力

1　胡鞍钢、王蔚：《从“逆全球化”到“新全球化”：中国角色与世界作用》，《学术界》2017年第3期，第5—17页。

2　数据来源：联合国官网整理，https://www.un.org/zh/。

3　张茉：《“特朗普主义”下的逆全球化冲击与新的全球化机遇》，《中国经济时报》2017年2月16日第5版。

的组成部分，在全球化的未来多边贸易还将会继续加强，但各国间贸易壁垒将会为这个进程增加不确定性。根据世界贸易组织更早前的报告，1990—2007 年全球国际贸易增长 6.9%，2008—2015 年平均增长约 3.1%。2016 年全球贸易增长率不仅低于 GDP 增长率而且只有后者的 80%。国际货币基金组织（IMF）的一项测算表明，在 20 世纪 90 年代，全球经济每增长 1% 能为贸易带来 2.5% 的增长，而近年来，同样的经济增长只能带来 0.7% 的贸易增长。一系列数据和世界局势的变化表明，本轮全球化的确已经遭遇“逆全球化”寒流。

与之形成鲜明对比的是我国依然坚持更高层次的对外开放，坚定不移推进经济全球化建设。新中国成立 70 多年以来，尤其是改革开放 40 多年以来，我国经济发展取得了举世瞩目的伟大成就，我国经济和世界经济深度融合，为世界经济增长提供了超过 30% 的贡献率，成为全球经济发展的执牛耳者。世界各国早已形成了“一荣俱荣、一损俱损”的共生关系，尤其自改革开放以来，中国经济迅猛发展，在全球产业链中具有重要的地位。但部分西方国家将自身发展的结构性矛盾问题归结于全球化，殊不知“经济全球化是西方崛起而不是西方衰落的原因”[1]，斯蒂格利茨也认为西方国家尤其是美国出现问题的根源不是全球化造成的，而是其全球化的路径和全球治理模式出现了问题，只给少数人带来了福音，大部分人并没有受益。[2] 这些国家甚至无缘由地指责中国破坏了世界的组织体系，导致民粹主义盛行，这不合事实，

1 周文、包炜杰：《经济全球化辨析与中国道路的世界意义》，《复旦学报（社会科学版）》2019 年第 3 期，第 133—140 页。

2 约瑟夫 · E. 斯蒂格利茨：《全球化及其不满》，李杨、章添香译，机械工业出版社 2010 年版，第 3—5 页。

更于事无解，对此，习近平总书记指出："要坚定不移发展全球自由贸易和投资，旗帜鲜明反对保护主义。"[1]

当前，在经济全球化遭遇逆流，尤其自新冠肺炎疫情在全球蔓延以来，世界发展充满不确定性，全球经济发展面临严峻挑战，保护主义、单边主义上升，世界经济低迷，国际贸易和投资大幅萎缩的背景下，贸易保护主义不断抬头，这种现象和趋势将对国际分工体系和产业链纵深发展产生消极影响。时代呼唤全球治理的新样本，站在全球化的十字路，习近平总书记发出了"世界怎么了、我们怎么办"的"中国之问"，全球化治理进程中，中国不可或缺，"国际社会期待听到中国声音，看到中国方案，中国不能缺席"[2]。与西方国家"保护主义"思潮盛行不同，以习近平总书记为核心的党中央领导集体锐意进取，顺应历史的政治经济发展大势，更加坚定不移推进更高水平对外开放，以全面扩大对外开放的务实行动，跳出了西方国家资本逻辑主导的全球治理模式和西方狭隘的国家利益的视角，以人类为关怀建立全球治理的新机制，提出了人类命运共同体的全球化发展新理念，符合人类的共同普遍利益。

2020年10月，党的十九届五中全会明确提出，要坚持实施更大范围、更宽领域、更深层次对外开放；同年11月，习近平主席在第三届中国国际进口博览会开幕式上的主旨演讲中指出，中国将秉持开放、合作、团结、共赢的信念，坚定不移全面扩大开放。我国从捍卫全

1　习近平：《共担时代责任　共促全球发展——在世界经济论坛2017年年会开幕式上的主旨演讲》，人民网，2017年1月18日，http://politics.people.com.cn/GB/n1/2017/0118/c1001-29030932.html。

2　习近平：《国家主席习近平发表二〇一六年新年贺词》，《人民日报》2016年1月1日。

球化的立场出发，着眼于人类社会发展前景，提出了以人类命运共同体为总方案的全球治理中国方案，并结合以“共商共建共享共赢”为原则的“一带一路”实践和国家治理能力提升为抓手促进全球化的深入发展，展现了负责任大国的形象，不仅有利于促进国际经济发展和国际新秩序的构建，而且有助于推动人类社会朝着更加美好的未来前进，也为建设开放型世界经济注入更多正能量。

（一）发展更高层次的开放型经济是进入新发展阶段的必然要求

马克思主义唯物史观认为，生产力是人类社会进步的根本决定力量。马克思指出：“劳动生产力是由多种情况决定的，其中包括：工人的平均熟练程度，科学的发展水平和它在工艺上应用的程度，生产过程的社会结合，生产资料的规模和效能，以及自然条件。”[1] 在当下时代，生产力包含的要素更为广泛，生产力“发展的根据首先在生产力内部”。因此生产力彼此要素之间的矛盾运动规律决定了生产力的发展方向。发展更高层次的开放型经济，就是通过加强对外沟通与交流，增进文明互鉴，在自身获得发展的同时也带动世界经济的增长，从而推动生产力的提高。

党的十一届三中全会以来，我国坚持对外开放基本国策，打开国门搞建设，以开放促改革，积极融入全球化，参与全球产业链国际分工，为经济社会发展注入了强大动力，创造了举世瞩目的中国奇迹，实现了从封闭半封闭到对外开放的历史性转变，在自身经济实力增长的同时也为世界发展提供了“中国经验”。对外开放推动中国创造了

1　马克思：《资本论》第 1 卷，人民出版社 2004 年版，第 53 页。

经济社会发展奇迹。改革和开放相互促进，开放促繁荣促发展。通过对外开放，我国获得了更多推动发展所必需的资金、技术、资源、市场、人才乃至机遇，不断为经济发展注入新动力、增添新活力、拓展新空间。在不断的对内改革和对外开放的基础上，我国已顺利实现了第一个百年奋斗目标。党的十八届五中全会提出，全面建成小康社会、实现第一个百年奋斗目标之后，我们要乘势而上开启全面建设社会主义现代化国家新征程，向第二个百年奋斗目标进军，这标志着我国进入了一个新发展阶段。

新发展阶段是我国社会主义发展进程中的一个重要阶段。全面建设社会主义现代化国家、基本实现社会主义现代化，是我国社会主义从初级阶段向更高阶段迈进的要求。我国进行社会主义经济建设不是故步自封的自我循环体系，而是更高层次更高水平的开放体系，这意味着我国的生产力发展水平仍然需要再上一个巨大的台阶，生产关系为适应生产力发展需要也必然会发生巨大变革。马克思主义认为，社会主义经济是生产、交换、分配和消费统一的动态过程，是生产力和生产关系的统一，生产力决定生产关系，但随着生产力的发展，生产关系可能成为生产力进一步发展的桎梏，此时生产关系将会反作用于生产力。对此，马克思指出："社会的物质生产力发展到一定阶段，便同它们一直在其中运动的现存生产关系或财产关系（这只是生产关系的法律用语）发生矛盾。于是这些关系便由生产力发展的形式变成生产力的桎梏。"[1] 因此，在我国经济建设各个阶段都要根据生产力的发展状况适时调整生产关系，进一步充分增强生产力各

1　马克思、恩格斯：《马克思恩格斯选集》第2卷，人民出版社1995年版，第32—33页。

个因素的活力和生机，解决好生产力和生产关系的内在矛盾，从而更好地促进生产力发展。这就要求在新发展阶段，我国持续提升对外开放水平，当前，中国开放发展面临更加复杂的外部环境，需要提高统筹国内国际两个大局的自觉性和能力，以变应变，提高对外开放的质量和水平，既引进一切有利于发展生产力的资源和要素，为生产力进一步发展创造物质基础，也充分借鉴发达国家现代化进程所取得的有益文明成果，破除阻碍生产力发展的一切障碍，为生产力进一步发展创造制度基础。

（二）发展更高层次的开放型经济是坚持新发展理念的重要体现

2015 年 10 月，习近平总书记在党的十八届五中全会上剖析了当前我国发展中的突出矛盾和问题，这些矛盾成为掣肘我国经济由“高速增长”向“高质量发展”转变的主要障碍。基于这些判断，党中央提出了创新、协调、绿色、开放、共享的发展理念，指出新发展理念是一个整体，强调创新是引领发展的第一动力，协调是持续健康发展的内在要求，绿色是永续发展的必要条件和人民对美好生活追求的重要体现，开放是国家繁荣发展的必由之路，共享是中国特色社会主义的本质要求。坚持创新发展、协调发展、绿色发展、开放发展、共享发展是关系我国发展全局的一场深刻变革，并以此作为实现中华民族伟大复兴的物质路径；其中，创新发展注重的是解决发展动力问题，协调发展注重的是解决发展不平衡问题，绿色发展注重的是解决人与自然和谐问题，开放发展注重的是解决发展内外联动问题，共享发展注重的是解决社会公平正义问题，这反映了十八大以来，中国开始以更加主动积极的姿态，引领全球开放经济体系的建设和全球治理体系的改革。

其中，开放发展理念是新发展理念的重要内容，是推进更高水平对外开放的重要遵循。开放，是推动人类社会发展的基本动力，也是世界各国共同的社会基因。当今世界，各国经济相通则共进，相闭则各退，融入世界经济是我国经济发展的大方向。历史经验表明，任何一个国家，如果忽视乃至放弃和其他国家、其他文明的交流合作，很容易形成固化的发展路径、发展模式和管理体制，导致产出不能满足人们的需求。党的十九大将对外开放提升至新的高度，要求发展更高层次的开放型经济，推动形成全面开放新格局。可以说，开放发展理念立足中国发展实际，放眼全球发展大势，融合全球开放元素，集聚了马克思主义的理论品质，开放的发展理念揭示了世界经济发展的客观规律，指明了新时代我国扩大对外开放的方向。我们要坚持开放发展理念不动摇，主动顺应经济全球化潮流，持续扩大和其他国家的经贸、科技、人文等领域交流合作，以开放促改革、促发展、促创新，持续推进更高水平的对外开放，更好利用全球资源和世界市场，努力为我国经济发展提供积极因素，发展更高层次的开放型经济，使之为我国经济高质量发展注入新动力、增添新活力、拓展新空间。

（三）发展更高层次的开放型经济是构建新发展格局的内在要求

2020 年，党的十九届五中全会提出，加快构建以国内大循环为主体、国内国际双循环相互促进的新发展格局；2021 年，党的十九届六中全会审议通过的《中共中央关于党的百年奋斗重大成就和历史经验的决议》深刻指出："开放带来进步，封闭必然落后；我国发展要赢得优势、赢得主动、赢得未来，必须顺应经济全球化，依托我国超大规模市场优势，实行更加积极主动的开放战略。”[1]2021 年年底召开的中央经济工作会议强调，要扩大高水平对外开放，推动制度型开放；以高水平开放促进深层次改革、推动高质量发展。构建新发展格局，是以习近平同志为核心的党中央做出的重大战略决策部署，是新时代全面深化对外开放的重大任务，因此实施高水平对外开放，是构建新发展格局的内在需要。新发展格局是事关我国经济长远发展全局的战略性、系统性的变革，也是立足当前、着眼未来的战略谋划。

从两个市场来看，国内循环和国际循环，相互区别又紧密联系。国内大循环的是载体是国内市场的分工体系，并辅以国际的分工体系为补充，并以满足国内人民日益增长的美好生活需要为根本出发点和落脚点，不断促进国内分工，深化畅通国民经济大循环，是国民经济发展进步的内源动力。国际大循环以国际市场为基础，以全球产业链和价值链分工为依托，世界市场的各经济主体基于比较优势的原则相互竞争、相互依存。国际大循环必然和各国经济内部循环相互对接影响，每个国家也都要充分用好两个市场和两种资源才能实现本国经济更好的发展。

依托我国超大规模市场优势，以国内大循环吸引全球资源要素，增强国内国际两个市场、两种资源联动效应，提升贸易投资合作质量和水平。稳步扩大规则、规制、管理、标准等制度型开放。推动货物贸易优化升级，创新服务贸易发展机制，发展数字贸易，加快建设贸易强国。合理缩减外资准入负面清单，依法保护外商投资权益，营造市场化、法治化、国际化一流营商环境。推动共建“一带一路”高质量

1 《中共中央关于党的百年奋斗重大成就和历史经验的决议》，《人民日报》2021 年 11 月 17 日第 1 版。

发展。优化区域开放布局，巩固东部沿海地区开放先导地位，提高中西部和东北地区开放水平。加快建设西部陆海新通道。加快建设海南自由贸易港，实施自由贸易试验区提升战略，扩大面向全球的高标准自由贸易区网络。有序推进人民币国际化。深度参与全球产业分工和合作，维护多元稳定的国际经济格局和经贸关系。

我国积极构建以国内大循环为主体、国内国际双循环的新发展格局，这不是故步自封的国内循环，国内大循环是主体，不意味着我们不重视国际循环，更不意味着放弃国际大循环，而是在当前国际环境变化和从我国实际出发的基础上实行更高水平的对外开放。我国有 14 亿多人口，中等收入群体有 4 亿多人，形成了世界独一无二的国内大市场，拥有超大规模市场优势，通过实施更大范围、更宽领域、更深层次对外开放，依托我国大市场优势，通过发挥内需潜力，使国内市场和国际市场更好联通，国内国际两个市场、两种资源，加快构建新发展格局，从而更有效地促进国际合作，实现更加强劲可持续的经济发展，在更大范围上实现互利共赢。

对外开放是新发展格局的应有之义。新发展格局以国内大循环为主体，要求以供给侧结构性改革为主线，能够有效打通经济运转的生产、分配、流通、消费各个环节。从生产看，通过对外开放，可以引入尖端的生产要素和我国所短缺的资源，从而为我国生产所需提供有益补充，推动技术进步和全要素生产率水平。从分配看，更高水平的对外开放，可以加速我国新型工业化和城镇化进程，提供就业机会和增加劳动收入，吸引更多的国际资源和要素进入中国，为经济发展创造更多增长机会，在以做大蛋糕为基础的同时还有利于分好蛋糕。

从流通看，通过对外开放，可以促进资源流通效率，解决国内循环不畅的问题。从消费看，国内大循环释放的活力和高水平对外开放相得益彰。随着我国收入水平和消费率的提升以及全球规模最大的中等收入群体的壮大，消费正成为需求侧拉动我国经济和形成国内大循环的重要引擎，通过对外开放，为外国商品更大规模、更低成本进入中国市场创造了有利条件，有助于在某些领域缓解人民日益增长的美好生活需要与不平衡不充分的发展之间的矛盾，可以增加优质供给和更多的选择机会，有利于人民生活品质的提升，以更好满足人民的美好生活需要。因此，如果没有更高水平的对外开放，国内大循环就是独轮车，也只有更高水平的对外开放，才能提升国内大循环的效率和水平，从而促进深层次改革，打通“断头路”，疏通“大动脉”，畅通“微循环”，推动形成我国经济更高水平的动态平衡，从而推动经济高质量发展。

（四）发展更高层次的开放型经济是保持国家竞争优势的必然选择

在马克思看来，世界历史的形成和发展是以工业技术革命为代表的生产力自身运动和产业分工扩大的结果。马克思在《德意志意识形态》中指出：“由于机器和蒸汽的应用，分工的规模已使脱离了本国基地的大工业完全依赖于世界市场、国际交换和国际分工。”[1] 由此可见，技术进步与生产力的发展和分工密切相关，其中，在产业技术的进步中，分工的演化起着基础性作用。每个国家都有自己产业的绝对优势，借助这一绝对优势，每个国家通过产业发展政策的安排，通过分工和专业化生产，就能够在世界市场中得到利润。西汉时期，司马迁

1 马克思、恩格斯：《马克思恩格斯全集》第4卷，人民出版社1958年版，第169页。

在《史记·货殖列传》中提出“以所多易所鲜”，即用自己多的东西换少的东西，“货殖”在当下的理解即收益或增长；《淮南子·齐俗训》中也提出，“以所有易所无，以所工易所拙”，即用自己有的东西换没有的东西，用自己擅长制作的东西换不擅长制作的，实现交换收益，推动经济发展，这体现了中国古人对专业化分工的理解。

按照西方经济学的斯密定理，分工起源于交换，市场的大小限制了分工的程度，二者互相决定。亚当·斯密在《国富论》中，用“得自贸易的收益”来理解专业化分工获得的收益，即每个国家根据自己的优势进行生产和提供服务，这样就能使所有人的福利得到提高。在亚当·斯密看来，实现这种收益的基本依托是市场规模。只要有更多的市场主体进入市场，经过专业化分工和交换，利润增加就能够实现。因此，经济发展和人们生活质量的提高就来自市场规模扩大所带来的分工深化。市场规模的扩大也进一步决定了产业链分工的深度，因此分工越深入则意味着产业链的专业程度越高，进而更有利于生产力发展和产业革命的出现，大国竞争优势的形成就在于大市场带来的精细化分工优势和规模经济。欧美等发达国家的“富国”道路有一个共同点，即都先后实现了分工精细化，在此基础之上通过产业结构的整合，继而通过对外开放占据了更大的市场，进一步促进了生产力的提高，并在此基础上储备了下一轮技术革命的能量。

从分工深化衍生的经济结构来看，随着分工的细化和市场的扩大，经济产业结构在朝着多样化、系统化和复杂化方向发展的同时也进一步提升了生产力水平，进而推动了经济发展。马克思指出：“任何新的生产力，只要它不是迄今已知的生产力单纯的量的扩大（例如，开垦土地)，都会引起分工的进一步发展。”[1]进一步优化经济产业结构是扩大对外开放的应有之义。现阶段随着分工的细化和市场的扩大，我国经济结构主要存在产业结构不协调、区域结构不合理两大问题。在世界市场上，我国产业整体“大而不强”，处于全球产业链中下游位置，科技附加值较低，存在着不少被发达国家“卡脖子”的技术和对发达国家不平等的经济依附；在国内市场，我国正处于从劳动密集型产业向资本密集型产业跃迁阶段，存在着东西部、南北部发展不均衡、不充分的问题。因此，要对我国经济结构进一步调整，就要从产业结构和区域结构两大问题入手。一方面，我国要加快转变经济发展方式，通过建设全国统一大市场进一步发挥国内区域分工的协同效应，使我国各地区分割的零碎市场有机整合，加速产业结构调整，加速建立配套的现代化经济体系；另一方面，加快构建新发展格局，以国内市场为主体，通过国内国际双循环吸收人类一切文明的先进成果，进一步扩大对外开放，坚持“走进来”和“走出去”相结合，发挥国外先进成果的竞争效应，进而重塑国内地区市场的分工格局，从而释放我国超大规模市场的竞争优势，不断促进生产力的提高。

同时，对外开放发展更高层次的开放型经济，可以促进分工的专业化和保持我国全产业链在世界市场产业链中的竞争优势，从而可以进一步提高生产效率，促进经济增长。一个国家扩大对外开放的过程，就是其逐步降低与世界其他市场主体产生经济贸易往来障碍的过程，也是贸易便利化和要素流动日益自由化的过程。对一个国家来说，伴随市场扩大，融入世界经济所内生的设备利用率的提升、成本

1 马克思、恩格斯:《马克思恩格斯选集》第1卷，人民出版社2012年版，第147页。

的降低、规模经济的获得等，都是“闭关锁国”的经济体所无法获得的；同时，本国经济主体也可引进更先进的技术和设备，推动本国科学技术进步，提高产品质量，使本国产品更有市场竞争力。因此，对外开放将大大激发企业的动力与活力，促使本国提高生产效率。

从这个意义上讲，我国的40多年对外开放可以被看作通过扩大市场规模以提升专业化分工水平、最大化自身绝对优势和比较优势的成功实践。改革开放40多年来，我国在大力促进生产要素流动、降低市场交易成本、创造国内统一市场的同时，积极参与国际分工和国际交换，获得了非常大的进步。中国的货物贸易进出口总额从206亿美元增长到超过4万亿美元，位居世界第一位。在当前一些国家实施单边主义、保护主义和贸易霸凌主义的背景下，中国不断扩大对外开放的目标，就是要通过自由贸易来扩大市场规模，实现分工的深化进而不断扩展对外贸易领域，保持全产业链竞争优势和世界经济平稳健康发展，最终推动实现世界各国的互利共赢，构建人类命运共同体。

（五）发展更高层次的开放型经济将为我国经济持续快速发展注入新动力

从我国经济发展历程来看，中国奇迹的取得有两条基本经验：一是注重以政府为主体的有效市场构建以保持国家竞争优势，即在政府主导下持续推进全国统一大市场建设贯穿了改革开放的全过程，使建设超大规模的全国统一市场成为一个持续渐进的过程；二是深度参与国际分工，积极融入全球经济体系，在全球产业链中积极发挥我国产业的比较优势，这是我国经济健康发展的动力来源。二者互为表里，共同推动了我国经济的稳定和快速发展。开放是当代中国的鲜明标识，习近平总书记指出："国际经济联通和交往仍是世界经济发展的客观要求。我国经济持续快速发展的一个重要动力就是对外开放。"[1] 开放带来进步，封闭必然落后，开放是一个国家繁荣发展的必由之路。开放的自由贸易更有利于实现资源的充分利用和提高资源的配置效率。

以党的十一届三中全会为标志，我国开启改革开放的历史进程。从中国实践来看，改革开放40多年来，我国从"引进来"到"走出去"，从加入世界贸易组织到发出"一带一路"倡议，坚持打开国门搞建设，成功实现从封闭半封闭到全方位开放的伟大转折，在不断扩大对外开放的条件下我国经济得到持续快速发展。特别是2012年党的十八大以来，我国坚持开放互利共赢，积极进行变革创新，推出了一系列扩大开放重大举措。实行高水平贸易和投资自由化、便利化政策，赋予自由贸易试验区更大改革自主权，加大西部开放力度，实现全方位、多层次、宽领域对外开放，加快形成陆海内外联动、东西双向开放新格局，为国民经济和社会发展取得历史性成就发挥了重要作用。当今中国已经成为世界第二大经济体、制造业第一大国、第一大货物贸易国、第一大外汇储备国，连续多年对世界经济增长贡献率超过30%，2019年人均GDP突破1万美元，货物贸易和服务贸易居世界第二，制造业增加值连续7年第一，基础设施在世界上遥遥领先，高铁运营总里程、高速公路总里程、港口吞吐量居于世界第一，220种工业产品生产能力日渐增强，年均增长达到了6.9%。正是不断扩大对外开放，极大地解放了思想和生产力，成为世界经济增长的主要稳定器和动力

1 习近平：《在经济社会领域专家座谈会上的讲话》，《人民日报》2020年8月25日第2版。

源，同时也成为自身快速发展的动力源。

当前，世界百年未有之大变局与新冠疫情大流行的叠加，使国际格局加速演变，世界政治和经济的局势不稳定性、不确定性增加，给全球化的未来带来了普遍性的疑问——全球化将向何处去？从长远看，经济全球化仍是世界经济发展的潮流，各国分工合作、互利共赢是长期趋势。2020 年 11 月，世界上人口数量最多、成员结构最多元、发展潜力最大的东亚自贸区建设成功启动，《区域全面经济伙伴关系协定》（RCEP）正式签署。面对更加不确定的外部环境，我们坚定选择“站在历史正确的一边”，坚持以改革开放为动力推动高质量发展，充分利用国内国际两个市场、两种资源。[1]

一方面，面对国际环境的变化，我国内需扩展潜力仍然巨大，拥有 14 亿多人口、广阔国土、庞大经济体量的中国市场是全球最大的市场之一，着力畅通供需循环，做强内需支撑，加快国内统一大市场建设刻不容缓；另一方面，我国顺应世界政治经济发展大势，以更加积极主动的姿态参与全球治理，跳出金融和资本逻辑主导的全球治理模式和西方狭隘的国家利益的视角，以人类普遍利益为关怀建立全球治理的新机制，提出构建人类命运共同体的美好愿景，坚持共商共建共享，推进开放、包容、和平、和谐共生的发展，持续推进“一带一路”、亚洲基础设施投资银行等配套建设，走出了一条全球治理的中国道路，这意味着我国对外开放的格局必将范围更大、领域更宽、层次更

1　林毅夫：《中国要充分利用国内、国际两个市场　确立经济发展新格局》，中国网财经，2020 年 11 月 27 日。

深，更加强调开放创新、布局优化、质量提升。[1]

发展更高层次的开放型经济，将不仅为我国经济持续快速发展注入新动力，也将有利于强化国内“基本盘”支撑。只有通过建设更高层次的开放型经济新体制，方能更加有效地实现内外市场联通和要素资源共享，从而不断提高对外开放的质量和发展的内外联动性，以高水平对外开放打造国际合作和竞争新优势，推动我国经济行稳致远。当前，世界百年未有之大变局加速演变，我国在迈向第二个百年奋斗目标的新征程上，也将面临越来越复杂的局势。我国拥有超大规模和整体市场的明显优势，这是我国积极参与重塑全球竞争格局的重要优势与关键支撑。为此，要坚持稳字当头、稳中求进，保持战略定力，坚持高水平对外开放，同时全面稳固国内经济体系循环畅通，在高质量对外开放的同时，也进一步培育和激发国内市场潜力，以自身最大确定性抵御外部不确定性挑战，更高层次的开放型经济也将为实现中华民族伟大复兴的中国梦注入新动力。

中国将继续坚持对外开放的基本国策，坚定奉行互利共赢的开放战略，不断以中国新发展为世界提供新机遇，推动建设开放型世界经济，更好惠及各国人民。中国坚持经济全球化正确方向，推动贸易和投资自由化便利化，推进双边、区域和多边合作，促进国际宏观经济政策协调，共同营造有利于发展的国际环境，共同培育全球发展新动能，反对保护主义，反对“筑墙设垒”“脱钩断链”，反对单边制裁、极限施压。中国愿加大对全球发展合作的资源投入，致力于缩小南北差距，坚定支持和帮助广大发展中国家加快发展。

1　周文、李思思：《高质量发展的政治经济学阐释》，《政治经济学评论》2019 年第 7 期，第 43—60 页。

四、经济全球化与“一带一路”倡议

2013年，习近平主席向世界发出“一带一路”倡议构想，在国际国内引起强烈反响。国际社会普遍认为，“一带一路”倡议体现了中国的全球发展战略创新，既有助于本国经济发展，又有助于区域合作、共同发展，还有助于促进人文交流，增进互信和区域和平稳定。[1]然而，“一带一路”倡议深深触动了西方国家意识形态的敏感神经，引起西方的种种猜忌、指责甚至诬蔑。事实上，一直以来，西方国家都是以涂上了浓厚的政治色彩“有色眼镜”看待中国与世界各国之间一切正常的经济交往、能源合作。国际社会持怀疑态度者担心中国以“一带一路”倡议为工具，以亚洲基础设施投资银行、丝路基金为手段称霸世界，推行新殖民主义。[2]一些国外学者甚至声称“一带一路”倡议是中国霸权主义的体现，中国“融入”自由化国际秩序的努力将影响其他国家的优势地位，要对中国的崛起加以制衡。

（一）“一带一路”倡议促进中国与各国形成新的生产关系

生产资料的归属性决定了资本主义和社会主义生产关系的本质差异，也决定了两者扩大对外经济关系的根本目标。发达国家通常利用资金、技术和产品等优势，与发展中国家进行非等价交换，以此获取高额利润。社会主义国家则是在生产力发展到一定阶段后，为适应生产力变化，谋求与其他国家的合作，以新的生产关系替代旧的生产

1　冯巍、程国强：《国际社会对“一带一路”倡议的评价》，《中国经济时报》2014年10月10日。

2　张燕生：《“一带一路”建设有利于世界和谐发展》，《中国经济周刊》2014年第Z2期，第32—33页。

关系。

1. 资本主义的对外生产关系：攫取高额利润，实现垄断统治

资本主义的本质使其将对外经济关系的发展目标定位在高额利润攫取。根据经济学原理，分配关系是由产权关系决定的。资本主义以私有制为主体，这就决定了其以按资分配为主体。[1]在资本家占有生产资料的条件下，资本家以资本所有者身份参与生产，以利润形式参与分配。工人以劳动者身份参与生产，以工资的形式参与分配。资本家用剥削来的剩余价值满足自身奢侈生活的需要或实现资本积累，工人则用工资购买生活必需品，把劳动再生产出来，以便继续将其出售给资本家。[2]在早期的经济体系中，人们为了使用价值生产产品，生产的目的是为了消费。但在资本主义经济体中，资本家生产商品不是为了使用价值，而是为了交换价值，即获得更多的剩余价值和高额利润。从国与国关系来看，无论是早期的对外贸易、殖民统治，还是当下盛行的资本输出、金融垄断和技术垄断，资本主义国家都是为了从他国获得高额利润。正因如此，资本主义国家在为其他国家提供援助时，总会附带上经济、政治、文化，甚至军事方面的条件，通过控制其国命脉，谋求近期或远期利益。

当前，资本掠夺和剥削已导致全球财富分布的严重失衡。马克思认为，私有资本的不断积累将导致财富被少数人掌握。托马斯·皮凯蒂认为："当 21 世纪的今天依旧重复着 19 世纪上演过的资本收益率超过产出与收入增长率的剧情时，资本主义不自觉地产生了不可控且不

1 程恩富：《领导干部如何学习应用政治经济学》，宣讲家网，2014 年 9 月 4 日，http://www.71.cn/2014/0904/780329.shtml。

2 宋涛：《政治经济学教程（第 10 版）》，中国人民大学出版社 2013 年版，第 10 页。

可持续的社会不平等。”[1]财富分配既不能规避政治因素，也很难忽视阶级偏见及利益区分。根据资本主义积累的一般规律，资本积累必然产生两个对立面：财富在资产阶级一方积累，贫困在无产阶级一方积累，最终形成严重的贫富分化。

现在全球20多个发达国家的人口占世界总人口的20%，财富却占到世界的80%以上。全球贫困国家主要集中在亚洲、非洲和拉丁美洲。这些国家中有很大一部分曾沦为资本主义的殖民地和半殖民地。“二战”后，西方强国对非西方国家实施“新殖民主义”，愈发加剧了财富分布的失衡状况。新殖民主义最显著的特征是西方国家利用其自身优势，与发展中国家进行不等价交换，以获取高额垄断利润。[2]通过对非西方国家进行政治、经济和文化侵略，西方强国把已取得政治独立的国家置于它们的控制之下，以使这些国家继续充当其商品市场、原材料产地和投资场所，最大限度地榨取财富。

2.“一带一路”倡议可以更好适应生产力变化，建立新的生产关系

社会生产关系是随着物质生产资料、生产力的变化和发展而变化和改变的。马克思认为，除了没有阶级的社会之外，所有的社会都能被解析成两个部分：生产力和生产关系。生产力是社会生产物质所使用的技术，生产关系是存在于人与人、人与物之间的关系。[3]经济发展是一个动态的发展过程，随着经济发展，生产关系需要不断调整以更好适应推动生产力发展，以实现生产力螺旋式上升，不但要把发展社

1　托马斯·皮凯蒂：《21世纪资本论》，巴曙松等译，中信出版社2014年版，第2页。

2　李小兵：《中非合作贴不上新殖民主义标签》，《学习时报》2014年7月14日。

3　哈里·兰德雷斯、大卫·柯南德尔：《经济思想史》，周文译，人民邮电出版社2014年版，第207页。

会生产力摆在首要地位，而且还要不断调整社会生产关系以适应生产力的发展。

现在世界经济已进入全球化的新时代，经济全球化其核心要义是世界各国一道，互联互通，携手前进，为全球经济发展提供不竭的动能。而在经济全球化的新时代，以大数据、人工智能、区块链等为代表的新科技革命，正在以势不可挡的态势带动新的产业革命，并给经济全球化、企业国际化带来前所未有的机遇和挑战。进入新时代，全球经济治理体系、国际经济秩序乃至世界经济格局正在发生巨大变化和重新调整，世界经济结构失衡、国际金融市场波动、需求不足等深层次的问题尚未解决，贸易保护主义、逆全球化思潮、单边主义开始抬头，不确定因素依旧存在，经济全球化的风险也在加剧。“一带一路”倡议可以帮助更多发展中国家以更加对外开放的姿态参与全球经济重构，推动全球生产关系新调整，以适应世界经济发展新潮流，并为世界经济发展注入新的活力。

开放发展是中国经济快速增长的基本经验。历史证明，开放是国家繁荣发展的必经之路。经济的全球化是社会生产力不断发展的必然结果，对外开放是经济全球化发展的必然趋势。对于谋求经济发展的更多发展中国家而言，实行全面对外开放，是尽快发展社会生产力和适应经济全球化要求的必然选择。“一带一路”倡议不但体现了我国全面开放的新理念，而且更体现了推动经济全球化进程中的中国责任和中国担当。“一带一路”倡议表明，中国不是独善其身的“专车”，而是世界发展的“顺风车”，更是人类进步的“快车”。

“一带一路”倡议表明，中国正从关注自身发展转向到加快推进区域合作发展战略实施，主动承担国际责任和义务，从全球发展的参与者转向全球发展的贡献者。在全球经济一体化的大趋势下，任何一个国家经济都难以“独善其身”，一荣俱荣，一损俱损，必须主动积极调整与他国的生产关系，以适应生产力发展的要求。从外部环境来看，世界金融危机后，发达国家市场需求疲软，贸易保护主义上升，开始塑造排他性的、更高标准的全球贸易与投资新规则，中国及广大发展中国家的比较优势受到极大削弱[1]，亟待新的战略来适应生产力变化。“一带一路”倡议构想既为中国创造了通过商品交换、资金输出、技术交流以及劳务输出等扩大开放的机遇，又为中国提供了与沿线各国增进了解、改善经济关系的机会。

通过“一带一路”倡议，中国与沿线各国可建立更加紧密的经济关系，减少国内市场失衡的风险，保障国民经济平稳运行。与此同时，还可以节约社会劳动，提高经济效益，出口中国有优势的产品和服务，引进他国先进技术或产品。这些都是中国适应国内生产力变化，在对外生产关系方面做出的积极调节。同时，党的十八大以来，中国积极牵头搭建多边合作平台，推动世界同步发展，加快全球减贫进程，更加有效地促进广大发展中国家交流分享中国的减贫经验。

中国先后提出共建丝绸之路经济带和21世纪海上丝绸之路，倡议筹建亚洲基础设施投资银行，设立丝路基金。这些举措就是支持更多发展中国家开展基础设施互联互通建设，帮助更多发展中国家增强自身发展能力，更好融入全球供应链、产业链、价值链，为国际减贫事业注入新活力。世界银行发布报告称，中国“一带一路”倡议可加快数十个发展中国家的经济发展。因为“一带一路”倡议的愿景目标

1 毛艳华：《“一带一路”对全球经济治理的价值与贡献》，《人民论坛》2015年第9期，第31—33页。

与合作领域同许多发展中国家的发展战略高度契合。世界银行发布的《"一带一路"经济学：交通走廊的机遇与风险》报告显示："一带一路"倡议旨在通过中亚和南亚将中国与欧洲连接起来，涉及一系列港口、铁路、公路和桥梁建设，以及其他投资。"一带一路"倡议如果得到全面实施，可使3200万人摆脱中度贫困。[1]

（二）"一带一路"倡议不是资本输出而是实现合作共赢

过去500年来西方主导下的全球化，让更多发展中国家被动卷入世界市场，形成"中心与外围"的资本主义现代体系，发展中国家成为发达国家的原材料供应和资本输出的基地，固化甚至扩大了发展中国家与发达国家的发展"鸿沟"。"一带一路"倡议中的资金输出与传统的资本主义资本输出存在本质差异。"一带一路"倡议超越了传统的资本主义资本输出。因为"一带一路"倡议中的资金输出的重点在于产融结合，也就是实现产业与金融的有机结合，强调多元的国际共建，在建设过程中强调产业关怀，即金融要为企业保驾护航。"一带一路"建设既是积极参与国际交换、国际分工，融入世界市场，实现社会化大生产的基础，又是实现经济开放，发展对外关系的桥梁，其本质和目的是为了使用价值而非交换价值，是为了改善全体劳动者的生活。

1. 资本主义资本输出：经济侵略、对外剥削

资本输出是资本主义继殖民掠夺后，对外实施经济侵略的主要手段。"只要资本主义还是资本主义，过剩的资本就不会用来提高本国民众的生活水平，而会输出国外，输出到落后的国家去，以提高利润。在这些落后的国家里，利润通常都是很高的，因为那里资本少，地价

1 《世界银行肯定"一带一路"助力发展》，中国日报网，2019年7月5日，https://baijiahao.baidu.com/s?id=1636810266276187768&wfr=spider&for=pc。

比较贱，工资低，原料也便宜。”[1]资本国际化是当代资本主义的一个重要特征，其经历了两个阶段：第一阶段是自由竞争资本主义时期。这一阶段，资本主义生产仍在资本的母国进行，但其所需的原料、商品销售的市场已超越国家，资本国际化通过商品输出得以实现。17世纪资本主义的殖民地掠夺是这一阶段的主要实例。第二阶段是垄断资本主义阶段。“对垄断占统治地位的最新资本主义来说，典型的则是资本输出。”[2]第二次世界大战后，垄断资本开始在全球范围内安排资本循环的整个过程，不仅把生产配置到国外，还把分工引进自己设置在不同地区和国家的企业中，形成国际生产的流水线。“作为资本主义国家对外扩张的一个重要手段，资本输出的急剧增长，不仅意味着资本的对外剥削从商品资本的领域进一步向货币资本和生产资本的领域扩展，还意味着资本在国外建立垄断统治。”[3]随着资本全面国际化，资本国际垄断的形式与手段也相应发生变化，从早期的国际卡特尔向跨国公司转移。

资本主义输出资本源于以下四点：第一，国内垄断资本的大量积累导致资本过剩，为了追逐高额利润涌向国外。第二，国际竞争加剧迫使资本主义国家通过资本输出保障原料来源和扩大市场。资本输出既可以带动商品输出，突破对方贸易壁垒，还可以迅速占领对方市场。在发展中国家，资本主义往往通过资本输出控制对方的资源，进行廉价掠夺。第三，资本输出是重新划分势力范围的重要手段。列宁指出：“帝国主义的特点恰好不只是力图兼并农业区域，甚至还力

1　列宁：《帝国主义是资本主义的最高阶段》，人民出版社2014年版，第60页。
2　列宁：《帝国主义是资本主义的最高阶段》，人民出版社2014年版，第59页。
3　宋涛：《政治经济学教程（修订版）》，人民出版社1985年版，第187页。

图兼并工业极发达的区域。”[1]资本输出的目的是为了抢占对方的国内市场，打击竞争对手，扩大自己的势力范围。第四，获得各种优惠条件。资本主义的资本输出往往带有各种条件，如在与输入国缔结协议时，获得贸易条件的让步，规定拿一部分贷款用于购买债权国产品，要求受援国开放商品和资本市场等，如巴西修筑铁路大部分用的是法、比、英、德的资本，这些国家在办理有关修筑铁路金融业务时已规定由它们供应铁路建筑材料。[2]

因此，资本主义的资本输出非“等价交换”，其既是对输出国的经济剥削、市场占领，也是非平等竞争的根源。资本主义压制输出国的产业选择自由，大量资本的涌入会使这些国家的经济畸形化，也可能导致这些国家的自然经济崩溃。除此之外，资本主义资本输出的目的是让资本在未来某个时候获得更大的灵活性和选择自由，长期、低利的投资不会得到资本主义的青睐。“如果一个机构的钱被有计划地赋予‘生殖力’，不管在任何特定时间里恰好作为手段的那些特定商品和活动属于什么性质，这个机构就是资本主义的。”[3]

2. “一带一路”倡议不是资本输出而是实现合作共赢

“一带一路”建设的关键是互联互通，如道路联通解决了制约沿线国家经济发展中的基础设施障碍，提升了沿线国家的技术水平和管理水平，改善和优化了沿线国家的资源禀赋条件，降低了贸易成本，增强了产品的竞争优势。贸易畅通消除了沿线国家在国际贸易的“比较劣势”，使得沿线国家能够快速融入全球化的产业链中，发挥比较优

1 列宁：《帝国主义是资本主义的最高阶段》，人民出版社 2014 年版，第 89 页。

2 列宁：《帝国主义是资本主义的最高阶段》，人民出版社 2014 年版，第 63 页。

3 杰奥瓦尼·阿瑞基：《漫长的 20 世纪》，姚乃强等译，江苏人民出版社 2011 年版，第 9 页。

势，实现产业升级和经济增长。自“一带一路”倡议提出以来，中国与沿线国家货物贸易规模不断扩大，双向投资合作不断拓展，为沿线国家经济发展注入了新的活力。资金融通完善了沿线国家资本市场，使得沿线各国资本市场的发展能更好地服务本国实体经济。“一带一路”倡议以来，中国同“一带一路”倡议建设参与国和组织开展了多种形式的金融合作。比如，亚洲基础设施投资银行已经为“一带一路”建设参与国的 9 个项目提供 17 亿美元贷款，丝路基金投资达 40 亿美元，中国同中东欧“16+1”金融控股公司正式成立。这些新型金融机构同世界银行等传统多边金融机构各有侧重、互为补充，形成了层次清晰、初具规模的“一带一路”金融合作网络，从而弥补了“一带一路”沿线国家国际融资能力的不足，可以更好地满足基础设施建设的资金需求，实现各国之间的优势互补。民心相通促进了沿线各国相互之间更为频繁的文化交流，因此“一带一路”倡议成为地区之间相互合作和交流的桥梁。

“一带一路”倡议宗旨是合作共赢。第一，中国与沿线国家的合作遵循平等互利原则。中国不干涉沿线国家的内政，不会谋求对沿线国家的控制，更不会将自己的意愿强加于这些国家。第二，中国与沿线国家的资源交换遵循市场机制和商业准则，不会采取低价掠夺的方式。第三，“一带一路”倡议旨在为沿线国家提供更多的选择和机会，不会影响这些国家与其他国家的原有合作。第四，中国为沿线发展中国家提供不附带任何政治条件的援助。为此，中国国家主席习近平提出，在“一带一路”倡议建设中，中国绝不干涉中亚国家内政，不谋求地区事务主导权，不经营势力范围；将坚持包容开放、平等务实合作、发展成果共享、互利共赢，提倡多予少取的“新义利观”

等原则。[1]

从过去发展历程来看，“一带一路”倡议建设中都遵循了以上原则；如中国援建安哥拉创造了“能源换基础设施”的双赢模式；再如中非合作，2009年国际金融危机肆虐，全球对外直接投资下降了43%，但中国对非洲地区非金融类直接投资增长却超过50%。中国坚持与非洲国家共渡难关，在非中国企业不减产、不减资、不减员之际，一些发达资本主义国家却关闭了他们的企业，撤资并解雇当地员工。一些人质疑中国与非洲发展是因为资源“摄取”。有数据显示，2009年非洲对中国出口的原油在其原油出口总量中仅占10%，远落后于对欧盟的26%和对美国的28%。也就是说，非洲以资源输出为特征的经济发展模式，是面向全球的，而非中国。此外，中国对非开展经贸合作没有附加任何政治条件，中国在进口非洲资源的时候严格遵循市场原则，要么直接购买，要么从国际专业市场购买，没有低价攫取资源的做法。[2]此外，中国还通过减免关税、提供援助、免费培训等方式为“一带一路”倡议沿线发展中国家提供帮助，而这些帮助大都是无偿的。

（三）“一带一路”倡议推动实现要素资源全球分工

经济学自形成以来，总是围绕人的消费需求以及由此形成的相对稀缺的状况展开。“为了解决稀缺性问题，需要一种社会机制在无限的选择中间来分配有限的资源。”[3] 作为一种崭新的、富于创新的发展

1 于光军：《建设“丝绸之路经济带”与“21世纪海上丝绸之路”研究热点述评》，《内蒙古社会科学（汉文版）》2014年第6期，第9—12页。

2 李小兵：《中非合作贴不上新殖民主义标签》，《学习时报》2014年7月14日。

3 哈里·兰德雷斯、大卫·柯南德尔：《经济思想史》，周文译，人民邮电出版社2014年版，第1页。

战略，“一带一路”倡议充分考量了参与国的生产资源互补性，创造条件，改善环境，突破传统分工形成的“贫困陷阱”，带动各国经济蓬勃发展。

1. 要素分工是发展中国家的机遇

经济全球化是经济发展的大趋势。迄今为止的经济全球化，在很大程度上是资本主义生产方式在世界范围内的扩展，是资本主义将其基本矛盾扩散到全球范围的过程，而发展中国家在这个过程中受到剥削和压榨。“在旧的分工中，不发达国家供应原材料，发达国家提供制成品”[1]，“不平等交换的条件——即不发达的再生产就这样逐渐形成。前资本主义农业关系的畸形以及手工业的破产造成了没有工业化的城市。一端是劳动力报酬的低下，另一端是资本的集中，促使外国资本在外围国家建立用于出口的现代生产部门”[2]。由此，“贫者越贫，富者越富”这个现象在经济全球化的驱使下没有丝毫改善的痕迹。

从生产角度来看，经济全球化是围绕分工展开的。当前，国际分工已从“以产业和产品为界限的国际分工发展为以生产要素为界限的国际分工，由最终产品交换领域发展到产品生产过程、生产环节，由产品分工发展到要素分工”[3]。伴随着世界经济的发展，生产需要投入的要素越来越多。商品价值是劳动创造的，当劳动的内涵延伸到知识、技术、管理、研发等领域时，这些再生性要素便成为主导。马克思对此早有预见：“随着大工业的发展，现实财富的创造较少地取决于劳

1　萨米尔·阿明：《不平等的发展》，高铦译，商务印书馆 2000 年版，第 178 页。

2　萨米尔·阿明：《不平等的发展》，高铦译，商务印书馆 2000 年版，第 173 页。

3　张二震、马野青：《当代国际分工新特点与马克思国际价值理论新发展》，《经济纵横》2008 年第 3 期，第 3—7 页。

动时间和已耗费的劳动量，较多地取决于在劳动时间所运用的动因的力量，而这种动因自身——它们的巨大效率——又和生产它们所花费的直接劳动时间不成比例，相反地却取决于一般的科学水平和技术进步，或者说取决于科学在生产上的应用。”[1] 知识、人力资本、信息这些再生性生产要素不是先天性资源，而是各国通过后天培养起来的。因此，一国经济地位不仅取决于最终产品，也取决于再生性生产要素优势。而以再生性生产要素为主导的国际分工模式，为发展中国家追赶发达国家，进而突破长期以来形成的带有剥削性质的分工模式创造了条件。

2. 提升各国发展能力，改善发展环境

按照马克思观点，资本主义剥削关系主要经由国际分工和全球价值链转变为发达国家对发展中国家的剥削关系。“一带一路”倡议与其有天壤之别，“一带一路”倡议通过提升沿线各国竞争力，改善互联互通条件，营造良好的经贸环境，以及参与公共问题治理，带动各国参与并融入国际分工。

“一带一路”倡议将提升沿线国家参与国际分工的竞争力。“一带一路”沿线国家多是发展中国家或新兴经济体，大都处在经济发展的上升期，参与国际分工的意愿高。虽然这些国家经济起步晚，但其介入以生产要素为主导的国际分工时机并不晚。中国可以通过培训人才、技术输出和劳务输出等方式，向各国提供更多的人才、技术和设备，也可将近 30 年的发展经验作为各国的借鉴，携手各国共同应对金融风险。

1 马克思、恩格斯：《马克思恩格斯全集》第 46 卷下册，人民出版社 1980 年版，第 217 页。

“一带一路”倡议以增进区域互联互通，为各国参与分工创造条件。目前，“一带一路”沿线国家之间的交通基础设施互联互通性能差。特别是处在极端主义势力范围的西亚地区，基础设施建设十分落后。通路、通航成为“一带一路”倡议的突破口。中国需要发挥其在基础设施领域具备世界竞争力的施工建设能力，“以拉动新兴市场国家和欠发达国家的基础设施建设带动全球增长”[1]，为各国参与国际分工创造必要的条件。

“一带一路”倡议营造良好的经贸环境，促进各国融入分工。“一带一路”倡议包括中蒙俄经济走廊、新亚欧陆桥经济走廊、中（国）南（亚）西亚经济带和海上战略堡垒四条路线。随着公路、铁路、海路以及网络通信设施不断建设，古丝绸之路上的现代商队正在形成和壮大。“一带一路”在突破内陆沿边地区贸易投资的局限性的同时，推动本地贸易、离岸贸易、电子商务等多种贸易模式，营造出良好的贸易环境。吸引国内及全球最优秀的采购网络、分销网络、结算体系，与沿线国家企业和个人一道，共同扩大双向贸易和投资规模。[2]

此外，由于“资本主义制度下的法律和政府监管都鼓励地球的商业化”[3]，公共领域的很多问题成为难解之谜，国际气候变化、环境污染、资源减少等公共问题更是难以共商共议。“一带一路”倡议在实施过程中，中国不仅会尝试在资源、经济领域实现合作突破，也会尝试

1 叶檀：《中国推出马歇尔计划如何取得成功？》，《中国经济信息》2014 年第 22 期，第 20 页。

2 张燕生：《“一带一路”建设有利于世界和谐发展》，《中国经济周刊》2014 年第 Z2 期。

3 杰里米・里夫金：《零边际成本社会》，赛迪研究院专家组译，中信出版社 2014 年版，第 170 页。

在公共领域实现合作突破。

（四）“一带一路”倡议促进改善全球治理结构

当代最著名的思想家杰里米·里夫金在《零边际成本社会》中提出，资本主义时代正逐渐离我们远去，尽管这一进程并不迅速，却是大势所趋。与此同时，一种改变我们生活方式的新经济体制应运而生，它就是“协同共享”。“到 2050 年，协同共享很可能在全球大范围内成为主导性的经济体制。而这意味着，资本主义体制将丧失在经济中的主导地位。”[1]

1. 国际体系的“西衰”与“东兴”

全球经济发展是一个“不平衡→平衡→不平衡”递进演变的过程，西方与东方在重心交替中并行发展。究竟谁居于国际体系的中心，谁处于边缘，对这一问题，学者各有说辞。有的学者认为，“直到 1800 年为止，亚洲，尤其是中国一直在世界经济中居于支配地位。直到 19 世纪的鸦片战争，东方才衰落，西方才上升到支配地位——而这显然也是暂时的。因为世界现在已经再次调整方向，重新面向东方”[2]。有的学者则认为，国际体系发展经历了“现代国际体系”和“后西方国际体系”两个阶段。“自现代国际体系形成以来，西方霸权一直盘踞于体系的中心，非西方国家则处于体系的边缘。现在，随着新兴经济体的群体性崛起，现代国际体系已经进入转型的前奏阶段，‘西方的衰落’和‘东方的兴起’预示着即将展开的国际体系是一个

---

1 杰里米·里夫金：《零边际成本社会》，赛迪研究院专家组译，中信出版社 2014 年版，第 1 页。

2 贡德·弗兰克：《白银资本：重视经济全球化中的东方》，刘北成译，中央编译出版社 2008 年版，第 2 页。

后西方国际体系。”[1]

后西方国际体系与现代国际体系有本质的区别，主要表现在“多极化、全球化和美国霸权的衰落”[2]。当然，从比较视角看，就有了“西衰”和“东兴”一说。20世纪90年代至今，世界发展呈现“经济全球化”和“区域集团化”的趋势。以信息技术为基础的新技术革命带动全球经济大发展。1995年世界贸易组织开始运转，欧洲联盟、北美自由贸易区和亚太经合组织等经济集团出现。中国超越日本成为世界第二大经济体，以及金砖四国的崛起引发世界经济格局重新洗牌。吉姆·奥尼尔在《与“金砖四国”一起梦想》的报告中预测，到2050年，金砖四国将超越包括英国、法国、意大利、德国在内的西方发达国家，与美国、日本一起跻身全球的六大经济体。“在后西方国际体系中，国际政治权力正在东移，以金砖国家为代表的新兴大国的群体性崛起，标志着东方正在回归国际体系的中心。世界正在走向一个没有霸权、力量相对均衡的国际秩序。”[3]

尽管国际经济力量对比在向均衡方向发展，但西方和非西方的力量仍旧悬殊，调整成员间关系或者形成完善治理的制度容量仍然显得捉襟见肘。[4]全世界有200多个国家和地区，包括发达国家和发展中国家。1974年4月，联合国大会第六届特别会议通过了《建立新的国际经济秩序宣言》和《发展中国家经济合作行动纲领》，表达了发展中国

1　张建新：《后西方国际体系与东方的兴起》，《世界经济与政治》2012年第5期，第4—20页。

2　李小华：《多极化、全球化、霸权之后？——变革中的国际体系及其后》，《太平洋学报》2002年第1期，第54—61页。

3　张建新：《后西方国际体系与东方的兴起》，《世界经济与政治》2012年第5期，第4—20页。

4　苏长和：《增量改进：国际体系改革的中国智慧》，《解放日报》2014年7月19日。

家发展民族经济，反对经济的控制和掠夺，改善南北关系，加强南南合作的强烈愿望。但由于发展中国家经济水平太低，导致该《行动纲领》全面夭折。大部分发展中国家经济发展滞后，承担全球治理处在“心有余而力不足”的阶段。经过30余年发展，发展中国家的经济虽有所改善，但财富分布仍向西方发达国家集聚，亚洲、拉丁美洲财富占全球比重较小。2014年瑞士信贷发布《全球财富报告》显示，北美为全球“最富”地区，财富总额为91万亿美元，占全球的34.7%；欧洲位居第二，为85.2万亿美元，占32.4%；中国内地位居第四，占8.1%。

2. “一带一路”倡议促进改善全球治理结构

经济全球化加速了国际体系转型，而国际体系发展呈现“国际行为体多元化、国际力量结构多样化、国际多种互动模式共存、国际机制在各方博弈中变革发展”[1]等特征，令全球治理的复杂性随之增加。对全球治理结构，主流的观点是，“全球治理的主体应该是以主权国家为核心和主导，以联合国为主要合作平台，有其他各类国际组织、国际团体和社会群体参与的国际行为综合体”[2]；在未来全球治理架构的改革过程中，美国仍将发挥至关重要的作用，但是新兴国家的参与和国际制度的改革必将使美国推行霸权治理模式的努力难以为继[3]；传统强国主导全球议程的能力在下降，新兴国家被提前推到全球治理前台。[4]事实上，1978年改革开放以来，中国完成了“国际体系需要什么

1 夏立平：《论经济全球化背景下国际体系的转型》，《毛泽东邓小平理论研究》2006年第4期，第66—70页。

2 李景治：《全球治理的困境与走向》，《教学与研究》2010年第12期，第32—40页。

3 刘丰：《美国霸权与全球治理——美国在全球治理中的角色及其困境》，《南开学报》（哲学社会科学版）2012年第3期，第9—16页。

4 苏长和：《增量改进：国际体系改革的中国智慧》，《解放日报》2014年7月19日。

样的中国”的转型。随着中国的崛起，“中国需要什么样的国际体系”会进一步促使体系内的制度安排做出调整与变革。[1]“一带一路”倡议从根本上动摇和改变了霸权性的全球治理结构，让更多国家参与到全球管理，促进全球治理结构从单极化向多极化发展，具体表现在以下三个方面。

共建“一带一路”倡议有利于加速沿线经济一体化进程，具体表现为：促进资源在更宽泛、更合理的地域内配置；在“一带一路”倡议的统一大市场基础上，产生超国家的经济组织（如亚洲基础设施投资银行），实现区域经济的统一管理；通过促进金融、生产、贸易服务、技术、人才和劳务等各种生产要素在沿线流动，强化经济主体的联系；促进各国经济主权的无形销蚀和有形让渡；带动市场经济体制和市场规则的普遍适行，表现为各国经济组织主体对宏观的多边制度安排和微观的国际惯例的普遍认同和接受；“一带一路”倡议带动中亚、西亚、南亚、东南亚共同发展，辐射非洲地区，强化欧洲经济圈和东亚经济圈联系。

共建“一带一路”倡议有利于带动国际体系容量扩充。“一带一路”倡议代表了中国政府力求走出传统的权力政治窠臼，将一个发展的中国与中亚及更为宽广的区域联合起来、共同繁荣的战略意愿。[2]从地缘政治角度看，21 世纪中印崛起引领亚洲崛起，引发美国的担忧。美国同盟体系以麦金德的“枢纽”为核心推动“印太战略”，试图压制

---

1 苏长和：《国内—国际相互转型的政治经济学——兼论中国国内变迁与国际体系的关系（1978—2007）》，《世界经济与政治》2007 年第 11 期，第 6—13 页。

2 朱锋：《中国提出“新丝绸之路经济带”构想》，《今日中国》（中文版）2013 年第 10 期，第 16—17 页。

中国。中国的亚洲地缘政治经济新视野，超越了以压制挑战者为特征的霸权国家的地缘政治思维。[1]“一带一路”倡议在促进发展中国家经济崛起的同时，可全面启动沿线国家的工业化进程，让亚、非、拉成为世界经济新的增长极。一个关系60多个国家，世界三分之二人口的现代化进程的启动，将使国际经济体系的规模得到史无前例的扩大。

共建“一带一路”倡议有利于中国及沿线国家共同抵御发达国家的“要挟”。“一带一路”倡议通过强化太平洋到波罗的海的区域合作，抗衡美国的亚洲轴心战略与跨太平洋伙伴关系协定（TPP），粉碎美国削弱中国与邻国经济融合的意图；带动中亚与中国建立更为紧密的经贸关系，削弱美国“新丝绸之路”计划经过阿富汗的贸易和能源通道。[2]若“一带一路”倡议建立起穿越新疆，经哈萨克斯坦、乌兹别克斯坦等中亚国家的铁路，将极大地改善中国与中亚的经贸关系。此外，“一带一路”倡议还能促进中国与非洲更加积极的外交，确保海上通道的安全与稳定。

3. “一带一路”倡议为发展开放型世界经济提供中国担当

“一带一路”倡议是中国向世界释放出的进一步开放市场的积极信号，表达了中国愿与各国分享发展机遇的诚意，展示了中国支持经济全球化健康发展的决心，有助于更多国家更好地融入经济全球化，为发展开放型世界经济提供了有力支撑。

目前，全球经济增长动能不足、发展失衡、经济治理滞后三大矛

---

1 张玉杰：《“一带一路”是中国建设大棋局中的棋眼》，《中国党政干部论坛》2014年第12期，第17—19页。

2 冯巍、程国强：《国际社会对“一带一路”倡议的评价》，《中国经济时报》2014年10月10日。

盾远没有得到解决。“一带一路”建设契合各国发展需要，为促进各国协调联动发展、实现共同繁荣提供了新方案。中国通过“一带一路”建设让全世界共同分享中国改革红利、中国发展经验，体现了在促进世界发展进程中的中国责任；“一带一路”建设以开放为导向，解决经济增长和平衡问题，可以更好地推动沿线国家间实现合作与对话，为世界经济长期稳定发展奠定坚实基础，体现了世界经济发展中的中国担当。

“一带一路”源于中国，属于世界。中国提出“一带一路”倡议，就是聚焦发展这个根本性问题，借此充分释放各国发展潜力，推动实现经济大融合、发展大联动、成果大共享。在顺应经济全球化大趋势的同时，“一带一路”建设尊重各国发展道路选择的多样性，鼓励各国探索适宜自身国情的发展道路，因此可以更好地实现各国发展战略对接，可以更好地寻找到各国的利益契合点，有利于共同打造和实现政治互信、经济融合、文化包容的利益共同体、命运共同体和责任共同体。“一带一路”建设以政策沟通、设施联通、贸易畅通、资金融通、民心相通为主要内容，有利于充分发挥各国比较优势，扩大利益汇合点，培育发展新动能，促进各国经济要素有序自由流动、资源高效配置和市场深度融合，增强全球经济增长活力。

“一带一路”是中国为全球经济治理提供的公共产品，为全球经济治理体系贡献了新模式，体现了全球经济治理中的中国智慧和中国贡献，更体现了新型全球经济治理的包容性和普惠性。通过搭建起一个开放、包容、共享的合作平台，“一带一路”建设为经济全球化带来了发展新理念，打造出了世界经济的发展新机制，可以更好地汇聚各方面力量，合力共同应对全球化进程中的各种挑战，有助于推动经济全球化健康发展，让各国人民共享发展成果。“一带一路”建设跨越不同地域、不同文化、不同发展阶段，坚持共商共建共享原则，推动优势互补和协同发展，填补了全球化中的“洼地”和“鸿沟”，既可以更好地解决各国发展不平衡、国际合作碎片化的问题，又可以强化多边合作机制，加强相关国家的沟通，并带动更多国家和地区参与共建，体现了主动性、平等性、参与性和共享性，这也是“一带一路”倡议获得广泛共识的深层原因。

（五）“一带一路”倡议谱写中国特色社会主义政治经济学新篇章

“一带一路”倡议是中国就改善世界格局、发展周边关系所做的新探索，也是对新时代经济全球化的“中国回应”和“中国方案”。马克思一生中一直关注世界经济发展，甚至曾为其政治经济学的研究专门构想过一部系统化阐述“世界市场”的分册，虽然最终并未完成，但在其相关著作中阐发了许多关于世界经济发展的重要观点与构想。

1.“一带一路”倡议破除了全球化经济“板块论”

“美洲的发现、绕过非洲的航行，给新兴的资产阶级开辟了新天地。东印度和中国的市场、美洲的殖民化、对殖民地的贸易、交换手段和一般商品的增加，使商业、航海业和工业空前高涨。”[1] 正是随着新航路的开辟，原本由封建国家所主导的区域性市场，逐渐被新兴的资产阶级按照大工业发展需求的意图，进一步发展为世界市场，尽管整个过程充满血腥，“带着天生的血斑，……滴着血和肮脏的东西”[2]，用血与火的文字记录着“封建生产方式向资本主义生产方式的转化过

1 马克思、恩格斯：《共产党宣言》，人民出版社 2014 年版，第 28 页。

2 马克思：《资本论》第 1 卷，人民出版社 2018 年版，第 871 页。

程”[1]。新兴资产阶级为了开拓世界市场，对“所能奴役的一切民族所采取的野蛮和残酷的暴行，是世界历史上任何时期，任何野蛮愚昧和残暴的人种都无法比拟的”[2]。因此马克思总结说：“暴力本身就是生产力。”[3] 也正因为如此，在新兴资产阶级眼中，世界市场来之不易，资产阶级“挖掉了工业脚下的民族基础。古老的民族工业被消灭了，并且每天都还在被消灭。它们被新的工业排挤掉了，新的工业的建立已经成为一切文明民族的生命攸关的问题；这些工业所加工的，已经不是本地的原料，而是来自极其遥远的地区的原料；它们的产品不仅供本国消费，而且同时供世界各地消费。旧的、靠本国产品来满足的需要，被新的、要靠极其遥远的国家和地带的产品来满足的需要所代替了”[4]。

这种资产阶级主导的世界市场体系必然形成“两大板块”，一个是宗主国，另一个是被殖民、被掠夺的附属国。“两大板块”也是今天世界格局中发达国家与不发达国家两大阵营形成的重要历史原因。现在“一带一路”倡议沿线各国基本上是发展中国家，基于此，“一带一路”倡议可以有效破解经济全球化中的“板块论”，实现更加有效的融合，因为正如习近平强调：“‘一带一路’建设不是另起炉灶、推倒重来，而是实现战略对接、优势互补。”“一带一路”倡议本身正是中国顺应经济全球化的务实举措，社会主义国家完全可以并且应该进一步“开拓”世界市场。因此，“一带一路”倡议体现了对马克思世界市场观的理论发展和实践创新。

1　马克思：《资本论》第1卷，人民出版社2018年版，第861页。

2　马克思：《资本论》第1卷，人民出版社2018年版，第861页。

3　马克思：《资本论》第1卷，人民出版社2018年版，第861页。

4　马克思、恩格斯：《共产党宣言》，人民出版社2014年版，第31页。

2. “一带一路”倡议拓展了应对世界经济危机的新思路

马克思经济危机理论是马克思主义经济学说的重要组成部分，是研究自由资本主义现实经济危机的产物，它将随着经济危机实践的发展而不断发展。早在19世纪40年代，马克思便开始考察资本主义周期性普遍生产过剩经济危机的现象，他在1853年的《中国革命和欧洲革命》一文中指出：“欧洲从18世纪初以来，没有一次严重的革命事先没发生过商业危机和金融危机。1848年的革命是这样，1789年的革命也是这样。”[1]随着资本主义大工业发展，世界市场也不断拓展，资本主义经济危机表明“资产阶级的关系已经太狭窄了，再容纳不了它本身所造成的财富了”[2]。

恩格斯在《反杜林论》里对资本主义经济危机做了深刻的规律性总结，“事实上，自从1825年第一次普遍危机爆发以来，整个工商业世界，一切文明民族及其野蛮程度不同的附属地中的生产和交换，差不多每隔十年就要出轨一次”[3]。恩格斯在《资本论》第一卷英文版序言中说：“研究英国的经济状况成为国民有迫切需要的时刻，很快就会到来。这个国家的工业体系的运转——没有生产的从而没有市场的经常而迅速的扩大，这种运转就不可能进行——已趋于停滞。自由贸易已经无计可施，甚至曼彻斯特对自己这个昔日的经济福音也发生了怀疑。……生产力按几何级数增长，而市场最多也只是按算术级数扩大。”

“1825年至1867年每十年反复一次的停滞、繁荣、生产过剩和危

1　马克思、恩格斯：《马克思恩格斯选集》第1卷，人民出版社2012年版，第785页。

2　马克思、恩格斯：《马克思恩格斯选集》第1卷，人民出版社2012年版，第406页。

3　马克思、恩格斯：《马克思恩格斯选集》第3卷，人民出版社2012年版，第663页。

机的周期，看来确实已经结束，但这只是使我们陷入持续的和慢性的萧条的绝望泥潭，人们憧憬的繁荣时期将不再来临；每当我们似乎看到繁荣时期行将到来的种种征兆，这些征兆又消失了。”[1]事实上，经济危机是生产关系阻碍生产力发展、危害经济正常运行的一种状态。席卷世界的经济危机不断爆发，进一步暴露出资本主义主导的世界经济体系，让发达国家生产力已经强大到生产关系“所不能适应的地步”，资本主义生产方式已不能驾驭社会化的生产力。不仅如此，危机本身也呈现多样化，如生态危机、道德危机等等。究其根本在于“资本的秘密”是资本往往可以无限制地发展实现自身增殖的最大化，而对技术进行种种限制。

可以预见，不改革世界市场的封闭式和自我循环发展，全球经济必然不断地被经济发展滋生的新危机的阴影所笼罩。对于今天的全球经济发展，不能回避经济发展中的问题和经济危机的可能性，而必须审慎思考危机可能性的应对方案，更不能用“以邻为壑”、转嫁危机的办法解决危机，而是世界各国一起携手共同直面可能的危机，通过“共商共建共享”实现世界市场中危机的规避。“‘一带一路’是共赢的，各国共同参与，遵循共商共建共享原则，实现共同发展繁荣。这条路不是某一方的私家小路，而是大家携手前进的阳光大道。”因此，“一带一路”倡议的目的是聚焦互联互通，深化务实合作，携手应对人类面临的各种风险挑战。实现互利共赢、共同发展，体现了共同应对世界危机的中国智慧，是对马克思经济危机理论的发展和开创性开拓。

1　马克思：《资本论》第1卷，人民出版社2018年版，第34—35页。

3.“一带一路”倡议改善了各国参与世界经济发展的平等主体性

马克思研究世界市场时，特别注意用政治经济学理论思考和关注世界市场中参与各国的平等主体性问题。“在西欧，政治经济学的故乡，原始积累的过程多少已经完成。事实越来越是明显地反对政治经济学家的意识形态，政治经济学家就越来越热心地起劲把资本主义以前的世界的法的观念的所有权观念应用到这个已经完成的资本世界。”[1]但是，资产阶级总是用自己的先发优势，对其他欠发达国家进行掠夺和欺压，把更多国家改造为自己希望的永远依附的对象。“资产阶级，由于一切生产工具的迅速改进，由于交通的极其便利，把一切民族甚至最野蛮的民族都卷到文明中来了。它的商品的低廉价格，是它用来摧毁一切万里长城、征服野蛮人最顽强的仇外心理的重炮。它迫使一切民族——如果它们不想灭亡的话——采用资产阶级的生产方式；它迫使它们在自己那里推行所谓的文明，即变成资产者。一句话，它按照自己的面貌为自己创造出一个世界。”[2]

在这方面，最为典型的是恩格斯在《共产党宣言》波兰文版序言中谈到波兰的发展时说：“俄罗斯的波兰，会议桌上的波兰，已成为俄罗斯帝国的巨大的工业区。俄国大工业分散于各处，一部分在芬兰湾沿岸，一部分在中央区（莫斯科和弗拉基米尔），一部分在黑海和亚速海沿岸，还有一些分散在其他地方；波兰工业则集中于一个比较狭小的地区，这种集中所产生的益处和害处，它都感受到了。这种益处是竞争对手俄国工厂主所承认的，他们虽然拼命想把波兰人变成俄罗斯

1　马克思：《资本论》第 1 卷，人民出版社 2018 年版，第 876 页。

2　马克思、恩格斯：《共产党宣言》，人民出版社 2014 年版，第 32 页。

人，同时却要求实行对付波兰的保护关税。”[1] 但是，“波兰工业的迅速发展（它已经超过了俄国工业），又是波兰人民拥有强大生命力的新的证明，是波兰人民即将达到民族复兴的新的保证。而一个独立强盛的波兰的复兴是一件不仅关系到波兰人而且关系到我们大家的事情。欧洲各民族的真诚的国际合作，只有当每个民族在自己家里完全自主的时候才能实现”[2]。

事实上，传统全球化经济的诸多问题都可以归结于参与主体的不平等性，体现的是资本的“霸权”，以致帝国主义与霸权主义成为全球经济的“通行证”。而“一带一路”倡议宗旨体现“多样、交流、互鉴、发展”。“互联互通、文明交流互鉴”是“一带一路”倡议得到认同的根本原因，因此“一带一路”倡议是一种包容性的全球化建设新方案，可以更好地促进各国共同打造开放、包容、均衡、普惠的平等性区域合作架构。

1　马克思、恩格斯：《共产党宣言》，人民出版社 2014 年版，第 21 页。

2　马克思、恩格斯：《共产党宣言》，人民出版社 2014 年版，第 22 页。

第六讲

建设现代化经济体系的理论与实践问题

习近平总书记在十九大报告中指出："我国经济已由高速增长阶段转向高质量发展阶段，正处在转变发展方式、优化经济结构、转换增长动力的攻关期，建设现代化经济体系是跨越关口的迫切要求和我国发展的战略目标。"[1] 党的二十大报告又再次提出："坚持以推动高质量发展为主题，把实施扩大内需战略同深化供给侧结构性改革有机结合起来，增强国内大循环内生动力和可靠性，提升国际循环质量和水平，加快建设现代化经济体系。"[2] 新时代背景下，关于"如何建设现代化经济体系"的问题是对市场经济理论的创新发展和超越。这种超越主要表现在回避了西方国家对于市场经济"中国标准"的评价，更加彰显了现代化的中国实践和中国理论。

"在新中国成立特别是改革开放以来长期探索和实践基础上，经过十八大以来在理论和实践上的创新突破，我们党成功推进和拓展了

---

1 中共中央党史和文献研究院编：《十九大以来重要文献选编（上）》，中央文献出版社2019年版，第21页。

2 习近平：《高举中国特色社会主义伟大旗帜　为全面建设社会主义现代化国家而团结奋斗——在中国共产党第二十次全国代表大会上的报告》，《求是》2022年第21期。

中国式现代化。”[1]什么是现代化，如何理解现代化，以及如何在现代化经济体系中认识现代化的问题，都需要我们不断深入挖掘，形成全方位更系统的认识。

一、马克思的现代化思想

（一）《资本论》为揭示现代化经济体系的本质提供了认知的思想武器

早在100多年前，马克思在《资本论》中就阐述了现代化思想。“工业较发达的国家向工业较不发达国家所显示的，只是后者未来的景象。”[2]这是马克思关于落后国家的发展道路和工业化问题的认识。马克思撰写《资本论》时，正值19世纪中叶，近代科学技术已经诞生，以工业化为基础的现代化正在西方国家兴起和发展，英国率先实现了人类历史上第一次产业革命，开始了大机器生产和大工业的发展，整个工业生产和社会面貌得到根本改观，从而“改变了整个世界”，并为资本主义发展奠定了不可动摇的物质和技术基础。“到现在为止，这种生产方式的典型地点是英国。因此，我在理论阐述上主要用英国作例证。”[3]

由此可以看出，马克思敏锐地抓住了历史时代和理论思维的逻辑

1　习近平：《高举中国特色社会主义伟大旗帜　为全面建设社会主义现代化国家而团结奋斗——在中国共产党第二十次全国代表大会上的报告》，《求是》2022年第21期。

2　马克思、恩格斯：《马克思恩格斯选集》第2卷，人民出版社2012年版，第82页。

3　马克思、恩格斯：《马克思恩格斯选集》第2卷，人民出版社2012年版，第82页。

起点，对资本主义经济形态进行了科学分析，同时也分析了大机器生产和工业化进程，撰写和出版《资本论》这部伟大著作，实现了科学研究资本主义经济形态与以工业化为标志的现代化运动的完整统一。“现代工业从来不把某一生产过程的现存形式看成和当做最后的形式。因此，现代工业的技术基础是革命的，而所有以往的生产方式的技术基础本质上是保守的。现代工业通过机器、化学过程和其他方法，使工人的职能和劳动过程的社会结合不断地随着生产的技术基础发生变革。这样，它也同样不断地使社会内部的分工发生革命，不断地把大量资本和大批工人从一个生产部门投到另一个生产部门。”[1]

基于资本主义生产和技术现代化的考察，马克思的《资本论》深刻分析了资本主义生产方式，通过把社会关系归结为生产关系，把生产关系归结于生产力的辩证逻辑，揭示了“社会经济形态的发展是一种自然历史过程”，是一种不以人们的意志为转移的客观过程。正如恩格斯说，“欧文、圣西门、傅立叶的著作现在和将来都是有价值的，可是只有一个德国人才能攀登最高点，把现代社会关系的全部领域看得明白而清楚，就像一个观察者站在高山之巅俯视下面的山景一样”[2]。因此，《资本论》深刻地揭示了资本主义的本质，发现了资本主义和现代化运动的发展规律，由此创立了马克思主义政治经济学这个分析现代化经济体系的理论武器。“一个国家应该而且可以向其他国家学习。一个社会即使探索到了本身运动的自然规律——本书的最终目的就是揭示现代社会的经济运动规律——，它还是既不能跳过也不能用法令

1　马克思、恩格斯：《马克思恩格斯选集》第2卷，人民出版社2012年版，第231页。

2　马克思、恩格斯：《马克思恩格斯选集》第2卷，人民出版社2012年版，第70页。

取消自然的发展阶段。但是它能缩短和减轻分娩的痛苦。”[1] 因此，《资本论》揭示了资本主义现代化的本质和发展规律，也是分析现代化经济体系的历史性的典范，为我们分析新时代的社会主义现代化经济体系提供了理论基础和思想方法。

（二）生产力的发展是现代化的前提

需要指出的是，马克思、恩格斯把整个 19 世纪都称之为现代，并非当时时代的泛指，而是一个特定的历史时代，因为现代不是永恒的概念，其内涵会随着时代发展不断丰富发展。马克思自己的解释是“我们的时代，资产阶级时代”[2]。正是如此，在《共产党宣言》中，马克思和恩格斯使用了“现代资产阶级社会”“现代资本家阶级”“现代雇佣工人阶级”“现代国家政权”“现代的工人阶级”“现代工业”等提法。“这个时代”大工业的兴起，带来了现代资本主义生产方式，这种新的生产方式比过去一切世代创造的全部生产力还要多，还要大，“资产阶级在它的不到一百年的阶级统治中所创造的生产力，比过去一切世代创造的全部生产力还要多，还要大。自然力的征服，机器的采用，化学在工业和农业中的应用，轮船的行驶，铁路的通行，电报的使用，整个整个大陆的开垦，河川的通航，仿佛用法术从地下呼唤出来的大量人口——过去哪一个世纪料想到在社会劳动里蕴藏有这样的生产力呢？”[3]“在 16 世纪和 17 世纪，由于地理上的发现而在商业上发生的并迅速促进了商人资本发展的大革命，是促使封建生产方式向资本主义生产方式过渡的一个主要因

---

1 马克思、恩格斯：《马克思恩格斯选集》第 2 卷，人民出版社 2012 年版，第 83 页。

2 马克思、恩格斯：《马克思恩格斯选集》第 2 卷，人民出版社 2012 年版，第 251 页。

3 马克思、恩格斯：《马克思恩格斯选集》第 1 卷，人民出版社 2012 年版，第 405 页。

素……但现代生产方式，在它的最初时期，……只是在它的各种条件在中世纪内已经形成的地方，才得到了发展……这个生产方式所固有的以越来越大的规模进行生产的必要性，促使世界市场不断扩大，所以，在这里不是商业使工业发生革命，而是工业不断使商业发生革命。"[1]

可见，生产力的发展是现代化的前提。在马克思主义政治经济学的理论视阈下，生产力的发展主要表现为落后的生产方式被新的生产工具和手段所取代的过程。而这种取代是建立在劳动生产力在社会生产历史演进中起决定性作用的基础上的。"发展社会劳动的生产力，是资本的历史任务和存在理由。资本正是以此不自觉地创造着一种更高级的生产形式的物质条件。"[2]这样来看，现代化生产方式中的劳动生产力水平必然高于传统方式，这也表明生产方式变革和产业结构演进的根本原因在于劳动生产率的提高。

马克思指出："在生产史上，我们越是接近现代，就会越是经常地发现，特别是在有决定意义的产业部门中，从有机自然界获得的原料，是处在一种不断重复的变动中：先是相对的昂贵，然后是由此引起的贬值。"[3]这里所谓的"贬值"是出现在价值层面的相对意义角度，其原因主要在于科学和技术进步导致的生产力水平和劳动生产率提高。因为这种提高一方面意味着人类对自然资源汲取、转化和使用能力的增强，另一方面也意味着劳动生产率的提高，内含了生产过程中对人类劳动的节约。值得注意的是，生产的现代化也大多伴随着科学技术的

1　马克思：《资本论》第3卷，人民出版社2004年版，第371页。

2　马克思、恩格斯：《马克思恩格斯选集》第2卷，人民出版社2012年版，第511页。

3　马克思、恩格斯：《马克思恩格斯文集》第7卷，人民出版社2009年版，第137页。

进步。正是历史上不断进步的科技水平，才推动了劳动过程的不断变化和升级，进而使得生产从传统走向现代。

马克思在《资本论》中论述相对剩余价值生产时，充分肯定了科学技术在劳动过程中的历史进步性，他指出："劳动生产力的提高，我们在这里一般是指劳动过程中的这样一种变化，这种变化能缩短生产某种商品的社会必需的劳动时间，从而使较小量的劳动获得生产较大量使用价值的能力。"[1] 所以说，现代化的前提一定是劳动生产力水平的提高，也就是说单位时间内生产的物质生活资料增加，或者说生产同样数量的产品花费的社会必要劳动时间更少。显然，社会生产力的提高意味着社会中使用价值的总量更大，换句话来说，就是更大规模的社会财富。因此，生产现代化的过程，本身就是财富创造的过程，这个过程也是与人民生活水平提高、国家经济发展息息相关的。

历史经验表明，现代化生产可能会是在某一环节的率先突破，但是往往以生产体系的形式呈现出来。自工业革命以来，伴随着产业和工人间的分工协作愈发深入，生产也愈发表现为社会化大生产。现代生产在这一特征上进一步强化，即现代生产总是在经济体系中进行。从内容上来看，现代生产伴随着技术进步和分工的深化，生产环节日益增加，生产链条逐渐延长，各部门间的联系会越来越复杂，也越来越紧密，整体上也表现得更为系统化；从形式上来看，科学技术的发展使得社会经济中的各部门之间表现出在结构上相互依赖，在功能上相互制约和相互影响的特征，同时社会生产总过程各环节的联系日益

1　马克思、恩格斯：《马克思恩格斯文集》第5卷，人民出版社2009年版，第366页。

紧密，彼此间相互促进、共同作用，进而推动社会生产的结构优化和社会消费的升级换代。总之，在现代化生产中，生产力的发展“最终总是归结为发挥着作用的劳动的社会性质，归结为社会内部的分工，归结为脑力劳动特别是自然科学的发展”[1]。

（三）现代化是一个历史范畴

“现代化”一词本身具有时代性，现代化不是一个静态的概念和范畴，而是一个历史性范畴，因此应该结合时代背景和历史发展的阶段进行理解，现代化的内涵和外延是伴随着人类社会的发展不断充实和拓展的。“现代工业从来不把某一生产过程的现存形式看成和当做最后的形式。因此，现代工业的技术基础是革命的，而所有以往的生产方式的技术基础本质上是保守的。现代工业通过机器、化学过程和其他方法，使工人的职能和劳动过程的社会结合不断随着生产的技术基础发生变革。”[2]在我国经济发展的新发展阶段，提出建设现代化经济体系的科学论断，既是对马克思主义基本原理的理论继承，也是新时代中国特色社会主义发展规律的理论前瞻。正如习近平总书记所强调的：“马克思的思想理论源于那个时代又超越了那个时代，既是那个时代精神的精华又是整个人类精神的精华。”“马克思主义能够永葆其美妙之青春，不断探索时代发展提出的新课题、回应人类社会面临的新挑战。”[3]

从理论上来说，建设现代化经济体系与实现经济现代化之间的关系是辩证统一的，前者是后者的核心内容和物质基础，后者成功需

1　马克思、恩格斯：《马克思恩格斯文集》第7卷，人民出版社2009年版，第96页。
2　马克思、恩格斯：《马克思恩格斯选集》第2卷，人民出版社2012年版，第231页。
3　习近平：《在纪念马克思诞辰200周年大会上的讲话》，《人民日报》2018年5月4日。

要依托前者的自我演进和发展。因此，党的十九大报告强调，建设现代化经济体系是跨越关口的迫切要求和我国发展的战略目标。[1]党的二十大报告又再次强调，加快建设现代化经济体系，着力提高全要素生产率，着力提升产业链、供应链韧性和安全水平。[2]从整体性和系统性角度看，建设现代化经济体系也是对现有“经济现代化”的内涵和外延以及相关理论的拓展。这种拓展也是与当代中国的时代背景相适应、与面向未来建设社会主义现代化强国的战略目标相结合的，是中国特色社会主义伟大实践的经验总结。“历史不外是各个世代的依次交替。每一代都利用以前各代遗留下来的材料、资金和生产力；由于这个缘故，每一代一方面在完全改变了的环境下继续从事所继承的活动，另一方面又通过完全改变的活动来变更旧的环境。”[3]

二、建设现代化经济体系的时代内涵

现代化经济体系是社会主义市场经济新的规律和体系化的发展。建设现代化经济体系既是中国特色社会主义进入新时代的发展主题，也是推动经济高质量发展跨越关口的迫切要求。习近平总书记强调，建设现代化经济体系是一篇大文章，既是一个重大理论命题，更是一个重大

1 习近平：《决胜全面建成小康社会 夺取新时代中国特色社会主义伟大胜利》，人民出版社 2017 年版，第 30 页。

2 习近平：《高举中国特色社会主义伟大旗帜 为全面建设社会主义现代化国家而团结奋斗——在中国共产党第二十次全国代表大会上的报告》，《求是》2022 年第 21 期。

3 马克思、恩格斯：《马克思恩格斯选集》第 1 卷，人民出版社 2012 年版，第 168 页。

实践课题，需要从理论和实践的结合上进行深入探讨。建设现代化经济体系是我国发展的战略目标，也是转变经济发展方式、优化经济结构、转换经济增长动力的迫切要求。伴随着社会生产力的提高，科技革命的兴起，社会形态的演进步伐不断加快，经济发展和体制在运行中暴露的问题越来越多，必须深刻认识到我国经济改革和发展的必要性与重要性。“马克思一再告诫人们，马克思主义理论不是教条，而是行动指南，必须随着实践的变化而发展。一部马克思主义发展史就是马克思、恩格斯以及他们的后继者们不断根据时代、实践、认识发展而发展的历史，是不断吸收人类历史上一切优秀思想文化成果丰富自己的历史。”[1] 社会主义市场经济如何发展和完善，首先就要在理论上实现新的突破。因此，建设现代化经济体系的提出，极大丰富和发展了中国特色社会主义政治经济学的理论体系。[2]

建设现代化经济体系主要有五个方面：一是大力发展实体经济，筑牢现代化经济体系的坚实基础；二是加快实施创新驱动发展战略，强化现代化经济体系的战略支撑，加强国家创新体系建设，强化战略科技力量，推动科技创新和经济社会发展深度融合，塑造更多依靠创新驱动、更多发挥先发优势的引领型发展；三是积极推动城乡区域协调发展，优化现代化经济体系的空间布局，加快实施乡村振兴战略，推动京津冀协同发展和长江经济带发展，同时协调推进粤港澳大湾区发展；四是要着力发展开放型经济，提高现代化经济体系的国际竞争力；五是要深化经济体制改革，完善现代化经济体系的制度保障。这

1　习近平：《在纪念马克思诞辰 200 周年大会上的讲话》，《人民日报》2018 年 5 月 4 日。

2　周文、包炜杰：《国家主体性、国家建构与建设现代化经济体系——基于西欧、美国与中国的现代化发展经验》，《经济社会体制比较》2018 年第 5 期，第 1—8 页。

五个方面是由社会经济活动各个环节、各个层面、各个领域的相互关系和内在联系构成的一个有机整体，缺一不可，需要一体建设、一体推进。从逻辑关系上看，建设现代化经济体系，实体经济是基础，科技创新是支撑，区域协调是重要着力点，扩大开放是重要推力，深化改革是保障。

（一）建设现代化经济体系需要深化供给侧结构性改革

深化供给侧改革是建设现代化经济体系的重要内容。当前和未来一段时期，建设现代化经济体系，第一场“战役”就是要深化供给侧结构性改革。习近平总书记指出：“供给侧结构性改革，重点是解放和发展社会生产力，用改革的办法推进结构调整，减少无效和低端供给，扩大有效和中高端供给，增强供给结构对需求结构的适应性和灵活性，提高全要素生产率。”[1]当前中国经济发展进入新常态，产品的供给和需求产生了结构性矛盾，最突出的表现在低端生产的过剩和无效供给与满足人民美好生活需要的中高端有效供给不足的矛盾。

我国供给侧结构性改革不同于西方的供给革命。萨伊定律产生于拿破仑的战乱时代，所以针对战乱时代国内供不应求的短缺状态，萨伊认为只要有供给就会自动产生需求。因此不能用西方供给学派所认为的“供给创造需求”的萨伊定律来解释，更不能据此开出治理药方。反观我国当前经济，一方面，中国传统行业产能过剩严重，这本身是市场无序造成的过剩问题，另一方面，国内的人民群众热衷于海外购物，而国内消费市场低迷，也即国内产品无法满足人民的需要——这是供给与需求的结构性错配，而不是简单的供过于求问题，既有供给

1　习近平：《在省部级主要领导干部学习贯彻党的十八届五中全会精神专题研讨班上的讲话》，《人民日报》2016年5月10日。

侧的问题，也有需求侧的问题，但是矛盾的主要方面在供给侧，决不能盲目应用供给学派所提倡的私有化和自由化来解决供给侧结构性问题。因此，应立足于中国的基本国情探索供给侧结构性改革的具体路径，坚持更好发挥市场在资源配置中决定性作用的同时，更好发挥政府作用。

第一，坚持减少无效和低端的供给，重点推进“三去一补一降”五大任务。在五大任务中去产能主要是煤炭和钢铁等行业，这些行业的主体主要是国有企业，因此完成供给侧结构性改革需要深化国有企业改革，这也是生产关系的调整。中国是以公有制为主体的国家，国有企业的发展对巩固公有制的主体地位有着至关重要的作用，国有企业改革可以从过去主要管企业向管“资本”的方向发展，一方面要提高国有企业的控制力，另一方面也要提高产品质量和竞争力。同时，推进五大任务还要发挥民营企业生力军的作用，为民营企业发展创造宽松稳定的宏观环境，降低民营企业发展费用，促进民营企业多元化发展。此外，坚持以人民为中心的价值导向，为满足人民对美好生活需要提供多样性和个性化产品。

第二，化解产能过剩的同时增加有效产品的供给，满足人民不断升级的个性化需求。例如自2000年以来，中国65岁以上人口占比就超过7%，2017年更增加至11.4%，中国早已进入深度老龄化社会，健康是促进人全面发展的必然要求，这是经济社会发展的基础条件。但目前国内健康和医疗产业发展还相当滞后，无法适应国内人口结构的变化。所以为满足人民的美好生活需要，应大力培育健康服务业的发展。

（二）建设现代化经济体系需要完善经济体制改革

加快完善社会主义市场经济体制是建设现代化经济体系的制度

保障。通过全面深化改革，进一步完善互联网、大数据、人工智能同实体经济深度融合的体制机制，推动资源要素向实体经济集聚、政策措施向实体经济倾斜、工作力量向实体经济加强，更好营造脚踏实地、勤劳创业、实业致富的发展环境和社会氛围。其中，作为社会主义市场经济体制的核心命题，政府与市场的辩证关系及其作用在新时代面临更高要求，需要努力构建有效市场和有为政府有机结合得更为完善、更为有效的经济体制。

有效的经济体制即“市场机制有效、微观主体有活力、宏观调控有度的经济体制”。经济体制改革的核心是处理好政府和市场的关系，实际上就是要“使市场在资源配置中起决定性作用，更好发挥政府作用”，以解决一直以来我国经济发展中市场体系不完善、政府干预过多和监管不到位等问题，做到市场有效、政府有为，增强企业微观主体活力。但并不意味着否定了国家宏观调控的重要性，中国作为一个发展中国家，现代化经济发展的主要任务是经济结构由传统落后向现代化的转型，而不是实现宏观经济的短期平衡，也即在现阶段的供给侧结构性改革中结构优化比总量平衡更具战略重要性。

然而，仅靠市场机制难以实现经济结构调整的目的，一方面，企业和个人在利润最大化目标引导下会趋向短期盈利性更强的虚拟经济；另一方面，资本积累的一般规律会导致贫富差距的两极分化，没有国家宏观调控，必然导致收入结构的失衡。并且依靠市场自发的调节，时间周期长，代价巨大，而当前生产力不平衡、不充分发展与人民日益增长的美好生活需要的矛盾突出，没有足够的时间依靠市场自发的调节。因此，高质量发展还需要有力有度的宏观调控，引导好国民经济的发展方向，优化经济发展的具体路径，缩短结构调整时间，减少结构调整的代价。比如依靠国家宏观调控，积极加强市场监管和社会管理力度，实现要素的市场化配置以防止市场垄断，提高公共服务质量，以优化市场营商环境，促进市场主体更有效发挥作用，建立健全营商环境，促进民营经济更好发展等。此外，还要进行收入分配制度的改革，实现促进效率体现公平。因此，供给侧结构性改革是一项系统性工程，不仅供给方要提升质量增加有效供给，而且需要从需求端进行改革，完善收入分配体制改革，缩小贫富差距，提高人民的消费能力，增强人民幸福感和获得感。

建设现代化经济体制既是完善经济体制改革的目标，也是现代化经济体系的重要组成部分。经济体制的现代化既需要发挥市场在资源配置中决定性作用，也需要更好发挥政府作用，彼此配合相互补充，两者是有机的辩证关系。一方面，社会主义市场体系的完善，使市场作用得到充分释放，让市场在资源配置中真正起决定性作用。改革开放以来的经济成就充分证明了市场在形成价格、匹配供求、促进充分竞争方面具有高敏感性和高效率的特点，更好地激发了社会活力和生机。同时，我们也应该看到，在社会主义市场经济发展壮大的过程中，市场的固有弊端也逐渐暴露出来，由于垄断、不完全信息、负外部性等原因，市场也会“失灵”。诸多产生于市场运行中的问题，依靠市场自发的力量难以解决，甚至使一些问题固化和放大。因此，只有通过全面深化经济体制改革，更好发挥政府作用，完善市场相关的体制机制，弥补市场的缺陷，从而保障市场在经济发展中的重要作用得到更有效、更充分的发挥。

另一方面，经济发展过程中市场失灵所产生的问题，还需要发挥政府在市场监管和宏观调控方面的职能。强化政府宏观调控能力是更好发挥政府作用的关键所在，而宏观调控能力增强，其一取决于市场经济发展带来的政府财政能力的增强，其二更重要的是不断创新和完善宏观调控机制。除此之外，经济转型升级时期需要政府更好地发挥作用。当下我国正面临着从粗放型发展转向高质量发展、跨越“中等收入陷阱”、从“中等收入国家”进入“高收入国家”等历史任务，完成这一系列重大转变的关键在于从生产领域推动产业结构转型升级。这就要求充分发挥政府作用，既要提升政府公共服务水平和质量，更要发挥政府在顶层设计和发展规划的战略导向作用，推动区域协调发展，进而实现共同富裕。

十九届四中全会清晰地界定了政府作用：“科学设定宏观管理部门职责和权限，强化制定国家发展战略、统一规划体系的职能，更好发挥国家战略、规划导向作用。完善宏观调控体系，创新调控方式，构建发展规划、财政、金融等政策协调和工作协同机制。强化经济监测预测预警能力，综合运用大数据、云计算等技术手段，增强宏观调控前瞻性、针对性、协同性。”总体而言，社会主义市场经济理论是在社会主义经济发展实践过程中逐步形成和完善的，更好发挥政府作用不同于西方凯恩斯主义的“国家干预”。中国特色社会主义政治经济学理论中政府主导的宏观调控，不仅仅是刺激有效需求的短期行为，更是着眼于长期经济发展，是从经济质量、结构、目标等角度出发的综合调控。因此，社会主义市场体制建设现代化经济体系，是对西方理论实现的颠覆和超越。[1]

1 周文：《中国道路与中国经济学——来自中国改革开放40年的经验与总结》，《经济学家》2018年第7期，第11—19页。

（三）建设现代化经济体系需要大力发展以制造业为核心的实体经济

实体经济是一国经济的立身之本，是财富创造的根本源泉，是国家强盛的重要支柱。十九大报告提出："建设现代化经济体系，必须把发展经济的着力点放在实体经济上。"[1]所谓"实体经济"，包括农业、工业、交通通信业、商业服务业、建筑业、文化产业等物质生产和服务部门。美国等发达国家的发展经验和教训也已证明，制造业是国家繁荣的关键产业，而制造业恰恰是实体经济的核心，可见实体经济在国家发展中的战略意义。

第一，优化产业体系评价标准，全面认识实体经济的重要性。现有的产业体系评价标准是以西方经典产业结构理论作为"现代化"模板。然而世界各国，不论是发展中国家还是发达国家发展的典型事实足以否定这一理论的科学性。一方面，对后发的发展中国家而言，尽管这一理论前期可以带来短暂的经济繁荣，但长期发展的结果是使其失去经济增长的动力，陷入了所谓的"中等收入陷阱"；另一方面，从发达国家长期发展结构上来看，也印证了经典产业结构理论会带来产业空心化的后果，而脱离实体的虚拟资本的发展事实上加剧了经济的泡沫化和风险性。因此现代化产业体系的建设要避免西方经典产业结构理论的误导，要将发展经济的着力点放在实体经济上，建立一个"实体经济、科技创新、现代金融、人力资源协同发展的产业体系"[2]。

1　习近平：《决胜全面建成小康社会　夺取新时代中国特色社会主义伟大胜利——在中国共产党第十九次全国代表大会上的报告》，《人民日报》2017 年 10 月 28 日。

2　习近平：《决胜全面建成小康社会　夺取新时代中国特色社会主义伟大胜利——在中国共产党第十九次全国代表大会上的报告》，《人民日报》2017 年 10 月 28 日。

第二，建设现代化经济体系要注重产业结构的比例关系。以制造业为主的实体经济是一个关键的组成部分，其重要性远非对 GDP 的贡献率所能反映出来的。尽管中国已成为世界性制造业大国，但制造业整体呈现大而不强的特点，制造业高端化水平和现代化水平亟待提高。所以，现代化产业发展要求提高科技创新对实体经济发展的贡献率，努力突破依靠科技创新掌握核心技术来攻破技术隔绝这一难点，增加制造业产品附加值。同时，现代金融发展要以实体经济为基础，支撑和服务于实体经济。此外，服务业和制造业发展要有一个科学合理的“量”比和优化的结构，而不是仅以第三产业统计意义上占比的提升作为高质量产业结构的重要指标。

第三，强化数字经济与实体经济的深度融合，将数字经济作为推动经济增长的新动能。数字经济是一种新的经济形态，已经开始渗入生产、分配、交换和消费的各个环节。数字经济强调的是，数据信息及其传送是一种决定生产率的技术手段，是先进生产力的代表。数字经济能为企业实现规模经济提供技术支持，还能通过大数据定位人民的偏好，更精准判断出人民生活需要。[1] 尽管我国数字经济发展已从跟跑、并跑向领跑逐步转变，但仍存在发展不均衡，企业数字化改造面临壁垒较高，数字化转型服务支撑能力不足等问题。所以，高质量发展还要深化大数据、人工智能等研发应用，不断完善电子商务基础建设，为数字经济发展打下物质基础，并加快在各行各业推进“互联网 +”“人工智能 +”的建设布局，促进平台经济、共享经济健康成长；加快“提速降费”工程改造，提升人民幸福感和获得感。同时，

1 裴长洪、倪江飞、李越：《数字经济的政治经济学分析》，《财贸经济》2018 年第 9 期，第 5—22 页。

加快数字经济助推农业发展，助力乡村振兴任务的开展。

第四，辩证看待虚拟经济的发展及其影响。实体经济是相对虚拟经济而言的。在传统的三次产业划分中，虚拟经济所在的产业均被划入第三产业，部分被置于高端服务业的位置。过去，在产业经济学里流行过一种错误的说法，认为现代经济重要的特征就是服务业产值占据 GDP 的大部分，而要发展现代服务业就必须大力支持高端服务业的扩张与发展。然而，占据高端服务业产值大头的就是虚拟经济所在的产业。常被引用的发达国家案例就是美国，美国的第三产业增加值占比超过八成，其中属于虚拟经济的现代金融和房地产业增加值之和超过美国整个第二产业产值。由美国的产业增加值构成可以看到，发展虚拟经济虽然可以带来丰厚的利润，但问题的关键是利润并不直接等同于物质财富。虚拟经济无法生产物质财富，过度发展虚拟经济也无法带来社会生产力水平和劳动生产率的提高，进而无法实现现代化，只能加剧和助推经济泡沫化。

第五，核心问题是实体经济内部结构的不平衡。当前，我国面临着实体经济“大而不强”和经济中存在“脱实向虚”倾向的两大问题。归结起来的核心问题在于实体经济内部结构不平衡，这种不平衡主要体现在：一是实体经济核心的制造业供给结构失衡呈现“高端不足低端过剩”，使实体经济整体收益趋于低水平；二是 2008 年金融危机以来制造业增加值和平均利润增长率长期低于金融业，产业结构呈现脱实向虚倾向。可见，理顺实体经济和虚拟经济之间的关系，充分发挥现代金融业对实体经济的促进作用，防范经济脱实向虚，推动我国制造业实现转型升级和结构性调整，是当前建设现代化产业体系的必然要求。

除此之外，建设现代化经济体系，还需要处理好实体经济转型升级同政府与市场、所有制结构、收入分配结构、供给侧结构性改革和全球化之间的关系，为建设“创新型国家”和“制造强国”奠定基础。归根到底，实体经济的长期健康发展离不开创新和制造业的繁荣，通过制造业领域创新带动国家创新体系建设，实现以创新驱动经济高质量发展，才能真正建设好现代化经济体系，实现社会主义现代化强国目标。

（四）建设现代化经济体系需要更高层次对外开放

开放发展是中国经济快速增长的基本经验之一。历史证明，开放是国家繁荣发展的必由之路。1978 年的改革开放是促进中国从落后的贫穷国实现脱贫致富的关键一招，而更高水平的对外开放也将是实现中国经济由高速增长阶段转向高质量发展阶段的关键一招。实行对外开放是经济全球化发展的必然趋势，经济的全球化是社会生产力不断发展的必然结果。实行对外开放是发展社会主义市场经济的必然要求，是经济现代化的必要条件。中国正处在社会主义初级阶段，当前处在经济发展新常态的新时期，存在着资金短缺、科学技术落后、管理经验不足等矛盾和困难，实行对外开放是解决这一矛盾和困难的重要条件，也是尽快发展社会生产力和适应经济全球化要求的必然选择。因此，建设现代化经济体系还需要在更高层次、更宽领域发展开放型经济，这不仅是抓住外部环境转变的关键，这也是中国走向现代化的必由之路。

高层次的对外开放要求市场经济体制更规范，必然产生对更高质量的投资和经贸规则的需求，高层次的开放有利于我们主动适应高标准和高质量的全球市场的经济规则，掌握未来的主动权。为此，要破除一切阻碍对外开放的体制机制障碍，从制度和规则层面进行改革，坚持“引进来”和“走出去”相结合的战略，推进包括放宽市场准入、简化贸易投资程序、加快自贸区建设、扩大内陆沿边开放在内的体制机制改革，完善市场准入和监管、产权保护等一方面法律制度，着力营造市场化、法治化、国际化营商环境，吸引更多优质外资加快完成国内制造业和服务业的升级；还要积极参与国际竞争合作，抓紧全球重新布局5G时代的机遇，完成从科技浪潮的追赶者向科技创新的引领者的转变；积极推进“一带一路”倡议建设，加快推进区域合作发展战略实施，主动承担国际责任和义务，从全球发展的参与者转向全球发展的贡献者。

伴随着世界范围内新一轮的科技革命和产业变革孕育兴起，我国正面临世界百年未有之大变局，这更是世界发展百年未有的历史机遇期，既给我国发展带来了巨大挑战，也为我们提供了赶超发达国家的历史机遇。建立现代化经济体系，在创新、协调、绿色、开放和共享的新发展理念指导下，只有实现高质量发展才能更好应对国内经济发展新常态的挑战。建设现代化经济体系要以供给侧结构性改革为主线，在企业层面做到深化国有企业改革，提升国有资本质量，巩固公有制的主体地位，还要发挥民营企业生力军的作用。从产业层面上要打造具有国际竞争力的，包含全球价值链高中低端有效循环的产业体系，不能单纯将第三产业发展比例视为经济“高级化”的表现，进而对经济进行拔苗助长式的产业干预，要以实体经济的发展为重点。同时，虚拟经济发展要始终以实体经济为基础，服务于实体经济，打造实体经济与虚拟经济良性互动、融合共生的产业结构，化解产业结构失衡问题；还要依靠科技创新，培育数字经济等新经济动能，发展满足人民日益增长的对美好生活需要的健康、绿色等相关产业。

综上所言，高质量产业结构的建立将为高新技术产业和战略性新兴产业的发展创造良好的环境，为各地区产业协同发展，打造良好的产业生态系统，为中国综合国力的提升打造坚实的经济基础。在政府层面，要处理好政府和市场的关系，发挥市场在资源配置中的决定性作用，更好发挥政府作用，落实各项制度改革调整，巩固高质量发展的成果。建设现代化经济体系还要求更高层次的开放，这是应对全球化的挑战也是抓住世界百年未有之大变局的历史性机遇、促进经济发展方式转变的有力举措。更高层次的开放要求我们积极参与国际竞争合作，在深化改革与扩大开放的良性互动中实现开放型经济转型升级和创新发展，从而涌现出更多更具国际竞争力的中国产品、中国品牌、中国制造，在新一轮科技革命和产业革命中始终占据全球价值链高端，增强和巩固中国作为新兴大国崛起的地位，把握住未来全球发展的主导权、主动权和话语权，服务于从站起来、富起来到强起来的整个现代化建设历程。

三、现代化经济体系是生产力、生产关系良性互动的经济体系

现代化经济体系不是凭空而生的，而是社会生产力发展到一定阶段的产物。现代化经济体系不仅是生产力现代化的表现，更是生产力、生产关系之间良性互动的表现。

（一）现代化经济体系是社会生产力发展到一定阶段的产物

作为社会主义现代化的重要实现战略，建设现代化经济体系首

先是为了解放生产力、发展生产力。现代化经济体系是社会主义生产力发展到一定阶段的产物，是“社会主义经济体系发展的必然结果”[1]。马克思主义经典作家以生产方式为标准，把人类的社会形态划分为三个阶段，即以人的依赖关系为主的社会，以物的依赖性为基础的社会，以及建立在个人全面发展和社会生产能力成为财富的基础之上的社会。[2]也就是说，人类社会形态经历了三个阶段：其一是劳动者与生产资料直接结合的、劳动者自给自足的自然经济形态；其二是通过货币、商品的连接作用，劳动者与生产资料结合起来的商品经济形态；其三是市场和商品货币关系消亡，私人劳动成为社会劳动，“有计划按比例地配置劳动者和生产资料”[3]的产品经济形态。当前，我国处在社会主义初级阶段，生产力发展水平还不高，仍然需要商品货币和市场载体发挥作用。

目前，我国发展社会主义公有制所需的生产社会化程度仍然需要提高，市场经济体制仍然需要不断完善。建设现代化经济体系仍要大力发展市场经济，始终坚持“两个毫不动摇”，既巩固和发展公有制经济，也鼓励、支持和引导非公有制经济发展。“在全面建成小康社会、进而全面建设社会主义现代化国家的新征程中，我国民营经济只能壮大、不能弱化，不仅不能‘离场’，而且要走向更加广阔的舞台。”[4]同时在公有制实现形式上倡导多元化，而不是单纯化。建设现代化经济体

1　周绍东、王立胜：《现代化经济体系：生产力、生产方式与生产关系的协同整体》，《中国高校社会科学》2019年第1期，第94—100页。

2　马克思、恩格斯：《马克思恩格斯全集》第46卷上册，人民出版社1979年版，第104页。

3　王立胜：《从不发达的商品经济到现代化经济体系——马克思主义政治经济学中国化的三次飞跃》，《内蒙古社会科学（汉文版）》2018年第4期，第32—37页。

4　习近平：《在民营企业座谈会上的讲话》，《人民日报》2018年11月2日。

系既是当下生产力发展的现实需要，也是实现社会主义现代化强国的必然选择。

（二）现代化经济体系是生产力现代化的经济体系

现代化经济体系体现了生产力现代化，具体表现为五点：第一，有完备的产业体系。完备的产业体系保证国家有自给自足的生产能力，在战争等特殊状态中不会"受制于人"。其中，工业体系是重中之重。第二，三次产业结构合理和优化。产业结构合理意味着，对劳动力总体素质有限的中国，产业重心既不能过高，也不能"一边倒"，还不能一味效仿西方把服务业作为发展之重。正确的态度是：一方面提倡"机器替代劳动"，大力发展互联网 +、人工智能 +，同时更要注重大力发展实体经济，布局好制造业发展；另一方面结合区域特点，合理布局产业结构。重点关注经济发展水平低的地区，着力解决当前出现的不顾客观实际而一味向经济发展好的东部地区学习，把三次产业结构"设计"为"三二一"的排序等现象。第三，现代化经济体系是活力强、灵活性高的体系。现代化经济体系是技术不断升级、协同性不断增强、人的活力不断释放的经济体系。这样的经济体系有利于真正实现"大众创业、万众创新"。第四，劳动生产率不断提高。通过扩大机械化、生产规模化、改良技术等，推动劳动生产率提升。第五，经济发展与资源保护、环境保护融为一体。生产力现代化意味着发展考虑了代际关系，兼容了效率与公平，包容了资源与环境。

（三）现代化经济体系充分体现了生产力与生产关系的协调性

我国现代化经济体系不仅反映了生产力水平，其建立过程也是生产力与生产关系的调试过程，主要体现在三个阶段：

第一，新中国成立初期，通过社会主义改造建立起了公有制为主体的计划经济体制，并在这个过程中加速了工业化，基本上建成了一个完整的工业体系。在此过程中，社会主义改造、巩固和扩大公有制，与发展社会主义工业体系是同步的。

第二，改革开放到党的十八大以前，我国不断完善公有制为主体、多种所有制共同发展的社会主义基本经济制度。在农村发展的乡镇企业，在城市发展的个体、私营经济等已成为容纳就业人口的重要选择。在这个阶段中，集体经济、国有经济规模不断减小，个体经济、私营经济、外资经济逐步壮大。劳动者与生产资料的结合情况发生了质变：一方面是农村富余劳动力向城市转移，与土地的关系疏远；另一方面是城市劳动力与国家、集体生产资料的关系疏远，商品、货币更多发挥了连接劳动者和生产资料的作用。

第三，党的十八大以来，在坚持和完善社会主义基本经济制度的基础上，不断强化国有经济的主导作用，国有经济的活力、控制力和影响力，不断激发非公有制经济的活力和创造力，推动混合所有制成为公有制经济的主要实现形式，促进了科技、人才、资本等生产要素在数量和质量上的提升。同时，又顺应了生产力发展与生产关系的全方位适应性。把国有经济放到重要领域，发挥主导作用，有利于国家安全和国家战略，也顺应了中国从站起来、富起来到强起来的过程中，经济体量不断扩大，行业领域不断扩张，系统复杂度不断加大的趋势。在取得一系列成就的同时我们也应看到，对大多数民营企业而言，外部面临着国际经济下行的压力以及国内经济由高速增长阶段转向高质量发展阶段，这对民营企业的经营管理能力提出了新的更高要求。再者，由于民营大量集中在技术含量不高、进入门槛较低的产业，民营企业创新积淀不深、创新能力不足等内生因素也影响其长远发展，未来民营企业发展应该立足于不断提高创新能力，实现内涵发展。

建设现代化经济体系需要生产力与生产关系良性互动。这就要求不断深化改革，不断推进经济体制的改革，使经济体系不断适应社会主义生产力的发展，如邓小平所说："现在，我们国内条件具备，国际环境有利，再加上发挥社会主义制度能够集中力量办大事的优势，在今后的现代化建设长过程中，出现若干个发展速度比较快、效益比较好的阶段，是必要的，也是能够办到的。"[1]现代化经济体系对我国未来经济的发展必然起到如虎添翼的作用。

四、现代化经济体系是国家治理体系现代化的重要组成部分

生产关系视角下，建设现代化经济体系不但意味着经济体系的现代化，也意味着国家治理体系和治理能力的现代化，这就要求构建市场机制有效、微观主体有活力、宏观调控有度的经济体制。通过"市场""微观主体""宏观调控"三方面的互补与互通，保障国家治理能力和治理体系现代化的真正实现。

（一）现代化经济体系和国家治理体系是我国现代化宏伟蓝图的应有之义

党的十九大报告提出："决胜全面建成小康社会，开启全面建设社会主义现代化国家新征程。"我国从现在到 2050 年有两个发展阶段：第一阶

1　中共中央文献研究室编：《十三大以来重要文献选编（下）》，人民出版社 1993 年版，第 1859 页。

段是2020—2035年，我国基本实现社会主义现代化，具体表现为经济实力、科技实力大幅跃升，跻身创新型国家前列，国家治理体系和治理能力现代化基本实现。第二阶段是2035—2050年，我国成为富强民主文明和谐美丽的社会主义现代化强国，其具体表现为物质文明、政治文明、精神文明、社会文明、生态文明全面提升，实现国家治理体系和治理能力现代化。在“贯彻新发展理念，建设现代化经济体系”中强调“不断提高人民生活水平……坚持解放和发展社会生产力，坚持社会主义市场经济改革方向，推动经济持续健康发展”。[1]可见，在我国社会主义现代化建设过程中，国家治理体系和现代化经济体系都是重要内容。

（二）现代化经济体系包含于国家治理体系和治理能力现代化

国家治理体系和治理能力现代化是“大体系”，现代化经济体系是“小体系”。现代化经济体系是从经济角度切入现代化建设，旨在构建活力有加的微观经济体制，调控有度的宏观经济体制。国家治理体系是“大体系”，涉及内容更多。“国家治理体系是在党领导下管理国家的制度体系，包括经济、政治、文化、社会、生态文明和党的建设等各领域体制机制、法律法规安排，也就是一整套紧密相连、相互协调的国家制度。”[2]国家治理体系强调的是经济、政治、文化、社会、生态五大治理以及党的建设的协调统一，整体联动，而现代化经济体系是其重要的组成。两者“既具有相对独立性，同时又相互作用，相互优化”[3]。

1 中共中央党史和文献研究院编：《十九大以来重要文献选编（上）》，中央文献出版社2019年版，第21页。

2 中共中央文献研究室编：《习近平总书记系列重要讲话读本》，中共中央文献出版社2014年版，第24页。

3 王卉彤：《国家治理视角下的现代化经济体系建设》，《国家治理》2017年第46期，第4—7页。

（三）国家治理体系和治理能力现代化是现代化经济体系的制度保障

现代化经济体系“是由社会经济活动各个环节、各个层面、各个领域的相互关系和内在联系构成的一个有机整体”[1]。正是因为现代化经济体系的复杂性和多样性，使其建设过程不能囿于经济的视角，需要从国家治理的角度寻找切入点。首先，经济建设的基本前提是国家安全和社会稳定。国家治理体系建设能够提高维护国家安全和社会稳定的能力水平，增强人民的安全感，切实促进社会公平正义，保障人民安居乐业。其次，建设现代化经济体系需要把重点放在发展实体经济上，需要建立有利于实体经济发展的体制和机制，完善有利于实体经济发展的现代金融体系——这些都需要国家治理体系来巩固和维护。再次，建立现代化经济体系需要推进区域协调发展战略，而区域协调发展战略关系到经济、文化、社会、生态四个方面的治理，需要强化顶层设计和区域合作——这些都需要国家治理体系和治理能力现代化来保障。

五、建设现代化经济体系是中国特色社会主义政治经济学理论的创新发展

（一）建设现代化经济体系不同于西方国家的经济现代化

西方是现代化的诞生地。现代化无论从起源还是从发展来看，都

1 习近平：《深刻认识建设现代化经济体系重要性 推动我国经济发展焕发新活力迈上新台阶》，《人民日报》2018 年 2 月 1 日第 1 版。

与“西方”息息相关。过去200多年来，现代化的主流理论成为西方经验的总结。事实上，西方只是现代化的先行者，并不是现代化的范本，更不是衡量其他国家现代化的唯一标准。过去的现代化发展路径受历史局限，没有更多样本可以选择，从而造成西方现代化的“光环”过于耀眼，西方模式成为唯一可以模仿的样本。其结果是，现代化成为单向输入，现代化被等同于西方化。在当代近代化实践中，我们可以看到一些发展中国家照抄照搬西方模式甚至依附于西方国家，失去了发展自主性，进而落入发展失败国家的行列。相反，我国在实践中成功开辟的中国特色社会主义道路，既避免了社会主义传统模式的僵化，又在很大程度上克服了西方现代化模式的弊病和缺陷。中国特色社会主义成功的伟大实践证明，人类社会走向现代化的道路是多线式的，现代化不是“西方化”。

中国的现代化与西方的现代化在概念内涵和外延上存在较大差异。在此首先需要纠正和纠偏对现代化的两个认识误区。

（1）现代化不是“西方化”，更不是资本主义化。“现代化”一词最早产生于18世纪的欧洲，是指工业革命以来，人类社会在经济、政治、文明等各方面由传统向现代转变的过程。社会主义从理论变为现实，打破了资本主义一统天下的世界格局。这时，现代化才有了不同于资本主义的另一种选择，即社会主义的现代化道路。习近平总书记强调：“中国特色社会主义道路是实现社会主义现代化的必由之路。”[1]“中国特色社会主义是社会主义而不是其他什么主义。”[2]他旗帜鲜明地批判那种认为现代化就是西方化、资本主义化的错误观点，指出：“治理

1 习近平：《在庆祝中国共产党成立95周年大会上的讲话》，人民出版社2016年版，第13页。

2 习近平：《习近平谈治国理政》，外文出版社2014年版，第22页。

一个国家，推动一个国家实现现代化，并不只有西方制度模式这一条道，各国完全可以走出自己的道路来”[1]，“推进国家治理体系和治理能力现代化，绝不是西方化、资本主义化”[2]。

（2）现代化不是“生产力化”“GDP化”，更不能简单地用“工业化”“科学化”“知识化”等指标来替代。20世纪80年代初，生产力水平较低，人民生活水平普遍还不富裕，因此发展生产力成为实现现代化的首选阶段性目标。作为生产力的内涵，工业化、科学化、知识化亦成为评价现代化的关键指标。但是，这也导致了“唯GDP化”，把“经济增长”放到发展的首位，忽视资源浪费、环境污染等问题。拿“工业化”来说，很多地区一度追求三次产业结构中“二产”最大，忽视本地的农业优势。用生产力作为衡量现代化的唯一标准，显然是不合时宜的，也容易导致一部分人对西方现代化的盲目迷恋与崇拜。因此，不能机械地把中国的现代化与西方的现代化对标，更不能将现代化的经济体系简单理解为已经实现现代化的国家的经济体系。

建设现代化经济体系以现代化为目标，是保证高质量实现现代化的战略选择，可以为“整个现代化建设进程奠定坚实的基础”[3]。不容置疑，建设现代化经济体系统一并服务于中国现代化进程，并成为跨越高质量发展的关口。中国与西方国家的社会性质不同，发展历史轨迹

1 中共中央文献研究室编：《习近平关于社会主义政治建设论述摘编》，中央文献出版社2017年版，第7页。

2 中共中央文献研究室编：《习近平关于社会主义政治建设论述摘编》，中央文献出版社2017年版，第8页。

3 洪银兴：《建设现代化经济体系的内涵和功能研究》，《求是学刊》2019年第2期，第91—98页。

不同，国体、政体不同，现代化经济体系建设的目标也不同。中国的现代化经济体系与西方国家的现代化经济体系存在三点本质差异：

第一，生产力水平存在较大差异。生产力状况是现代化经济体系的基础。与西方发达资本主义国家不同，我国的生产力水平偏低。我国处于并将长期处于社会主义初级阶段，仍是世界上最大的发展中国家的基本国情依然没有得到根本性的改变。我国还处于现代化的进程当中，还未实现完全意义上的现代化，还存在社会主要矛盾的转化问题、地区差异不平衡的问题、贫富差距的社会问题、人均收入水平不高、阶层固化的问题等。因此，现阶段我国仍然处在中国式现代化的进程中，而最终目标是实现社会主义现代化强国。

第二，国家的社会属性不同。作为社会主义国家，我们党坚持以人民为中心，将增进民生福祉作为发展的根本目的，确保全体人民在共建共享的发展中有更多获得感，不断促进人的全面发展、全体人民共同富裕。这一目标设定，使得现代化经济体系建设不仅要考虑效率，也要兼顾公平，既要国家财富增进，也要兼顾收入公平，消除贫富分化，要使人民共享经济社会的发展成果。社会主义现代化强国意味着全体人民共同富裕基本实现。这就要求社会主义现代化导向的经济体系，既能推动生产力的可持续发展，又能实现生产关系更加和谐，是一种具有现代属性的新型经济体系。

第三，不能用“先进”“领先”来衡量现代化经济体系的优劣。我国的现代化经济体系不同于西方国家的现代化体系，两者不能一概而论。评估现代化经济体系的成效主要应看是否有助于推动现代化经济的建设和发展，不能用“先进与否”“领先与否”进行判断。常规的评价逻辑是通过对比找到中国的差距，提出“补差”的建议。该做法最明显的错误是把西方的现代化和现代化经济体系特征作为“标杆”，未能认识西方模式的局限性与中国模式的独特性。

此外需要注意的是，应逐步调整以速度为导向的发展理念，将经济系统协调、产业结构最优作为发展的关键任务。现在经济发展单纯追求“高配”问题在资源领域普遍存在。中国的现代化经济体系绝对不是一步到位的经济体系，而是在发展过程中不断完善、不断强大的经济体系。与已经实现现代化的西方国家经济体系不同，中国面向现代化或现代化导向的经济体系，应是一种适应性很强、充满活力、面向世界的经济体系。因此，中国的现代化经济体系将具有鲜明的可塑性与适应性优势，能够适应变化了的发展环境和发展阶段。

（二）建设现代化经济体系丰富和发展了中国特色社会主义政治经济学

现代化经济体系是一个全新的概念，是中国特色社会主义政治经济学的“崭新话语”。这一个新概念的提出，既来自新中国 70 多年的社会主义经济建设、40 多年改革开放的伟大实践基础，又是伟大实践经验的理论升华，更是中国特色社会主义进入新时代、实现“两个一百年”奋斗目标的战略谋划。建设现代化经济体系所蕴含的中国智慧和中国理论，开拓了中国特色社会主义政治经济学新境界。

（1）现代化经济体系论。习近平总书记指出：现代化经济体系，是由社会经济活动各个环节、各个层面、各个领域的相互关系和内在联系构成的一个有机整体。现代化经济体系主要包括几方面的内容：一是要建设创新引领、协同发展的产业体系；二是要建设统一开放、竞争有序的市场体系；三是要建设体现效率、促进公平的收入分配体系；四是要建设彰显优势、协调联动的城乡区域发展体系；五是要建设资源节约、环境友好的绿色发展体系；六是要建设多元平衡、安全高效的全面开放体系；七是要建设充分发挥市场作用、更好发挥政府作用的市场经济体制。现代化经济体系论，既突破了西方主流经济学的现代化经济发展二元论，又极大丰富了中国特色社会主义政治经济学的内容，开辟了中国特色社会主义政治经济学的新境界。

（2）强化了现代化的中国理论特性。近代以来，世界经济发展总是受到西方大国发展理论和话语影响，现代化的理解过于简单化，把现代化理解为历史的和线性的，拘泥于二元化，导致经济内部自我循环、系统分割，经济融合不够，经济发展往往顾此失彼、结构撕裂、量与质很难协调。建设现代化经济体系，是系统化指向发展水平、发展质量、发展技术、发展结构、发展空间布局、发展体制机制、发展开放程度等诸多方面的现代化水平和状态。因此建设现代化经济体系，既是对西方经济发展实践的经验与教训的深刻总结，又是对现代化经济发展的理论命题进行重新思考，是现代化经济发展的中国理论，并在此基础上进行创新，从而提出与中国国情紧密联系的新问题、新经验、新规律和新结论。

（3）赋予了现代化经济发展深厚的中国哲学底蕴。中国传统哲学理论强调，世界上的任何事物都同它周围的事物相互联系着，这种联系表明它们彼此存在着一致性、共同性，从而在此基础上形成不同的事物、特性的统一形式，即表现为一定的关系。关系是事物相互联系的必要因素，不同关系表现着事物、特性的不同联系方式，每一种关系都是不同事物、特性的具体统一形式。事物之间的关系，以及它们特性之间的关系，是由物质世界统一性决定的。基于此，建设现代化经济体系所蕴含的中国哲学底蕴就在于：首先是强调现代化经济的整体性，现代化经济不是各自独立、各行其是的松散组合，各个组成部分目标同向、步调一致、动作协同；其次是现代化的结构平衡性，社会经济活动各个环节、各个层面、各个领域形成纵向和横向的相互关系；再次是现代化的内生性和有机关联性，现代化的各产业、各环节、体制机制是内生的有机关联，不是外部的机械性的拼接。

第七讲

新发展格局的理论与实践问题

构建新发展格局既是坚持用习近平经济思想指导实践发展的理论结晶，也是马克思资本循环理论的继承和发展，更是习近平新时代中国特色社会主义思想的又一重大最新成果，是中国特色社会主义经济伟大实践的理论升华，开拓了中国特色社会主义政治经济学新境界。新发展格局理论有着深刻的马克思政治经济学的丰富内涵，体现了从生产力和生产关系出发，强调国内国际生产、交换、分配与消费各环节的有机统一，扩展了政治经济学的含义，创造性发展了马克思主义政治经济学。我们党之所以能够历经考验磨难无往而不胜，关键就在于不断进行实践创新和理论创新。[1] 新发展格局理论为我国在新发展阶段有效应对世界百年未有之大变局、实现“两个一百年”奋斗目标提供了行动指南，为发展中国家崛起提供的新思路，为推动构建人类命运共同体做出的具有世界意义的贡献，将进一步彰显新时代马克思主义政治经济学理论创新的“中国方案”和“中国智慧”。

1 周文:《时代呼唤中国经济学话语体系》,《经济研究》2016 年第 3 期，第 37—41 页。

一、马克思资本循环理论

马克思在《资本论》第一卷分析资本直接生产过程的基础上，在第二卷中详细分析了资本的流通过程。其中，第一篇考察了单个资本在循环中所采取的不同形式和这个循环本身的各种形式；第二篇考察资本周转，也就是循环是作为周期的循环；第三篇考察社会总资本的再生产和流通，也就是资本的全部循环。可见，《资本论》第二卷构建了马克思资本循环理论的完整科学理论体系。[1]

（一）产业资本循环理论

在《资本论》第二卷第一篇和《马克思恩格斯全集》第49卷、第50卷中，马克思系统阐释了产业资本循环理论。在《资本论》第二卷第一篇中，马克思在分别阐述了货币资本循环、生产资本循环和商品资本循环的基础上，分析了循环过程的三个公式。马克思先后分析了资本循环过程中的三个形态，将货币资本循环称为“流通的第一形态”，生产资本循环称为“流通的第二形态”，商品资本循环称为“流通的第三形态”。以G代表货币资本、P代表生产资本、W代表商品资本，则货币资本循环过程可用公式表示为G–W…P…W′–G′（即产业资本家用货币购买生产资料、劳动力进入生产过程，生产出商品，商品卖出去后获得货币，再用货币购买生产资料和劳动力，进入再生产过程），生产资本循环可用公式表示为P…W–G′–W′…P，商品资本循环可用公式表示为W′–G′–W…P…W′。将三种形态的资本循环过程连接起来，则有：G–W…P…W′–G′.G–W…P…W′–G′.G–W…P…。

1　黄泰岩：《新发展格局：马克思资本循环理论的继承与发展》，《光明日报》2022年3月15日。

马克思指出："如果考察整个过程，那么，它可以从三种不同的循环的观点来看，这三种不同的循环之间具有共同之处，即流通，由于这种流通，商品和货币会改变它们的所有者，并且流通的出发点同时始终是流通的复归点，同时，它就是资本所经过的形态变化的循环，这种循环包含着在形式上和内容上都与商品形态变化不同的新的规定。"[1]

其一，产业资本循环是价值循环和实物循环的统一。在整个循环中，"资本表现为这样一个价值，它经过一系列互相联系的、互为条件的转化，经过一系列的形态变化，而这些形态变化也就形成总过程的一系列阶段。在这些阶段中，两个属于流通领域，一个属于生产领域。在每个这样的阶段中，资本价值都处在和不同的特殊职能相适应的不同形态上。在这个运动中，预付的价值不仅保存了，而且增长了，它的量增加了。最后，在终结阶段，它回到总过程开始时它原有的形式。因此，这个总过程是循环过程"[2]。

其二，产业资本循环的总过程是商品生产和商品流通的统一。马克思指出："在三种形态的每一种当中，过程中的资本的循环都是生产过程和流通过程的统一——不论是生产过程表现为流通过程的媒介，还是流通过程表现为生产过程的媒介。"[3]就再生产继起而言，商品销售至关重要。"W′的职能是一切商品产品的职能：转化为货币，卖掉，经历流通阶段 W–G。只要现在已经增殖的资本保留商品资本的形态，停滞在市场上，生产过程就会停止。这个资本既不会作为产品形成要素起作用，也不会作为价值形成要素起作用。由于资本抛弃它的商品形

1　马克思、恩格斯：《马克思恩格斯全集》第 49 卷，人民出版社 1982 年版，第 257—258 页。

2　马克思：《资本论》第 2 卷，人民出版社 2004 年版，第 60 页。

3　马克思、恩格斯：《马克思恩格斯全集》第 50 卷，人民出版社 1985 年版，第 53 页。

式和采取它的货币形式的速度不同，或者说，由于卖的速度不同，同一个资本价值就会以极不相同的程度作为产品形成要素和价值形成要素起作用，再生产的规模也会以极不相同的程度扩大或者缩小。”[1]

其三，资本循环中，产业资本在数量上应按比例，在时间上继起和在空间上并存。马克思认为：“产业资本的连续进行的现实循环，不仅是流通过程和生产过程的统一，而且是它的所有三个循环的统一。但是，它之所以能够成为这种统一，只是由于资本的每个不同部分能够依次经过相继进行的各个循环阶段，从一个阶段转到另一个阶段，从一种职能形式转到另一种职能形式。因而，只是由于产业资本作为这些部分的整体同时处在各个不同的阶段和职能中，从而同时经过所有这三个循环。在这里，每一个部分的相继进行，是由各部分的并列存在即资本的分割所决定的。因此，在实行分工的工厂体系内，产品不断地处在它的形成过程的各个不同阶段上，同时又不断地由一个生产阶段转到另一个生产阶段。因为单个产业资本代表着一定的量，而这个量又取决于资本家的资金，并且对每个产业部门来说都有一定的最低限量，所以资本的分割必须按一定的比例数字进行。现有资本的量决定生产过程的规模，而生产过程的规模又决定同生产过程并列执行职能的商品资本和货币资本的量。但是，决定生产连续性的并列存在之所以可能，只是由于资本的各部分依次经过各个不同阶段的运动。……例如，……W′–G′停滞了，商品卖不出去，那么，这一部分的循环就会中断，它的生产资料的补偿就不能进行。”[2]

其四，单个资本的循环也是社会资本的循环。马克思指出：“社会

1　马克思：《资本论》第2卷，人民出版社2004年版，第48页。

2　马克思：《资本论》第2卷，人民出版社2004年版，第119—120页。

资本——它的运动是各单个资本运动的总合——当然总是处在生产资本、商品资本和货币资本的不同形式上和职能上。因此，它的运动总是三种循环形态的具体统一。”[1]

（二）两大部类的再生产循环

在《资本论》第二卷第三篇中，马克思通过分析两大部类之间的再生产循环，揭示了“社会总资本的再生产和流通”的内在规律，即在简单再生产条件下和扩大再生产条件下两大部类之间的商品交易和比例平衡的内在机理。他认为要实现社会总资本的循环，在简单再生产条件下第Ⅰ部类与第Ⅱ部类之间的商品交换应满足Ⅰ（v+m）= Ⅱ c 的要求，在扩大再生产条件下应满足Ⅰ（v+m）> Ⅱ c 和Ⅱ[c+（m−m/x）]> Ⅰ（v+m/x）的要求（其中，第Ⅰ部类为生产生产资料的部类，第Ⅱ部类为生产消费资料的部类；c 代表不变资本，v 代表可变资本，m 代表剩余价值）。

马克思实际上研究了三个部门之间的循环，即为生产生产资料的产业提供生产资料的生产部门、为生产消费资料的产业提供生产资料的生产部门、生产消费资料的生产部门。

在简单再生产条件下，第Ⅰ部类中与 c 价值量相等的生产资料在本部类内部的各企业间交换得到实现，第Ⅱ部类中与 v+m 价值量相等的消费资料在本部类内部的各企业间交换得到实现。由此，实现两大部类简单再生产的关键在于Ⅰ（v+m）= Ⅱ c，即第Ⅰ部类提供给第Ⅱ部类的生产资料应与第Ⅱ部类提供给第Ⅰ部类的消费资料在价值上相等，在实物上能够满足再生产需求和消费需求。

1　马克思、恩格斯：《马克思恩格斯全集》第 50 卷，人民出版社 1985 年版，第 57 页。

在扩大再生产条件下，第Ⅰ部类的c依然在本部类的各企业间实现，但第Ⅰ部类提供给第Ⅱ部类的生产资料要大于第Ⅱ部类补偿不变资本所需的数量，以满足两大部类各自扩大再生产对生产资料的需求，即Ⅰ（v+m）>Ⅱc；另一方面，第Ⅱ部类生产的消费资料在满足两大部类工人和资本家消费后应有剩余，即Ⅱ［c+（m−m/x）］>Ⅰ（v+m/x），以满足两大部类在扩大再生产中新增工人等对消费资料的需求。

在两大部类再生产循环分析中，马克思强调了三个方面内容：

其一，两大部类循环以W′实现为重心。“如果我们考察社会资本，即总资本——各单个资本只是它的组成部分，这些部分的运动，既是它们的单个的运动，同时又是总资本运动的不可缺少的环节——在一年内执行职能的结果，也就是说，如果我们考察社会在一年间提供的商品产品，那么必定会看到：社会资本的再生产过程是怎样进行的，这个再生产过程和单个资本的再生产过程相比有哪些不同的特征，二者又有哪些共同的特征。年产品既包括补偿资本的那部分社会产品，即社会再生产，也包括归入消费基金的、由工人和资本家消费的那部分社会产品，就是说，既包括生产消费，也包括个人消费。”[1]因此，“我们应当分析的是：$W'-\begin{cases} G-W\cdots P\cdots W' \\ g-w \end{cases}$这个流通公式，在这里，消费必然会起作用”，“它的运动既包括生产消费，也包括个人消费。在G−W···P···W′−G′循环和P···W′−G′−W···P循环中，资本的运动是起点和终点：这一运动自然也包括消费，因为商品，即产品，必须出售。但是，只要商品已经出售，这个商品以后变成什么，对单个资本的运动

1　马克思：《资本论》第2卷，人民出版社2004年版，第435页。

是没有关系的。相反地，在 W′…W′的运动中，正是要通过说明这个总产品 W′的每一价值部分会变成什么，才能认识社会再生产的条件。在这里，总的再生产过程既包括资本本身的再生产过程，也包括以流通为中介的消费过程”[1]。

其二，两大部类循环，W′各部分的价值补偿和实物替换。马克思明确指出：“再生产过程必须从 W′的各个组成部分的价值补偿和物质补偿的观点来加以考察。在分析单个资本的产品价值时，我们假定，单个资本家通过出售他的商品产品，先把他的资本的组成部分转化为货币，然后，通过在商品市场上再购买各种生产要素，把它们再转化为生产资本。现在，我们已经不能再满足于这个假定了。既然这些生产要素是物质的东西，那它们就同用来和它们交换并由它们来补偿的单个成品一样，是社会资本的组成部分。”[2]由此“直接摆在我们面前的问题是：生产上消费掉的资本，就它的价值来说，怎样由年产品得到补偿？这种补偿的运动怎样同资本家对剩余价值的消费和工人对工资的消费交织在一起？”[3]为了考察 W 的各部分在价值上和实物上的补偿，在《资本论》第二卷第二十章第六节至第十一节中，马克思专门分析了不变资本、可变资本、剩余价值和固定资本等的价值补偿和实物补偿，强调只有在这两种形态的补偿得到实现的条件下，才能保持两大部类再生产的平衡。

其三，货币回流是再生产在比例平衡中展开的前提条件。马克思指出：“商品生产者预付在流通中的货币，在商品流通正常进行的情况

1　马克思：《资本论》第 2 卷，人民出版社 2004 年版，第 435—436 页。

2　马克思：《资本论》第 2 卷，人民出版社 2004 年版，第 436 页。

3　马克思：《资本论》第 2 卷，人民出版社 2004 年版，第 436 页。

下，会回到他自己手里。”[1]这是一个规律性表现。“对商品流通来说，有两样东西始终是必要的：投入流通的商品和投入流通的货币。”[2]从商品价值实现看，“在商品流通中，发生的只是从生产者到批发商、从批发商到零售商的转移，只有零售商才最后出售商品。同样，在货币回流中，发生的是那些流回到资本家手中的货币（如果资本家赊卖，就是资本回流，如果他按现金出售，就是货币回流，即作为购买手段的货币回流，也就是他的资本以货币的形式回流）从零售商到批发商、从批发商到生产者的转移”[3]。

（三）社会再生产循环

在《〈政治经济学批判〉导言》中，马克思批判了英国古典政治经济学和庸俗政治经济学在理论逻辑上的错误，阐释了社会再生产的四环节理论，即“生产、消费、分配和交换（流通）”的基本内涵和相互间的辩证关系，创立了马克思主义社会再生产理论。

1. 明确生产的出发点和性质

一是物质生产是政治经济学研究的出发点。马克思强调，“摆在面前的对象，首先是物质生产”，“在社会中进行生产的个人，——因而，这些个人的一定社会性质的生产，当然是出发点”。[4]与此对应，需要研究“进行生产所必不可缺少的条件”[5]（如生产的基本要素）和“或多或少促进生产的条件”[6]，“财富的主客观因素越是在更高的程度上具

1 马克思：《资本论》第2卷，人民出版社2004年版，第459页。

2 马克思：《资本论》第2卷，人民出版社2004年版，第459页。

3 马克思、恩格斯：《马克思恩格斯全集》第48卷，人民出版社1985年版，第237页。

4 马克思、恩格斯：《马克思恩格斯全集》第46卷上册，人民出版社1979年版，第18页。

5 马克思、恩格斯：《马克思恩格斯全集》第46卷上册，人民出版社1979年版，第23页。

6 马克思、恩格斯：《马克思恩格斯全集》第46卷上册，人民出版社1979年版，第23页。

备，财富就越容易创造”[1]。

二是生产不是个人的生产，而是社会性生产。马克思指出：“我们越往前追溯历史，个人，从而也是进行生产的个人，就越表现为不独立，从属于一个较大的整体……人是最名副其实的政治动物，不仅是一种合群的动物，而且是只有在社会中才能独立的动物。孤立的一个人在社会之外进行生产——这是罕见的事。”[2]因此，对从事物质资料生产的“人”应从“社会性”中去理解把握。

三是生产具有历史性。马克思指出，“说到生产，总是指在一定社会发展阶段上的生产——社会个人的生产”[3]，并不存在超越历史的永恒的“生产”，同样，在“生产”中也不存在“与历史无关的永恒的自然规律”。鉴此，应从特定的历史阶段的社会性中理解把握“生产”。

四是生产是一种对自然的占有关系。马克思认为：“一切生产都是个人在一定社会形式中并借这种社会形式而进行的对自然的占有。”[4]由此，有了所有制关系、生产关系等等。

五是生产在社会总体活动中展开。马克思说道：“生产也不只是特殊的生产，而始终是一定的社会体即社会的主体在或广或窄的由各生产部门组成的总体中活动着。”[5]因此，不可离开这种群体关系谈论“生产”。马克思对“生产”的这些认识，进一步诠释了他在《〈政治经济学批判〉序言》中的经典论断：“人们在自己生活的社会生产中发生

1　马克思、恩格斯：《马克思恩格斯全集》第 46 卷上册，人民出版社 1979 年版，第 24 页。
2　马克思、恩格斯：《马克思恩格斯全集》第 46 卷上册，人民出版社 1979 年版，第 21 页。
3　马克思、恩格斯：《马克思恩格斯全集》第 46 卷上册，人民出版社 1979 年版，第 22 页。
4　马克思、恩格斯：《马克思恩格斯全集》第 46 卷上册，人民出版社 1979 年版，第 24 页。
5　马克思、恩格斯：《马克思恩格斯全集》第 46 卷上册，人民出版社 1979 年版，第 23 页。

一定的、必然的、不以他们的意志为转移的关系，即同他们的物质生产力的一定发展阶段相适应的生产关系。”[1]

2. 强调生产和消费的关系

一是生产也是消费。马克思指出：生产是一个“双重的消费，主体的和客体的。第一，个人在生产过程中发展自己的能力，也在生产行为中支出和消耗这种能力，这同自然的生殖是生命力的一种消耗完全一样。第二，生产资料的消费，生产资料被使用、被消耗、一部分（如在燃烧中）重新分解为一般元素。原料的消费也是这样，原料不再保持自己的自然形状和特性，而是丧失了这种自然形状和特性。因此，生产行为本身就它的一切要素来说也是消费行为”[2]。

二是消费也是生产。马克思指出：“消费直接也是生产，正如自然界中的元素和化学物质的消费是植物的生产一样。例如，在吃喝这一种消费形式中，人生产自己的身体，这是明显的事。而对于以这种或那种形式从某一方面来生产人的其他任何消费形式也都可以这样说。消费的生产。”[3] 除了人的自身生产之外，消费还从两方面生产着“生产”：一方面，“因为产品只有在消费中才成为现实的产品，例如，一件衣服由于穿的行为才现实地成为衣服；一间房屋无人居住，事实上就不成其为现实的房屋；因此，产品不同于单纯的自然对象，它在消费中才证实自己是产品，才成为产品。消费是在把产品消灭的时候才使产品最后完成，因为产品之所以是产品，不是它作为物化了的活动，

1 马克思、恩格斯：《马克思恩格斯全集》第 13 卷，人民出版社 1962 年版，第 8 页。

2 马克思、恩格斯：《马克思恩格斯全集》第 46 卷上册，人民出版社 1979 年版，第 27 页。

3 马克思、恩格斯：《马克思恩格斯全集》第 46 卷上册，人民出版社 1979 年版，第 27—28 页。

而只是作为活动着的主体的对象”[1]。另一方面，“因为消费创造出新的生产的需要，因而创造出生产的观念上的内在动机，后者是生产的前提。消费创造出生产的动力；它也创造出在生产中作为决定目的的东西而发生作用的对象。如果说，生产在外部提供消费的对象是显而易见的，那么，同样显而易见的是，消费在观念上提出生产的对象，把它作为内心的图像、作为需要、作为动力和目的提出来。消费创造出还是在主观形式上的生产对象。没有需要，就没有生产。而消费则把需要再生产出来”[2]。

三是生产“生产”着消费。马克思指出：“生产‘生产’着消费：(1)是由于生产为消费创造材料，(2)是由于生产决定消费的方式，(3)是由于生产通过它起初当作对象生产出来的产品在消费者身上引起需要。因而，它生产出消费的对象、消费的方式和消费的动力。”[3]

四是消费和生产之间存在着同一性。其一，“直接的同一性：生产是消费；消费是生产。消费的生产。生产的消费。政治经济学家把两者都称为生产的消费，可是还作了一个区别。前者表现为再生产；后者表现为生产的消费。关于前者的一切研究是关于生产的劳动或非生产的劳动的研究；关于后者的研究是关于生产的消费或非生产的消费的研究”[4]。其二，“每一方表现为对方的手段；以对方为媒介；这表现为它们的相互依存；这是一个运动，它们通过这个运动彼此发生关系，

1　马克思、恩格斯：《马克思恩格斯全集》第46卷上册，人民出版社1979年版，第28页。

2　马克思、恩格斯：《马克思恩格斯全集》第46卷上册，人民出版社1979年版，第28—29页。

3　马克思、恩格斯：《马克思恩格斯全集》第46卷上册，人民出版社1979年版，第29—30页。

4　马克思、恩格斯：《马克思恩格斯全集》第46卷上册，人民出版社1979年版，第30页。

表现为互不可缺，但又各自处于对方之外。生产为消费创造作为外在对象的材料；消费为生产创造作为内在对象、作为目的的需要。没有生产就没有消费；没有消费就没有生产”[1]。其三，“生产不仅直接是消费，消费不仅直接是生产；生产也不仅是消费的手段，消费也不仅是生产的目的，就是说，每一方都为对方提供对象，生产为消费提供外在对象，消费为生产提供想象的对象；两者的每一方不仅直接就是对方，不仅媒介着对方，而且，两者的每一方由于自己的实现才创造对方，把自己当作对方创造出来。消费完成生产行为，只是由于消费使产品最后完成其为产品，只是由于消费把它消灭，把它的独立的物体形式消耗掉；只是由于消费使得在最初生产行为中发展起来的素质通过反复的需要达到完美的程度。所以，消费不仅是使产品成为产品的最后行为，而且也是使生产者成为生产者的最后行为。另一方面，生产生产出消费，是由于生产创造出消费的一定方式，然后是由于生产把消费的动力、消费能力本身当作需要创造出来。这第三项所说的这个最后的同一性，在经济学中常常是以需求和供给、对象和需要、社会创造的需要和自然需要的关系来说明的”[2]。

3. 强调生产和分配的关系

一是生产中包含着生产条件的分配。马克思指出：“在单个的个人面前，分配自然表现为一种社会规律，这种规律决定他在生产中的地位，他在这个地位上生产，因而分配先于生产。”[3]“就整个社会来看，

1 马克思、恩格斯：《马克思恩格斯全集》第46卷上册，人民出版社1979年版，第30页。

2 马克思、恩格斯：《马克思恩格斯全集》第46卷上册，人民出版社1979年版，第30—31页。

3 马克思、恩格斯：《马克思恩格斯全集》第46卷上册，人民出版社1979年版，第33页。

分配似乎还从一方面先于生产，并且决定生产，似乎是先于经济的事实。一个征服民族在征服者之间分配土地，因而造成了地产的一定的分配和形式，由此决定了生产。或者，它使被征服的民族成为奴隶，于是使奴隶劳动成为生产的基础。或者，一个民族经过革命把大地产分割成小块土地，从而通过这种新的分配使生产有了一种新的性质。或者，立法使地产永久属于一定的家庭，或者，把劳动[当作]世袭的特权来分配，因而把劳动象等级一样固定下来。在所有这些历史上有过的情况下，似乎不是生产安排和决定分配，而相反地是分配安排和决定生产。"[1] 但是，"这种决定生产本身的分配究竟和生产处于怎样的关系，这显然是属于生产本身内部的问题。如果有人说，既然生产必须从生产工具的一定的分配出发，至少在这个意义上分配先于生产，成为生产的前提，那么就应该答复他说，生产实际上有它的条件和前提，这些条件和前提构成生产的要素。这些要素最初可能表现为自然发生的东西。通过生产过程本身，它们就从自然发生的东西变成历史的东西，并且对于这一个时期表现为生产的自然前提，对于前一个时期就是生产的历史结果"[2]。

二是分配位于生产和消费之间。马克思指出："在社会中，产品一经完成，生产者对产品的关系就是一种外在的关系，产品回到主体，取决于主体对其他个人的关系。他不是直接获得产品。如果说他是在社会中生产，那么直接占有产品也不是他的目的。在生产者和产品之间出现了分配，分配借社会规律决定生产者在产品世界中的份额，因

1　马克思、恩格斯：《马克思恩格斯全集》第 46 卷上册，人民出版社 1979 年版，第 33 页。

2　马克思、恩格斯：《马克思恩格斯全集》第 46 卷上册，人民出版社 1979 年版，第 34 页。

而出现在生产和消费之间。”[1]

三是生产决定分配。马克思指出：“分配的结构完全决定于生产的结构，分配本身是生产的产物，不仅就对象说是如此，而且就形式说也是如此。就对象说，能分配的只是生产的成果，就形式说，参与生产的一定形式决定分配的特定形式，决定参与分配的形式。”[2]

4. 强调生产和交换的关系

一是流通属于交换范畴。马克思指出：“流通本身只是交换的一定要素，或者也是从交换总体上看的交换。”[3] 因此，流通属于交换范畴。

二是交换包含在生产中。马克思认为：“既然交换只是生产和由生产决定的分配同消费之间的媒介要素，而消费本身又表现为生产的一个要素，交换当然也就作为生产的要素包含在生产之内。”[4]“第一，很明显，在生产本身中发生的各种活动和各种能力的交换，直接属于生产，并且从本质上组成生产。第二，这同样适用于产品交换，只要产品交换是用来制造供直接消费的成品的手段。在这个限度内，交换本身是包含在生产之中的行为。第三，所谓实业家之间的交换，从它的组织方面看，既完全决定于生产，而且本身也是生产活动。”[5]

三是交换的条件是由生产决定的，生产决定交换。马克思指出：“（1）如果没有分工，不论这种分工是自然发生的或者本身已经是历史的结果，也就没有交换；（2）私人交换以私人生产为前提；（3）交换的

1 马克思、恩格斯：《马克思恩格斯全集》第46卷上册，人民出版社1979年版，第31—32页。
2 马克思、恩格斯：《马克思恩格斯全集》第46卷上册，人民出版社1979年版，第32—33页。
3 马克思、恩格斯：《马克思恩格斯全集》第46卷上册，人民出版社1979年版，第36页。
4 马克思、恩格斯：《马克思恩格斯全集》第46卷上册，人民出版社1979年版，第36页。
5 马克思、恩格斯：《马克思恩格斯全集》第46卷上册，人民出版社1979年版，第36页。

深度、广度和方式都是由生产的发展和结构决定的。例如城乡之间的交换，乡村中的交换，城市中的交换等等。可见，交换就其一切要素来说，或者是直接包含在生产之中，或者是由生产决定。”[1]

最后，马克思对生产和消费、分配和交换的相互关系做了概括总结。“我们得到的结论并不是说，生产、分配、交换、消费是同一的东西，而是说，它们构成一个总体的各个环节、一个统一体内部的差别。生产既支配着与其他要素相对而言的生产自身，也支配着其他要素。过程总是从生产重新开始。交换和消费不能是起支配作用的东西，这是不言而喻的。分配，作为产品的分配，也是这样。而作为生产要素的分配，它本身就是生产的一个要素。因此，一定的生产决定一定的消费、分配、交换和这些不同要素相互间的一定关系。当然，生产就其单方面形式来说也决定于其他要素。例如，当市场扩大，即交换范围扩大时，生产的规模也就增大，生产也就分得更细。随着分配的变动，例如，随着资本的集中，随着城乡人口的不同的分配等等，生产也就发生变动。最后，消费的需要决定着生产。不同要素之间存在着相互作用。每一个有机整体都是这样。”[2]

二、准确把握和理解新发展格局的核心要义和丰富内涵

构建新发展格局是学好用好政治经济学的光辉典范，充分彰显了

1　马克思、恩格斯:《马克思恩格斯全集》第 46 卷上册，人民出版社 1979 年版，第 36 页。

2　马克思、恩格斯:《马克思恩格斯全集》第 46 卷上册，人民出版社 1979 年版，第 36—37 页。

马克思主义政治经济学基本原理运用。习近平总书记指出："新发展格局是根据我国发展阶段、环境、条件变化提出来的，是重塑我国国际合作和竞争新优势的战略抉择。"[1] 构建新发展格局仍需从马克思主义政治经济学关于生产力与生产关系的基本原理出发，准确理解新发展格局的科学内涵。

（一）生产关系新变化是构建新发展格局的首要依据

马克思主义政治经济学强调生产力决定生产关系，生产关系对生产力有巨大的能动作用，两者是对立统一的关系；不能单纯强调生产力对生产关系的决定作用，也要认识到生产关系对生产力的巨大的能动作用以及生产关系与生产力发展不相适应的问题。近年来随着国际经济环境和我国发展要素禀赋结构的变化，对外开放的国际大循环动能明显减弱，国内消费需求潜力不断释放且成为拉动大国经济持续增长的主引擎，国内大循环与国际大循环客观上有着彼此消长的态势，尤其是以美国为主的逆全球化行为，使世界经济的生产、交换和分配关系都发生了巨大的变化，改变了世界经济全球化背景下的生产关系。

一方面，从发展现实看，国际宏观环境的变化导致发展国际大循环的外部环境发生改变。当前，经济全球化遭遇逆流，新冠病毒疫情导致世界性经济陷入衰退，我国经济参与国际大循环短期受到明显抑制。加之中美经贸摩擦，单边主义、民粹主义、保护主义的蔓延以及一些国家的"去中国化"政策，出现了宏观经济协调失序和严重的治理危机，全球产业链、供应链受到冲击，传统的国际经济循环明显弱

1　习近平：《新发展阶段贯彻新发展理念必然要求构建新发展格局》，《求是》2022 年第 17 期。

化、受阻。国际货币基金组织预计 2020 年全球经济将萎缩 4.4%，这是第二次世界大战以后一次非常严重的全球性的经济衰退。根据世界贸易组织的预测，2020 年全年全球货物贸易下降 9.2%；联合国贸发会议也预测，2020 年全球直接投资的下降幅度将有 30% 到 40% 之高。世界疫情使各国付出高额的经济成本，全球经济损失达 8.5 万亿美元。[1] 在全球投资和贸易萎缩，产业链、供应链遭受疫情严重冲击的情况下，以国内经济大循环为主体有利于促进经济平稳发展、增强国内经济发展的韧性、提高经济发展安全性，进而推动经济结构性升级和更高质量发展。

另一方面，随着我国的生产、交换和分配关系发生改变，国内拥有了构建新发展格局的优势和基础。在生产上，中国拥有全世界最齐全的工业门类和规模最大、最完整的产业链、供应链体系。制造业正加速转型升级，基础设施建设能力不断提高，能够生产的产品数量居世界首位，已深度融入全球产业链。中国的长三角、京津冀、粤港澳大湾区、成渝经济区等产业集群在生产专业化和分工、扩大出口、降低交易成本方面具有正向溢出效应。从消费需求领域看，中国具有规模巨大的市场优势以及多样化的消费需求。中国劳动力等要素成本相对偏低，具有明显的交易成本优势。随着新型消费业态加速发展，居民消费升级势头发展迅猛，我国已成为全球最有潜力的消费市场。支撑和拉动我国经济发展的需求空间广阔，构建内循环为主的新发展格局拥有充分的内需保障。从分配和流通领域来看，中国的国民生产总值在 2019 年已经达到了 14.3 万亿美元，中国的人均国内生产总值

---

1 《共同点亮全球经济复苏之光》，《人民日报》2020 年 12 月 23 日。

2019年达到了10261美元。根据世界银行最新调整后的数据，高收入国家的门槛为12535美元，我们和这个距离已经不远了。此外，我国收入分配不均、区域不协调和城乡发展不平衡问题长期存在，严重制约着国内消费潜力的释放，国家通过包括制度变革在内的一系列战略举措能够进一步释放国内消费潜力；我国中西部地区和广大农村还有广阔的发展空间和消费潜力。

（二）坚持以生产力发展水平作为构建新发展格局构建的核心标准

经过新中国成立70多年、改革开放40多年来的不懈努力和奋斗，中国长期稳居世界第二大经济体，实现两大奇迹。中国经济正从开放融入世界经济向开放引领世界经济转变。过去，我国通过出口导向战略实现了经济赶超，但出口导向战略也有一些缺陷，包括易受国际市场波动影响、外资依存度过高、经济安全风险大、关键核心技术受限、产业结构转型升级压力巨大、内需亟待开拓等问题。这就要求我国在新的发展阶段，必须从外向型经济转向内需增长型经济，才能最终迈向高收入国家行列。中国发展战略究竟是“以国际经济大循环为依托，以外促内”，还是“以国内经济大循环为主，以内促外”，必须根据我国分工体系和技术发展的阶段和需要来判断，必须以是否有利于生产力进步、综合国力提升和国民福利改进为标准。在国际大循环动能减弱、民族主义和孤立主义兴起的大变革时代，“两头在外”的外向型战略不仅难以快速提升我国的生产力、综合国力和人民生活水平，反而成为经济快速发展的新制约因素。生产关系的调整源于生产力的变化，同时生产关系的调整为生产力发展提供新动力，新发展格局就是基于这样的判断提出的战略调整。

第一，新发展格局符合我国经济进入新发展阶段的基本特征，是遵循经济发展规律的战略选择，是实现新发展目标的重大举措。当前，新时代脱贫攻坚目标任务如期完成，即将全面建成小康社会，进而开启全面建设社会主义现代化国家新征程，单纯依靠国际经济循环参与低端制造环节，难以实现我国从制造大国向制造强国的转变。还是要以经济内循环为主，通过深化供给侧结构性改革，破除影响创新的体制机制障碍，提升核心自主创新能力，把关键性的产业链、供应链牢牢掌握在自己手里。

第二，我国经济已经由过去依赖外需“大进大出”的发展模式转向以国内消费和投资为主要驱动力的国内大循环转变。2019 年年底，我国进出口贸易总量依然超过 30 万亿元人民币，但出口占 GDP 比重已从 2006 年的 35.4% 下降至 17.4%，外贸依赖度大大降低，国内需求对经济增长的贡献率有 7 个年份超过 100%。内需特别是国内消费已经成为经济增长的稳定器，对此，习近平总书记指出：“近年来，中国市场和资源两头在外的发展模式已经悄然改变，外贸依存度由 2006 年的 67% 下降到 2019 年的近 32%，经常项目顺差同国内生产总值比率由 2007 年的 9.9% 降至现在的不到 1%。”[1]

第三，供给体系不能有效适配和满足国内需求是当前制约生产力水平提升的主要问题，是畅通国民经济循环的主要矛盾。“十四五”时期，通过优化供给结构充分激发超大规模市场优势和内需潜力，可满足国内日益增长的多样化、个性化、高端化需求，促进消费结构优化升级，提高生产力发展水平。同时，从马克思产业资本循环的运动过

1 习近平：《构建新发展格局，实现互利共赢》，《人民日报》2020 年 11 月 20 日。

程来看，产业资本运动具有一般规律，要真正实现从商品到货币的惊险跳跃必须深化供给侧结构性改革，以适应消费结构升级的需要；加快转变外向型发展战略，畅通国内大循环，联通国内国际双循环，化解外部冲击和外需下降带来的影响，实现更高质量、更有效率、更加公平、更可持续、更为安全的发展。

三、新发展格局创造性发展了马克思主义政治经济学

构建新发展格局，说明社会主义市场经济的优越性体现为既重视财富生产，又重视交换和消费的正向反馈作用，形成良性循环，丰富和发展市场经济理论；既超越传统计划经济的弊端和局限性，也超越和突破西方国际经济学的比较优势局限性，形成国家竞争优势与比较优势的有机结合，理论中国化与理论国际化。新发展格局扩展了政治经济学的含义，创造性发展了马克思主义政治经济学。

（一）政治经济学的含义扩展

重农学派、古典政治经济学等只强调财富生产，而马克思主义政治经济学不仅强调生产力，也强调生产关系和交换关系。马克思在《资本论》中指出，政治经济学研究生产关系及变化规律（“本书研究的，是资本主义生产方式以及和它相适应的生产关系和交换关系”[1]），“本书的最终目的就是揭示现代社会的经济运动规律，——它还是既不能跳过也不能用法令取消自然的发展阶段”[2]。恩格斯说，生产和交换是

1 马克思：《资本论》第1卷，人民出版社2004年版，第8页。

2 马克思：《资本论》第1卷，人民出版社2004年版，第10页。

两种不同的职能，互相制约，并且相互影响，可以叫作经济曲线的横坐标和纵坐标。[1]生产决定交换，交换促进生产。构建新发展格局要抓住“循环”这个关键词，不单纯指生产和交换的畅通、供给和需求的匹配，更要突出国际国内生产、分配、流通、消费四个环节的动态性、协同性。

马克思主义的生产和再生产理论是指导国际国内经济循环的理论依据。其中，生产表现为社会再生产过程的出发点，决定着分配、交换和消费；消费表现为终点，分配和交换是中间环节。新发展格局强调生产、交换、流通、消费四个环节构成的相互联系、相互作用的有机整体，是对政治经济学的含义扩展。马克思关于生产、分配、交换和消费关系的论述，对于我们分析经济运行状况和经济关系具有重要指导意义。[2]

第一，“生产”是经济循环的核心，就决定了新发展格局不是淡化生产的作用，而是更加重视生产的作用。

第二，在消费方面，马克思指出，生产和消费的每一方直接是它的对方，生产与消费具有同一性，消费作为社会再生产总过程的内在环节和最终完成阶段，既是社会再生产的终点，也是社会再生产的起点。消费反过来创造出新的需求，是推动生产发展的内在动力。畅通国内大循环要牢牢扭住扩大内需这个战略基点，激活消费推动生产发展的内在动力作用，完善收入分配和社会保障体系，缩小收入差距，提高城乡居民消费的能力和信心。

---

1 马克思、恩格斯：《马克思恩格斯文集》第9卷，人民出版社2009年版，第153页。

2 逄锦聚：《马克思生产、分配、交换和消费关系的原理及其在经济新常态下的现实意义》，《经济学家》2016年第2期，第5—15页。

第三，在流通方面马克思指出，生产与消费之间存在相互作用，也存在着一种媒介运动——分配和交换，即流通环节。加快建设现代流通体系是畅通国内大循环的关键，重点破除妨碍生产要素在城乡和全国流通的体制机制障碍，减少交易环节，提高流通效率。

第四，马克思强调社会总资本运动中两大部类的平衡，且经济循环的各环节之间是顺畅转化和连续运动的有机统一整体，特别是强调充分利用国内国际两个市场、两种资源以实现“国内国际双循环相互促进”，扩展了政治经济学的含义，创造性发展了马克思主义政治经济学。

（二）丰富和发展市场经济理论

市场是商品交换的场所。因此，市场经济本质是交换经济。[1]西方主流经济学强调资源配置，核心是效率，目的是财富生产，忽视消费作用。构建新发展格局，说明社会主义市场经济的优越性体现为既重视财富生产，又重视交换和消费的正向反馈作用，形成良性循环。其实从1997年亚洲金融危机后提出扩大内需到2008年全球金融危机后把刺激消费需求作为经济增长的主导作用，消费的地位就不断上升。2015年，习近平总书记提出供给侧结构性改革，从供给端发力进一步激活了消费需求潜力。2020年以来，习近平总书记多次论述新发展格局，进一步强调扩大内需和交换的重要性。我们知道，马克思的世界市场理论强调世界市场循环的重要性。《共产党宣言》中指出：“大工业建立了由美洲的发现所准备好的世界市场。世界市场使商业、航海业和陆路交通得到了巨大的发展。这种发展又反过来促进了工业的扩

---

1 周文、刘少阳：《全面理解和不断深化认识市场经济》，《上海经济研究》2020年第3期，第20—31页。

展。”[1]改革开放特别是加入世界贸易组织以来，正是积极参与国际大循环促使中国经济开始崛起，并迅速成长为世界第一出口贸易大国。因此，国内经济大循环不是封闭的循环，更不是各自为政的循环，同样强调有效利用国内国际两个市场、两种资源，充分发挥市场在资源配置中的决定性作用。

首先，发挥国内大循环的主体作用，充分挖掘国内巨大的市场空间。大国经济拥有规模经济优势和分工优势，为市场交换和消费提供广阔空间。亚当·斯密曾指出：“分工的程度，因此总要受交换能力大小的限制，换言之，要受市场广狭的限制。”[2]大国往往能建立独立、完整的内部循环系统，具有自我调节能力和保障经济体系稳定性的优势。正如库兹涅茨提出的国家规模与贸易依存度的逆向关系，大国往往与中小型国家依赖出口扩大发展经济有所不同，大国的贸易依存度低于中小型国家。一方面，我国具有超大规模性的综合优势。[3]中国发挥大国市场优势，促进消费和产业结构升级，优化出口结构，进而促进外贸结构转型升级。另一方面，我国依托畅通的国内大循环为国内消费者提供高品质产品和服务；通过强大的消化自身生产的能力，能够激发市场主体的供求适配机制，推进要素市场化配置，打造公平公正的市场竞争机制。

其次，新发展格局强调供给侧结构性改革，体现有效市场与有为

1 马克思、恩格斯：《马克思恩格斯选集》第 1 卷，人民出版社 2012 年版，第 401—402 页。

2 亚当·斯密：《国民财富的性质和原因的研究（上卷）》，郭大力、王亚南译，商务印书馆 1972 年版，第 16 页。

3 国务院发展研究中心课题组：《充分发挥“超大规模性”优势推动我国经济实现从“超大”到“超强”的转变》，《管理世界》2020 年第 1 期，第 1—7、44 页。

政府更好结合。一方面，“双循环”新发展格局关系到国内外两个市场的循环畅通和两种资源的合理配置，需要“有为政府”使无效的市场变成有效市场，避免政府的“无为”或“乱为”。[1]另一方面，要构建高水平社会主义市场经济体制，完善市场机制，实现要素价格由市场决定，推进要素的自由化流动和充分循环，真正实现统一的国内市场循环。[2]同时，强调更好发挥政府作用，通过制度建设及创新推动“放管服”改革和政府简政放权的职能转变，提升国家治理效能[3]；进一步理顺政府与市场关系，协调好这两只手，共同构建统一开放、竞争有序的现代市场体系。

（三）开辟了中国特色社会主义政治经济学新境界

构建新发展格局既超越传统计划经济的弊端和局限性，也超越和突破西方国际经济学的比较优势局限性，形成国家竞争优势与比较优势的有机结合，新发展格局所蕴含的理论逻辑源于中国实践，是中国实践的理论升华，体现了理论中国化与理论国际化的有机结合，超越传统计划经济理论和西方理论。新发展格局是基于国际环境变化和中国新发展阶段实践的理论综合性集成创新，是我国经济发展模式的一次大调整，开辟了中国特色社会主义政治经济学新境界。

从经济史的发展来看，后发国家赶超发达国家的关键是提高技术

---

1 林毅夫：《为什么是“有为政府”而非“有限政府”？》，2016 年 11 月 9 日（2020 年 12 月 25 日），http://sike.news.cn/statics/sike/posts/2016/11/219509136.html。

2 周文、刘少阳：《再论社会主义市场经济》，《社会科学战线》2020 年第 9 期，第 1—9 页。

3 周文、何雨晴：《国家治理现代化的政治经济学逻辑》，《财经问题研究》2020 年第 4 期，第 12—19 页。

水平。[1]美国、德国等就是通过提高自主创新能力、建立独立完整的工业体系等培育内生比较优势实现崛起的。比较优势理论最早来源于亚当·斯密和李嘉图的绝对和相对比较优势理论，以后的经济学家沿着斯密和李嘉图的思路进行发展，赫克歇尔和俄林提出的“资源要素禀赋说”即现代比较优势原理的H-O理论长期居于主流地位。为了克服传统国际贸易理论静态分析各国资源禀赋和比较优势的缺陷，迈克尔·波特提出了“国家竞争优势论”，强调一国产业创新和升级能力的重要性。[2]然而，西方主流经济理论都无法很好解释我国经济建设的伟大成就。其实，根据林毅夫提出的比较优势战略理论，“发达国家的富裕根源于它们的产业和技术优势”[3]，欧阳峣提出的“大国综合优势论”等都很好地诠释了中国经济取得成功的原因。所谓新的比较优势，也就是竞争优势。它不是建立在原来的资源禀赋的比较优势基础上的，而是在创新驱动基础上所产生的核心技术上的竞争优势，体现增长的内生性和创新驱动性。

当前，世界处于百年未有之大变局，特别是美国疯狂全面打压我国科技。因此，科技创新成为我国赢得主动和培育国家竞争新的比较优势的关键变量。[4]习近平指出：“国际经济竞争甚至综合国力竞争，说到底就是创新能力的竞争。谁能在创新上下先手棋，谁就能掌握主

1　参见 Chang, H.-J. *The East Asian Development Experience: the Miracle, the Crisis and the Future*. Zed Books, 2006：30。

2　迈克尔·波特：《国家竞争优势》，李明轩、邱如美译，华夏出版社2002年版，第132页。

3　林毅夫：《发展战略，自生能力与经济收敛》，《经济学》（季刊）2002年第1期，第269—300页。

4　王一鸣：《坚持创新在我国现代化建设全局中的核心地位》，《马克思主义与现实》2020年第6期，第31—33页。

动。”[1] 关键核心技术是要不来、买不来、讨不来的，必须坚定不移走自主创新道路。一方面，坚持问题导向，把技术进步和创新列为思考的重点，战略性重构创新体系；瞄准人工智能、量子信息、数字技术等具有前瞻性、战略性的国家重大科技项目，着力培育以技术、品牌、质量、服务为核心竞争力的新优势。另一方面，把科技自立自强与开放创新统一起来。只有具有更强大的自主创新能力，掌握核心技术的优势和产业优势，促进创新链与产业链深度融合，才能在封锁打压中掌握主动权，为构建新发展格局提供坚实的市场基础和安全运行的可靠保障；同时加快推进开放创新，更加主动地融入全球创新网络，在全球科技开放合作中不断提升国家科技创新的新优势。

四、构建新发展格局需要注意的问题

目前，关于新发展格局的解读和理解仍存在不少的误读和偏差，为澄清理论和战略上的噪音杂音，需要注意以下六个方面的问题：

（一）新发展格局不是淡化生产的作用，而是更加重视生产的作用

生产在国民经济循环四个环节中起决定性的作用，生产决定流通和消费，生产即供给在新发展格局中起决定性作用。马克思在《〈政治经济学批判〉导言》中指出：“生产生产着消费：（1）是由于生产为消费创造材料，（2）是由于生产决定消费的方式，（3）是由于生产靠它起

1　中共中央文献研究室编：《习近平关于社会主义经济建设论述摘编》，中央文献出版社2017年版，第125页。

初当做对象生产出来的产品在消费者身上引起需要。”[1]当前，我国供给体系大而不强、大而不优问题严重，存在有效供给不足和无效产能过剩并存的结构性矛盾，供给结构难以适应居民消费结构升级的变化，高端产品和高品质服务供给能力不足。我国经济生活中出现的生产过剩、需求不足等现象主要是生产结构不合理即供给和需求不匹配造成的，必须始终高度重视生产在经济循环中的决定性地位，始终把推动经济高质量发展作为最主要的工作，提高产品和服务的供给质量，从根本上解决供需不匹配问题。

第一，强调生产的创新驱动、高质量供给引领和创造新需求。一方面，我国存在核心生产环节和关键技术严重依赖国外、产业链受制于人等问题，应通过体制机制改革为技术创新营造良好的制度环境，深化要素市场化改革和产权制度改革，提高资源配置效率。另一方面，虽然我国整体经济结构比较完善，但高附加值产品比重较低，高层次高品质供给明显不足。应该抓住新一轮科技革命和产业变革的机遇，大力发展关键核心技术，推动实现跨越式创新和更有效率的发展。

第二，坚持把发展经济着力点放在实体经济上，促进制造业向智能化、数字化、网络化发展。当前，西方国家兴起的再工业化浪潮使资本回流，加上国内劳动力成本上升，资源约束趋紧，我国自主创新不足，经济大而不强、粗放型增长，同时经济增长有脱实向虚倾向。为振兴实体经济、做强制造业，必须深化供给侧结构性改革，统筹国内循环和对外开放的关系。一方面，依托国内规模巨大和广阔的市场空间，坚持以深化供给侧结构性改革为主线解决经济循环中的供需错

1　马克思、恩格斯:《马克思恩格斯选集》第 2 卷，人民出版社 1972 年版，第 95 页。

配等发展难题，明确中央提出的“中国制造2025”战略目标；按照马克思的劳动价值论思想，资本脱离产业的单纯虚拟经济部门的发展是不可持续的，中央在鼓励合理金融创新的基础上应加强对金融创新监管，引导金融业更好地服务于实体经济。[1] 另一方面，提高核心和原创技术的自主创新能力，加强政府的顶层设计，持续增加研发投入，尤其是高端制造业方面推动实体经济国际合作与发展，为更加主动的高水平对外开放奠定基础。

第三，坚持创新在我国现代化建设全局中的核心地位，把科技自立自强作为国家发展的战略支撑，提升产业链、供应链的完整性，促进产业基础高级化、产业链现代化，形成创新力更强、附加值更高、安全性更可靠的现代产业体系。

（二）内部循环不只是生产循环，而是生产、分配、交换、消费有机统一的良性循环

经济活动的本质是各生产要素在不同主体之间循环流动的过程。[2] 经济循环其实就是基于一定的技术经济和地域空间关系把生产、分配、交换、消费等经济活动连接起来，经济循环覆盖社会再生产全过程，促使各个产业部门既有分工又有合作的完整产业链体系。马克思在《〈政治经济学批判〉导言》中论证了四个环节的相互关系及统一整体。其中，生产是起点，消费是终点，流通和分配是中间连接的“桥梁”。社会再生产过程的四个环节缺一不可，任一环节出现问题，社会再生产就会出现断裂。现在来看，中国道路的成功、中国奇迹的密码

1 周文：《建设现代化经济体系的几个重要理论问题》，《中国经济问题》2019年第5期，第3—14页。

2 黄群慧：《畅通国内大循环，构建新发展格局》，《光明日报》2020年7月28日。

就在于超越过去苏联模式单纯强调生产，忽视交换和流通的自然经济模式，通过深化市场化改革，走上中国特色社会主义市场经济的道路。

新发展格局理论抓住了经济运行的本质特征，强调以国内大循环为主体贯通生产、分配、流通、消费各环节，以满足国内需求为出发点和落脚点，不断增强消费的基础性作用和投资的关键性作用，提高产业链、供应链本土化、内生化。其实，美国、日本等发达国家的发展历程表明经济发展到一定阶段之后的国内大循环将成为主流。一方面，国际国内双循环是相互联系、相互嵌入的，以内为主，内外互动，是对我国传统大进大出发展模式的系统调整，是对两个循环之间互动方式的再定位。同时强调改革和创新的决定性作用，推动高质量发展，从过去侧重出口劳动密集型产品转向出口资本—技术密集型产品。不断优化供给能力，夯实扩内需，深化市场化改革，解决供给和需求不匹配问题。另一方面，从马克思生产决定交换，交换反作用于生产和消费的基本原理出发。交换作为生产和消费的媒介，会影响分配的结果以及人们获得劳动产品的渠道和范围，进而对消费产生影响。当前我国出现的各类电商平台和数字服务业极大畅通了分配、交换等流通环节，降低了交易成本。为此，新发展格局在重视生产环节的基础上，强调社会再生产四环节的有机统一和良性循环。

（三）国际经济大循环不是完全自由的经济循环

当前，世界处于百年未有之大变局的加速期，国际形势波谲云诡，外部环境复杂多变，全球动荡源和风险点增多，世界经济增长不稳定性、不确定性加大。我国关键技术、核心零部件、高端设备等关键核心技术受制于人，“卡脖子”问题严重威胁我国产业链、供应链安全。为此，国际经济大循环立足总体国家安全观，是统筹发展和安全问题的更高水平的开放循环，增强“安全”的维度，树立安全发展的底线思维，把安全发展贯穿国家发展各领域和全过程。

国际经济大循环不是完全自由的经济循环。一方面，继续做好国际循环，以扩大开放倒逼国内行业企业创新和产业结构升级，提升我国在区域产业链、供应链中的地位，为国民经济良性循环提供有效支撑。同时增强双循环发展战略与创新驱动发展战略、区域发展战略、产业发展战略形成有效整合和对接。另一方面，通过“一带一路”建设畅通中国与发展中国家和发达国家的国际经济双循环的优势互补。目前，我国积极推进并签署《区域全面经济伙伴关系协定》，进一步推动区域贸易投资自由化与便利化，不断与国际高标准贸易投资规则接轨，构建更高水平的开放型经济新体制。

（四）国内经济大循环不是封闭的循环，更不是各自为政的循环

习近平总书记强调：“新发展格局决不是封闭的国内循环，而是开放的国内国际双循环。”[1]其实，内循环为主体的内需体系是以创新为核心的内生性经济增长，更需要发挥开放型经济的引擎作用，从资源禀赋的比较优势转向以核心技术为基础的竞争优势，促进我国产业嵌入全球价值链的中高端。

第一，以国内大循环为主体必须坚持全国市场统一、全国一盘棋，不是各地的自我小循环，坚持破除制约要素自由流动的体制机制障碍。同时，由于技术、商品的互补性，以内循环为主体不等于完全封闭的发展，否则科技创新和技术进步的成本都将会极大提高。

1　习近平：《在经济社会领域专家座谈会上的讲话》，《人民日报》2020 年 8 月 24 日。

第二，国内大循环不是搞闭关锁国、闭门造车，发展内循环也不会导致内卷化。双循环有内有外，发展内循环不是闭门发展，是为了与域外经济体进行更高水平的经济循环，更好协调对外开放和独立自主的关系，更好统筹国内国际两个大局，既满足国内需求，又为世界经济发展增添动力。

第三，内循环为主不是弱化而是可以更好支撑国际循环，内循环与国际循环相互促进，相得益彰。国内国际双循环是一个相互联系、更高水平的互动，应辩证地认识双循环主次关系的新定位。在当前全球市场萎缩的外部环境下，我们必须立足国内循环的基础性主体地位，进一步扩大内需，降低经济发展对外部需求的依赖，以内循环的强劲内生动力为基础，把握发展主动权；通过更高层次的开放更加主动地深化对外合作，最大程度地吸纳全球创新资源。

第四，育新机化危机主动作为和善于作为的体现。双循环相互促进既可以解决和突破国际循环形成的对外依赖，实现自主自强，也可以解决和突破没有国际循环形成的国内循环局限性。双循环可以更好地利用国内国际两个市场和两种资源，畅通国内循环和对外开放可以加强同世界经济的联系，实现互利共赢。

（五）新发展格局不是短期应急举措和权宜之计

新发展格局不是“出口转内销”等短期应急举措，而是相对长期的发展战略，必须从持久战的角度认识新发展格局。

第一，体现大国特征。我国庞大的人口规模蕴含着巨大的消费需求潜力，进而决定生产规模和市场规模，国内经济循环拥有良好的基础和基本盘。大国经济由于国土规模大、地区差异大，产业转移的空间也大，往往具有内部可循环的特点。当前，简单地依赖对外开放难以进一步提升我国在全球的资源配置能力和国际竞争水平，难以摆脱国际分工中的比较优势低水平锁定效应，无法解决“卡脖子”核心技术的创新问题。

第二，中国是世界工厂，更是世界市场。近年来，我国不断深化供给侧结构性改革、要素市场改革，全国商品市场上97%以上的消费品和生产资料价格由市场定价，消费驱动经济增长的潜力巨大，是稳定经济增长的“压舱石”；我国社会消费品零售总额已突破41.2万亿元，相当于美国的95%，成为全球第二大消费品市场，并具有巨大的需求增长潜力。潜力巨大的进出口规模也将源源不断地为世界市场创新潜能。

第三，双循环有助于推动国内市场和国际市场的整体性和联动性，以国内大循环吸引全球资源要素，增强国内国际两个市场、两种资源联动效应，实现双循环的相互间互补性和畅通性，从而增强经济发展的韧性，克服经济的波动性，有助于更好实现经济发展行稳致远。

（六）不能泛化使用新发展格局概念

新发展理念、新发展阶段、新发展格局、新发展目标是有机统一的整体。新发展理念是构建新发展格局的重要指导原则，没有新发展理念，无法构建新发展格局。新发展阶段是当前和今后构建新发展格局的前提条件，是经济发展过程的历史必然，不到新发展阶段，也不具备能力构建新发展格局。新发展格局的目标是实现中国从中等收入到高收入阶段的迈进，全面建成社会主义现代化强国。离开新发展目标，新发展格局失去意义，成为无本之木，无源之水。

第一，准确把握新发展阶段。随着外部形势不稳定性、不确定性明显增加，我国正开启全面建设社会主义现代化国家新征程、实现中华民族伟大复兴的关键时期，党中央做出新发展阶段的战略决策。回顾历史，我们党始终能深刻把握我国发展所处的历史方位，先后提出“四个现代化”“三步走”战略、全面建设以及全面建成小康社会等奋斗目标。目前，进入新发展阶段是我国所处的新历史方位，是中华民族伟大复兴历史进程的大跨越。

第二，深入贯彻新发展理念，新发展理念加快新发展格局的形成。党的十九届五中全会强调创新的极端重要性，把科技自立自强摆在首位，更加凸显新发展理念在即将进入历史新阶段的重要性。

第三，加快构建新发展格局。牢固树立新发展理念，在新发展阶段构建新发展格局，实现新发展目标。新发展阶段要求构建以国内大循环为主体的新发展格局，通过把新发展理念内化到新发展格局的构建中，发挥新发展理念的方向引领作用，加快形成新发展动能和新经济增长点，推动实现双循环新发展格局的良性互动，进而实现经济社会发展的主要目标和远景目标。

五、构建新发展格局的政治经济学理论启示

实践发展永无止境，理论创新也亦无止境。理论是发展的，必须不断创新。新发展格局理论是中国特色社会主义政治经济学的最新成果，为我国在新发展阶段有效应对世界百年未有之大变局、实现两个百年奋斗目标提供了行动指南，为更多发展中国家的赶超和崛起提供中国借鉴。

（一）政治经济学理论是发展的，必须不断创新

理论的活力在于不断创新，创新是发展中国特色社会主义政治经济学的永恒主题。正如恩格斯在《反杜林论》中强调：“政治经济学本质上是一门历史的科学，它所涉及的是历史性的即经常变化的材料；它首先研究生产和交换的每个个别发展的特殊规律，而且只有在完成这种研究以后，它才能确立为数不多的、适用生产一般和交换一般的、完全普遍的规律。”[1]我们党之所以能够历经考验磨难无往而不胜，关键就在于不断进行实践创新和理论创新。实践是理论的源泉，马克思主义经典作家一直反对空谈和空论，反对“空论家的姿态”[2]，强调应“少说空话”[3]。双循环新发展格局必须坚持马克思理论联系实际的基本观点，紧扣时代课题，把构建新发展格局理论放到外部发展环境急剧变化和我国发展主要目标及远景目标的宏大独特的历史背景中去考察，使新发展格局理论来源于实践又更好地指导实践。

社会生活在本质上是实践的。[4]我国改革开放40多年的伟大实践是创新发展当代马克思主义政治经济学的唯一正确途径。新发展格局理论是基于马克思主义的基本理论和方法去研究新时代背景下我国经济发展的阶段性特征、新实践、新情况而发展出的新理论。就像习近平总书记所说，“要立足我国国情和我们的发展实践”，“揭示新特点新规律，提炼和总结我国经济发展实践的规律性成果，把实践经验上升为系统化

---

1 马克思、恩格斯：《马克思恩格斯选集》第3卷，人民出版社2012年版，第525—526页。

2 马克思、恩格斯：《马克思恩格斯全集》第1卷，人民出版社1972年版，第418页。

3 列宁：《列宁选集》第1卷，人民出版社1972年版，第370—371页。

4 马克思、恩格斯：《马克思恩格斯文集》第1卷，人民出版社2009年版，第501页。

的经济学说，不断开拓中国特色社会主义政治经济学新境界”。[1]一方面，坚持运用马克思主义政治经济学指导新发展格局理论研究，经济发展具有阶段性特征，不同的经济发展阶段对应不同的发展战略和发展方式。总结新发展阶段的实践经验，要体现中国特色，而不是简单套用西方已有理论。另一方面，问题是时代的声音，要坚持问题导向，立足时代课题创新理论研究，解决中国问题。新发展格局理论就是基于外部环境变化和我国发展新阶段的主动选择，是对我国经济发展模式的一次结构性调整，以满足人民日益增长的美好生活需要为根本目的。

（二）政治经济学理论必须服务于国家战略

理论来自实践，又反作用于实践。用政治经济学理论创新指引实践创新，服务于国家战略，成为推动发展的“物质力量”。以习近平同志为核心的党中央面对国内外形势变化做出新发展格局的战略部署，是习近平新时代中国特色社会主义思想的最新发展，是中国特色社会主义政治经济学的创新成果。为我国在新发展阶段有效应对世界百年未有之大变局、实现“两个一百年”奋斗目标提供了行动指南。

新发展格局理论具有丰富的科学内涵，是服务于国家发展战略的最新成果。一方面，新发展格局在新发展理念的基础上增添了“安全”的维度，特别突出了产业链、供应链体系更为安全、自主和可控的发展目标，极大丰富了总体国家安全观，也是维护国家经济安全的客观需要。另一方面，新发展格局理论强调创新驱动和扩大内需的重要性，以改革创新发挥社会主义集中力量办大事的显著制度优越性，实现有效市场和有为政府更好结合，推动实现国家的发展目标。同时对

1　习近平：《不断开拓当代中国马克思主义政治经济学新境界》，《求是》2020 年第 16 期，第 4—9 页。

于发展中国家而言，任何时候，自主发展与开放是有机统一的，不是割裂的。新发展格局理论高度重视补齐自主创新及关键核心技术方面的短板，全面突破解决瓶颈问题和“卡脖子”问题，要在对外开放中把握主动权、提高国际竞争新优势。

（三）政治经济学理论要为发展中国家赶超和崛起提供中国借鉴

以中国为代表的发展中国家崛起，打破中心与外围的壁垒，在实践中探索出一条具有中国特色的经济发展道路，取得了世所罕见的经济快速发展奇迹和社会长期稳定奇迹。同时，为发展中国家解决现实问题提供了实践路径，既要融入现代世界体系，又要做到开放不依附，做到国家竞争优势与比较优势统一。可见，传统的西方模式不再是实现经济发展的唯一路径，不能一味遵循西方新自由主义理论的教条，而是学会总结自身的发展经验、规律与方法，为发展中国家崛起提供中国智慧和中国借鉴。

第一，新发展格局体现中国的大国担当。中国作为“世界工厂”和全球供应链的重要一环，对全球经济的重启和社会的稳定具有重要作用。我国拥有 14 亿多人口的超大规模的市场蕴含着巨大的消费潜力和投资潜力，是全球最大和最有潜力的消费市场。同时，我国是仅次于美国的全球第二大消费品市场，并且未来有望跃居世界第一，不仅为本国内涵式增长提供根本动能来源，也为世界经济复苏和增长做出重大贡献。2019 年，我国进出口总额为 31.54 万亿元，是全球最大贸易国和第二大进口市场。构建新发展格局无疑将给全球经济带来更多市场机遇、创新机遇和开放机遇，创造更多发展红利。

第二，新发展格局为世界经济复苏和发展注入新的活力和动力。

近年来，中国经济增长对世界经济增长的贡献率稳居世界第一，平均贡献率在 30% 以上，超过美欧日本贡献率的总和。[1] 新发展格局以国内经济大循环为主体，从“以外促内”转为“以内促外”，积极带动国际市场复苏、繁荣。这正是中国参与世界经济的方式的重大转变，意味着中国通过海南自由贸易港建设、中国国际进口博览会等平台积极主动扩大开放，更好分享中国巨大的市场空间和发展机遇。在投资方面，中国是世界第二大对外直接投资和外资流入国，更好促进世界经济良性循环。中国作为贸易和投资大国复苏和繁荣了国际经济，彰显大国风范。正如习近平主席强调：“我们提出构建以国内大循环为主体、国内国际双循环相互促进的新发展格局。这决不是封闭的国内循环，而是更加开放的国内国际双循环，不仅是中国自身发展需要，而且将更好造福各国人民。”[2]

第三，新发展格局揭示了经济相对落后的发展中国家向现代化经济体系转型的一般规律，为后发国家提供借鉴和启示。新发展格局为我国未来经济发展指明新方向，其在揭示中国经济发展特殊规律性的同时，也具有一般性和普遍性，揭示了人类社会发展的一般规律。一方面，构建新发展格局的最终目的是人的全面发展，反映了人类共同的价值追求。新发展格局反映了社会主义的本质要求，强调充分利用国内国际两个循环，把解放生产力、发展生产力作为根本任务，致力消除贫困、消除两极分化、实现全体人民共同富裕，反映人类追求的共同目标。另一方面，新发展格局为后发国家解决现实问题提供了思

1 《五年来中国经济贡献率超美国欧元区和日本总和》，《人民日报》2018 年 4 月 16 日。

2 习近平：《在第三届中国国际进口博览会开幕式上的主旨演讲》，《人民日报》2020 年 11 月 4 日。

维方法。

第四，新发展格局揭示了经济全球化条件下发展开放经济的新规律。新发展格局可以有效和正确应对经济全球化的正负效应，强调创新的驱动力和扩大消费的牵引作用，为深陷“中等收入陷阱”、难以摆脱传统增长模式的“窠臼”的许多发展中国家探寻出新的发展道路。因此，新发展格局为发展中国家崛起、推动构建人类命运共同体做出的理论贡献和实践探索新路，将进一步彰显马克思主义理论中国化时代化的世界意义。

图书在版编目（CIP）数据

经济学自主知识体系：中国特色社会主义政治经济学教程 / 周文著. — 北京：商务印书馆，2023
ISBN 978 - 7 - 100 - 22677 - 6

Ⅰ. ①经… Ⅱ. ①周… Ⅲ. ①中国特色社会主义—社会主义政治经济学—高等学校—教材 Ⅳ. ①F120.2

中国国家版本馆CIP数据核字（2023）第126205号

经济学自主知识体系
中国特色社会主义政治经济学教程

周文 著

商 务 印 书 馆 出 版
（北京王府井大街36号 邮政编码 100710）
商 务 印 书 馆 发 行
苏州市越洋印刷有限公司印刷
ISBN 978 - 7 - 100 - 22677 - 6

2023年8月第1版 开本 880×1230 1/32
2023年8月第1次印刷 印张 12

定价：86.00元